Manfred Millhoff / Bernd Rehfuß

Der Überfall auf das Sommerlager des Varus

Eine textkritische Analyse der antiken Quellen und der Suche nach dem Schlachtfeld

ISBN 978-3-7597-0183-1
Herstellung und Verlag:
BoD - Books on Demand, Norderstedt

von Manfred Millhoff sind bereits erschienen:

Die Varusschlacht - Anatomie eines Mythos
ISBN 3-89009-823-1 (1995)

Die „Varusschlacht" – eine Erfindung der augusteischen Propaganda!
ISBN 978-3-8423-3002-3 (2011)

Die Varusschlacht: Vom Mythos zur Wahrheit
ISBN 978-7481-8871-1 (2019)

Der Tod des Varus und seiner Legionen
Eine textkritische Analyse der antiken Quellen mit
neuen Erkenntnissen zur Varusschlacht.
ISBN 978-3-7543-4832-1 (2021)

Manfred Millhoff / Bernd Rehfuß

Der Überfall auf das Sommerlager des Varus

Eine textkritische Analyse der antiken Quellen
und der Suche nach dem Schlachtfeld

Cassius Dio: Römische Geschichte, Band IV,
Buch 53/19.4–6:

„Man argwöhnt, dass sich alle Worte und Taten nur nach den Wünschen der jeweiligen Machthaber und ihrer Anhänger richten. Und so schwatzt man von vielen Dingen, die sich gar nicht zutrugen, während man von anderem, was sich bestimmt ereignet, nichts weiß; jedenfalls laufen fast sämtliche Geschehnisse in einer Version um, die sich mit den Tatsachen nicht deckt [...]. Infolgedessen werde auch ich alle nun folgenden Ereignisse, soweit sie besprochen werden müssen, [...] darbieten und keine Rücksicht darauf nehmen, ob sich die Dinge so oder auf andere Weise abspielten."

Cassius Dio: Römische Geschichte, Band IV,
Buch 54/15.3:

„Ich habe daher meinerseits die Absicht, in sämtlichen derartigen Fällen lediglich, was überliefert wird, niederzuschreiben, ohne mich damit zu beschäftigen, ob [...] die Überlieferung der Wahrheit entspricht oder nicht. Diese meine Erklärung soll auch für den Rest der Schrift gelten."

Inhalt

Prolog

Seitdem am Anfang des 16. Jahrhunderts Franz von Ketteler die *Annalen* des Tacitus in der Bibliothek des Klosters Corvey wiederentdeckt hatte, beherrscht bis heute Historiker, Archäologen und Heimatforscher die brennende Frage: Was geschah damals in Germanien dies- und jenseits des Rheins? Unabhängig davon wurde seitdem im 19. Jahrhundert vor allem die „Varusschlacht" als epochales Ereignis romantisch verklärt und euphorisch gefeiert und man erhob die Cherusker voller Stolz zu Vorfahren der deutschen Nation, träumte beim Gedanken an diesen Sieg von der Kraft der Germanen und sehnte sich nach der Einheit aller Deutschen. Hermann der Cherusker (Arminius) entwickelte sich so zu einem wirkungsvollen Mythos der Deutschen. Sein heroischer Widerstand gegen Rom, sowie auch sein tragisches Ende (er wurde mit 37 Jahren aufgrund einer Intrige seiner eigenen Familie ermordet), wurde vor allem deswegen von vielen Schriftstellern wie Hutten (1529), Schlegel (1749), Klopstock (1752, 1769 u. 1787), Kleist (1808), Kotzebue (1819) und Grabbe (1838) dramatisch verherrlicht, weil hier erstens ein David gegen einen Goliath triumphierte, er zweitens durch den anschließenden erfolgreichen Abwehrkampf gegen die römischen Legionen verhinderte, dass „Germania libra", das rechtsrheinische Germanien, von Rom okkupiert wurde und drittens sich nur dadurch auf Dauer das freie Germanien eigenständig entwickeln konnte. Schon Theodor Mommsen[1] vermutete, bestärkt durch römische Münzfunde, den Schlachtort bei Barenaue und seitdem gilt die Beschreibung der Varusschlacht durch Cassius Dio[2] für Historiker und Archäologen als einzig sichere Quelle der römischen Katastrophe im Jahre 9 n. Chr.. Alle anderen antiken Quellenangaben, die im Gegensatz zu Cassius Dio einen ganz anderen Verlauf dieser Katastrophe vermuten lassen, wurden seitdem als unwissenschaftlich und unkritisch abgetan, wegen ihrer Ungenauigkeiten und Fehler getadelt beziehungsweise in neuester Zeit weitgehend ignoriert. Nun hat im Jahre 2009 die 2000-jährige

---

[1] Mommsen Theodor: *Über die Örtlichkeit der Varusschlacht* II. Auflage
[2] Cassius Dio: *Römische Geschichte* Band IV Buch 56/18 ff., Artemis

Wiederkehr dieses Ereignisses dazu geführt, dass in vielen bibliophilen Neuerscheinungen diese „Schlacht im Teutoburger Wald" wieder gewürdigt wurde und man glaubte, aufgrund spektakulärer archäologischer Funde bei Kalkriese so sichere Beweise in den Händen zu haben, um diesen Ort in der Nähe von Osnabrück endlich als Originalschauplatz der „Varusschlacht" betiteln zu können. Weil die Autoren, bestärkt durch die Lektüre des Buches von Ritter-Schaumburg: *Der Cherusker,* sich schon lange mit den vorhandenen antiken Quellen befassten und vor allem die Übersetzungen der lateinischen Texte von Velleius Paterculus, Florus und Tacitus sowie auch die deutsche Fassung der vorliegenden Bände von Cassius Dios: *Römische Geschichte* intensiv studiert und einer kritischen Analyse unterzogen hatten, war ihnen die offensichtliche Diskrepanz in den verschiedenen Berichten unerklärlich und sie konnte auch das Urteil Mommsens, der ausschließlich den Bericht Dios für wahr hielt, nicht überzeugen. Sie schlossen sich deswegen weitgehend der Meinung Rankes an, der sich bereits vor über einhundertfünfzig Jahren außerstande sah, die Darstellungen der Varusschlacht bei Cassius Dio mit dessen zeitnäheren Autoren (Velleius Paterculus, Florus und Tacitus) zu vereinen. Um zu verstehen, wie es überhaupt möglich war, dass so unterschiedliche Berichte ihren Weg in die Geschichtsbücher finden konnten, begannen sie erneut in den vorhandenen Quellen die Geschichte der frühen Römischen Kaiserzeit von Caesar bis einschließlich der Regierung des Tiberius zu lesen. Dabei fielen ihnen beim Vergleich der lateinischen Texte mit den deutschen Übersetzungen zahlreiche Ungereimtheiten und Übertragungsfehler auf. Außerdem hatten sie oft den Eindruck, dass die Übersetzer, wenn es verschiedene Bedeutungen für lateinische Wörter gab, versucht haben, ihre Übertragungen mit der ihnen bekannten mommsenschen Lehrmeinung der damaligen Ereignisse in Einklang zu bringen.

Wir beschlossen darum, zunächst die *Annalen* des Tacitus, die *Römische Geschichte* von Velleius Paterculus und den *Abriss der Römischen Geschichte* von Florus zu überprüfen und unabhängig von den bekannten Berichten und der Darstellung der Schlacht, alles möglichst wortgetreu und objektiv ins Deutsche zu übertragen. Gleichzeitig unterzogen wir den gesamten Bericht des Cassius Dio über die frühe

8

Römische Kaiserzeit einer kritischen Analyse und gewannen dabei die Überzeugung, dass es den viertägigen Marsch der Varuslegionen in ihren Untergang so gar nicht gegeben haben kann. Weil aber alle offenen Streitfragen, alle Kritiken sowie alle berechtigten Zweifel an der heute geltenden Lehrmeinung über den Verlauf der Varusschlacht in Büchern wie: *Der Cherusker* (Ritter-Schaumburg 1988), *„Die Varusschlacht" – Anatomie eines Mythos* (Millhoff 1995), Varusschlacht und Irminsul (Millhoff 2000), *Das Geheimnis der Varusschlacht (Oppitz 2006), Die Schlacht – plausible Gründe zur Varuskatastrophe* (Schlüter, Lippek 2008), *Die Varusschlac*ht (Höfer 1888, Neuauflage 2009), *Die Varusschlacht – eine Erfindung der augusteischen Propaganda!* (Millhoff 2011), *Die Varusschlacht Vom Mythos zur Wahrheit* (Millhoff 2019) und *Der Tod des Varus und seiner Legionen* (Millhoff 2021) weitgehend unbeachtet blieben und vor allem von den meisten Archäologen und Historikern ignoriert wurden, versuchten wir, wenigstens durch Diskussionen, wissenschaftlich fundierte Artikel und Vorträge, unsere Zweifel an der „Marschthese" Dios zu artikulieren und gleichzeitig auch die Vorwürfe gegen Tacitus und die allgemeine Herabwürdigung seiner Berichte zu entkräften. Doch leider war kein Experte bereit, Cassius Dios Bericht überhaupt infrage zu stellen. Alle von uns eingereichten Artikel zu diesem Thema wurden von den Verlagen, Zeitschriften und wissenschaftlichen Magazinen unkommentiert abgelehnt oder, wie zum Beispiel vom Spiegel, ungelesen ins Archiv verbannt. Ja, selbst die fundierten Hinweise auf Fehlinterpretationen der römischen Boden- und Münzfunde bei Kalkriese (Lippek) waren vergeblich und blieben ungehört. Die mommsensche Lehrmeinung war nicht zu erschüttern, und sie blieb in den meisten Expertenköpfen fest verankert. Somit erfahren heute nur Veröffentlichungen, die in ihrer Analyse ausschließlich dem Bericht Cassius Dios folgen, wie: *Die Varusschlacht* (Bökemeier 2000), *Die Varusschlacht: Wendepunkt der Geschichte* (Wiegels 2007), *Varusschlacht* (Schoppe 2007), *Die Varusschlacht im Teutoburger Wald* (Wolters 2008), *Die Varusschlacht: Rom und die Germanen* (Märtin 2008), *Varusschlacht im Osnabrücker Land: Museum und Park Kalkriese* (Schlüter 2009), *Varusschlacht: Band II* (Schoppe 2009), *Die Varusschlacht* (Moosbauer 2010), *Die Römer in Germanien*

(Wolters 2011), *Weissbuch Hermanns Schlacht* (Schoppe 2014) und *Die Schlacht im Teutoburger Wald* (Wolters 2017) starken Zuspruch und beherrschen die wissenschaftlichen Diskussionen. Wir haben deswegen versucht, unsere Thesen durch zahlreiche Ortsbegehungen mit neuester Technik wie Georadar, Geomagnetik und Messung der Bodenleitfähigkeit, was teilweise auch zu überzeugenden Ergebnissen führte, zu untermauern. Doch schon bald wurde uns selbst das Begehen von infrage kommenden Arealen mit technischem Gerät teils von den Besitzern, teils von den zuständigen Behörden untersagt. Gottseidank wurde in der Zwischenzeit der Zugang zum Truppenübungsplatz Stapelager Senne durch Einzäunung des gesamten Gebietes soweit geschützt, dass Untersucher dieses Gebietes nur nach Voranmeldung in Augustdorf Zugangsgenehmigungen erteilt bekommen. Wir haben uns seitdem, um uns nicht dem Verdacht der Raubgrabung ausgesetzt zu sehen, auf die Analyse von Luftbildern der britischen Luftwaffe aus dem Zweiten Weltkrieg und auf die Untersuchung von Schummerungsbildern nach dem Prinzip des Lidar-Verfahrens beschränkt, weil wir, wegen des strikten Verbotes den Truppenübungsplatz Stapelager Senne zu überfliegen, auf aktuelle Luftbilder verzichten mussten. Damit sich unsere kritische Analyse der römisch-germanischen Auseinandersetzung überhaupt nachvollziehen lässt, beschlossen wir, dem Leser zunächst objektiv darzulegen, wie die heute wissenschaftlich allgemein anerkannte Auffassung über die Ereignisse vor, während und nach der „Varusschlacht" aussieht und welche Hypothese über den Verlauf der römischen Katastrophe in Germanien heute bei Historikern und Archäologen als gesichert gilt.

Lesern, die sich eingehender für unsere Beurteilung der Geschichte der frühen Römischen Kaiserzeit, insbesondere für die Machtergreifung des jungen Oktavian, sowie für die Auseinandersetzungen in der Familie des Augustus interessieren und die die Feldzüge des Drusus, Tiberius, Varus und Germanicus verfolgen wollen, empfehlen wir die Lektüre des Buches: *Der Tod des Varus und seiner Legionen* (Millhoff 2021). Darin werden auch die Bodenfunde bei Kalkriese und die dort gefundenen Münzen analysiert, weil diese im Wesentlichen ja als Beweis für die Varusschlacht an diesem Ort gelten. Der Leser wird am

Ende dann, nach zahlreichen Ortsbegehungen, genehmigten kleinteiligen Versuchsgrabungen und intensiven Untersuchungen mit verschiedenen technischen Messverfahren, schließlich der Ort vor Augen geführt, wo diese Katastrophe mit großer Wahrscheinlichkeit stattgefunden hat.

Insgesamt mag es vielen überflüssig erscheinen, heute noch über das Wo und das Wie der damaligen Ereignisse Nachforschungen anzustellen, – wir, Bernd Rehfuß und ich, halten aber gerade das für besonders wichtig, weil sich an diesem Beispiel exemplarisch nachweisen lässt, wie leicht sich schon in frühester Zeit durch Desinformation und Propaganda und deswegen bis heute selbst von den Historikern unbemerkt, die Geschichtsschreibung von autoritären Führern und Diktatoren manipulieren ließ und lässt, wenn eine freie und unabhängige Berichterstattung fehlt beziehungsweise unterdrückt wurde. Sinn unserer Forschung war es auch aufzuzeigen, ob das heute in unseren Geschichtsbüchern dargestellte „Goldene Zeitalter" der frühen Römischen Kaiserzeit Realität oder lediglich Ausdruck einer bewussten Geschichtsfälschung des Augustus gewesen ist, um das Resultat seiner propagandistischen Informationspolitik für die Nachwelt zu zementieren. Leider stellte sich am Ende unserer Überprüfung der Provinzialisierung Germaniens zur Zeitenwende heraus, dass Mommsen und seine Nachfolger, basierend auf dem festen Glauben an den Wahrheitsgehalt der Selbstdarstellungen des Augustus und geblendet durch den großen Erfolg seiner *Pax Romana*, die Machtergreifung des jungen Oktavian in Rom und den Beginn der Regierungszeit des Augustus viel zu positiv und gleichzeitig den Tacitus wegen seiner kritischen Einstellung zum Prinzipat viel zu negativ beurteilt haben.

Unna, im September 2024   Manfred Millhoff / Bernd Rehfuß

Abb. 1: Germanien nach Tacitus „Germania"[3]

---

[3] Der Große Atlas Weltgeschichte, S.26, Westermannschulbuchverlag

I. Die allgemein gültige Lehrmeinung zur Varusschlacht

Die kriegerischen Kampfhandlungen zwischen Römern und Germanen begannen bereits 16 v. Chr. mit der Niederlage des Lollius und dem Verlust der fünften Legion gegen die vereinten Stammeskrieger der Sugambrer, Tenkterer und Usipeter. Danach ließ Augustus (15 v. Chr.) durch seine Stiefsöhne, Tiberius und Drusus, die Expansion des *Imperium Romanum* nach Osten vorantreiben und die Rheingrenze erstmalig durch die Stationierung römischer Truppen in Mainz, Bonn, Neuss, Xanten und Nijmegen sichern. Außerdem wurden unter großem Aufwand die Straßen in Gallien und Germania inferior ausgebaut und gleichzeitig die Aufmarschwege in Richtung Rhein angelegt. Die eigentlichen Feldzüge der Römer zur Eroberung Germaniens begannen erst nach dem gallischen Aufstand, an dem die Sugambrer, Usipeter, Sueben, Chauken und Cherusker beteiligt waren, als Drusus 12 v. Chr. den Rhein überschritt, die Usipeter und die Sugambrer besiegte und Erkundigungsfeldzüge durch Germanien von der Nordsee bis zur Elbe durchführte. Nach seinem Tod (9 v. Chr.) wurde Tiberius als sein Nachfolger Statthalter in Germanien von 8 bis 6 v. Chr. und er siedelte während dieser Zeit 40000 Sugambrer auf das linksrheinische Gebiet über. Anschließend ging er ins Exil nach Rhodos. In der Zeit von 6 v. bis 1 n. Chr. führte Lucius Domitius Ahenobarbus als Statthalter von Illyrien mehrere Feldzüge in Germanien durch und drang 3 v. Chr. als erster römischer Feldherr über die Elbe vor. Zwischen 1 bis 4 n. Chr. kam es dann unter dem Statthalter Vinicius in Germanien zu großen Unruhen und zu einem „immensum bellum". Nach seiner Rückkehr nach Rom unterwarf Tiberius 4 und 5 n. Chr. ganz Germanien bis zur Elbe, nahm dabei die Cherusker als Bundesgenossen (4 n. Chr.) in die Heeresgemeinschaft der Römer auf und bereitete 6 n. Chr. eine große kombinierte Heeresaktion gegen den König der Markomannen, Marbod, vor. Sentius Saturninus sollte damals gleichzeitig von Westen her mit großen Teilen der Rheinarmee durch den Hercynischen Wald nach Osten marschieren, während Tiberius selbst von Carnuntum aus nach Norden mit einem großen Heeresverband gegen das Markomannenreich vorstoßen wollte. Zur Ausführung dieses Feldzuges kam es allerdings nicht mehr, weil plötzlich ein Aufstand in Pannonien losbrach, der große Teile der römischen Streitkräfte band. Die römische Katastrophe in Germanien zeichnete sich dann ab, als im Jahre 7 n. Chr. Augustus den bisherigen Statthalter von Syrien, Varus, mit dem Oberbefehl über Germanien betraute und ihn beauftragte, dort zügig eine römische Verwaltung aufzubauen. Ziel dieses Auftrags war es, das Gebiet zwischen Rhein und Weser möglichst bald als Provinz in das römische Reich einzugliedern. Sicher ist, dass sich Augustus und Varus sowohl über den Zeitpunkt der kompletten Unterwerfung Germaniens verschätzten, sie zudem den Charakter der germanischen Stammesverbände nicht berücksichtigten und sich auch in der Verhältnismäßigkeit der eingesetzten Mittel zur Durchsetzung dieser Provinzialisierung vergriffen. Unstrittig ist, dass erst durch diesen vorschnellen Vollzug und vor allem durch die hierzu veranlassten Gewaltmaßnahmen (Hinrichtungen, Tributzahlungen) die Germanen zum Aufstand gegen Rom provoziert wurden. Die Hauptstützpunkte der römischen militärischen Unternehmungen waren zum damaligen Zeitpunkt Köln (Colonia Agrippinensis, Standort der ersten und zwanzigsten Legion[4]), Mainz (Mogontiacum, Standort der zweiten, dreizehnten, vierzehnten und sechzehnten Legion[5]) und Xanten (Castra Vetera, Standort der achtzehnten und neunzehnten Legion). Auch jenseits des Rheins, im späteren „Germania libra", befanden sich neben sicher zahlreichen heute noch unbekannten Lagern, das Sommerlager des Varus, die Lager Haltern, Holsterhausen, Olfen, Anreppen und Kneblinghausen sowie auch das stark befestigte Lager Aliso, über dessen genauen Standort sich die Wissenschaft bis heute heftig streitet. In seinem großen Sommerlager, das nach Meinung der meisten Historiker wahrscheinlich bei Minden an der Weser lag, erreichte im Jahre 9 n. Chr. Varus die Nachricht vom Aufstand einiger entfernt lebender Germanenstämme. Obwohl der Germanenfürst Segestes, ein Freund der Römer und der Schwiegervater des Arminius, den Varus warnte, zog dieser mit drei Legionen und dem gesamten Tross

---

[4] Tacitus: *Annalen* I/39
[5] Tacitus: *Annalen* I/34

gegen den Feind. Auf diesem Marsch durch germanische Wälder, fern der römischen Heerstraßen, wurden die Römer dann von den Germanen unter der Führung des Arminius überfallen. Die Römer gingen damals in einer sich über drei Tage hinziehenden Schlacht unter, wobei sowohl das ungünstige Gelände als auch das widrige Wetter und die Art der Bewaffnung einen wesentlichen Anteil am Sieg der Germanen gehabt haben sollen. Varus aber beging, als er das Ausmaß seiner Niederlage begriff, Selbstmord. Der Rest der Truppen wurde teilweise getötet beziehungsweise kapitulierte nach seinem Tod und die während der Kämpfe gefangenen Offiziere wurden von den Germanen später hingerichtet. Allerdings konnten wenige Römer und der Tross sich bis nach Aliso durchschlagen, wurden dort zunächst von den Germanen belagert, bis es ihnen schließlich gelang, unversehrt den Rhein zu erreichen. Als die Nachricht von dieser Katastrophe nach Rom gelangte, wurde Tiberius von Augustus sofort nach Germanien entsandt, um die Germanen zurückzuwerfen und die Rheingrenze zu sichern. In der Folgezeit haben weder die Germanen den Versuch unternommen, die Rheingrenze mit einem Heer zu überschreiten, noch hat Tiberius geplant das germanische Gebiet bis zur Weser zurückzuerobern. Die kriegerischen Auseinandersetzungen zwischen Römern und Germanen begannen erst wieder, als im Jahr 13 n. Chr. Germanicus, der Sohn des Drusus und Enkel des Augustus, Oberbefehlshaber in Germanien wurde. In diesen „Rachefeldzügen" von 14 - 16 n. Chr., die vom Lager Castra Vetera bei Xanten aus sowohl über die Lippelinie als auch von Mainz aus durch die Wetterau bis zur Eder und schließlich über die Nordsee und die Ems sogar bis zur Weser ins Innere Germaniens geführt wurden, gelang es Germanicus lediglich, das Lager Aliso kurzfristig erneut zu besetzen und das Schlachtfeld aufzusuchen, um die toten Soldaten der Varusschlacht zu begraben. Obwohl Germanicus zeitweise zehn Legionen ins Feld führte, konnte er die Germanen unter Arminius nicht endgültig besiegen und wurde deshalb im Jahre 17 n. Chr. vom Nachfolger des Augustus, Tiberius, abberufen, um in Rom das Konsulat zu übernehmen. Er wurde dann in den Osten des Römischen Reiches abkommandiert und dort kurze Zeit später vom Sohn und der Gemahlin eines Freundes des Tiberius vergiftet. Jeder, der sich heute mit den damaligen

Vorgängen beschäftigt, kann sein Wissen nur aus den Berichten der Schriftsteller Cassius Dio, Florus, Velleius Paterculus, Frontin und Tacitus schöpfen, weil die ausführlicheren Berichte über die Germanenkriege von Plinius d. Ä. (23-79 n. Chr.) und des Velleius Paterculus u. a. verlorengegangen sind. Allein von Cassius Dio gibt es eine ausführliche Darstellung der Varusschlacht. Alle anderen Autoren lassen nur mehr oder weniger genaue Rückschlüsse auf das Schlachtgeschehen zu. Leider ist aber der Bericht des Cassius Dio nicht mit den anderen antiken Berichten vereinbar. Sie alle unterscheiden sich so wesentlich, dass sie sich teilweise sogar gegenseitig ausschließen. Wir versuchten deshalb, in allen unseren Publikationen nach wissenschaftlichen Maßstäben zu überprüfen und festzustellen, was sich in den Jahren 12 v. Chr. bis 16 n. Chr. beim Versuch der verschiedenen Feldherren „Germania libra" ins Römische Reich als Provinz einzugliedern, wirklich abgespielt hat und werden, damit sich der Leser selbst ein Bild über die damaligen Auseinandersetzungen machen kann, zunächst alle vorliegenden antiken Quellen ausführlich zitieren. Anschließend werden wir uns in diesem Buch ausschließlich damit beschäftigen, wie es überhaupt zu einem Überfall auf ein vollbesetztes römisches Drei-Legionen-Lager kommen konnte und werden versuchen zu erklären, wie ein solches Vorhaben trotz der technischen und zahlenmäßigen Überlegenheit der Römer erfolgreich durchgeführt werden konnte.

II. Die antiken Quellen zur Varusschlacht

1. *Cassius Dio:* Sohn eines römischen Senators und Konsuls. Er wurde in Nikäa (Bithynien) um 155 n. Chr. geboren und starb um 235 n. Chr. Er war zweimal Konsul, ferner Statthalter in Afrika, Dalmatien und Pannonien. Sein historisches Werk enthielt die römische Geschichte von der Gründung Roms bis 229 n. Chr. in 80 Büchern. Er benutzte viele Quellen, neben den Senatsberichten der frühen Römischen Kaiserzeit auch die Berichte der Schriftsteller Cicero, Sallust und Livius. Viele seiner Bücher sind verlorengegangen. Die noch erhaltenen Teile (36-60) sind allerdings eine wichtige Quelle für die frühe Römische Kaiserzeit und die in ihnen bestehenden Lücken lassen sich teilweise durch Epitome des Xiphilinos und Zonaras ergänzen.

Nur Cassius Dios Bericht enthält nach Meinung der meisten Historiker seit Mommsen einen zusammenhängenden Bericht über die Varusschlacht, den dieser wahrscheinlich nach Lesen der Senatsberichte des Augustus verfasst hat.

Cassius Dio, Band IV, Buch 56/18 - 22:

„18 (3) [...] Als jedoch Quintilius Varus Statthalter der Provinz Germanien wurde und in Wahrnehmung seines Amtes sich auch mit den Angelegenheiten dieser Volksstämme befasste, da drängte er darauf, die Menschen rascher umzustellen, und erteilte ihnen nicht nur Befehle, als wenn sie tatsächlich römische Sklaven wären, sondern trieb sogar von ihnen, wie von Unterworfenen, Steuern ein. (4) Eine derartige Behandlung aber wollten sie sich nicht gefallen lassen. [...] Sie empörten sich indes nicht in aller Offenheit, da sie sahen, dass viele römische Truppen am Rhein, viele aber auch in ihrem eigenen Lande standen. (5) Stattdessen nahmen sie Varus bei sich auf, taten so, als wollten sie alle ihnen erteilten Befehle ausführen, und lockten ihn auf diese Weise weit vom Rhein weg ins Cheruskerland und bis an die Weser. Dort zeigten sie sich höchst friedlich und freundschaftlich und erweckten damit in ihm den Glauben, sie könnten auch ohne die Anwesenheit von Soldaten ein unterwürfiges Leben führen.

19.(1) Varus behielt daher seine Legionen, wie es in einem Feindesland richtig gewesen wäre, nicht beisammen, sondern verteilte viele seiner Soldaten an schwache Gemeinwesen, die ihn darum baten, angeblich zu dem Zweck, entweder verschiedene Punkte zu bewachen oder Räuber festzunehmen oder gewisse Lebensmitteltransporte zu geleiten. (2) Hauptverschwörer und Anführer bei dem Anschlag wie bei dem Krieg waren neben anderen Arminius und Segimerus, Varus dauernde Begleiter und wiederholt auch Tischgenossen. (3) So fühlte sich der römische Feldherr sicher und rechnete mit nichts Schlimmem; all denen aber, welche die Vorgänge argwöhnisch verfolgten und ihn zur Vorsicht mahnten, schenkte er keinen Glauben, ja machte ihnen sogar Vorwürfe, als seien sie ohne Grund beunruhigt und wollten seine Freunde nur verleumden. Dann kam es zu einer ersten Aufstandsbewegung, und zwar bei den Völkerschaften, die von ihm entfernt wohnten, ein wohlüberlegter Plan: (4) Varus sollte gegen diese Unruhestifter zu Felde ziehen und auf dem Marsch durch angeblich befreundetes Gebiet mit geringerer Mühe überwältigt werden, anstatt dass er sich, wie bei einem allgemeinen plötzlichen Ausbruch von Feindseligkeiten gegen ihn zu erwarten war, besonders in Acht nahm. Und so kam es denn auch: Zuerst gaben ihm die Verschworenen beim Ausmarsch das Geleite, dann beurlaubten sie sich, um angeblich die verbündeten Kontingente zu sammeln und ihm damit rasch zu Hilfe zu kommen, (5) übernahmen aber nur die Führung ihrer schon bereitstehenden Truppen und griffen, nachdem man allerorts die dort befindlichen, zuvor erbetenen Garnisonen niedergemacht hatte, den Feldherrn selber an, der sich bereits inmitten undurchdringlicher Wälder befand. Dort aber offenbarten sich im gleichen Augenblick die Germanen statt als Untertanen als Feinde und richteten viele schreckliche Verheerungen an. 20.(1) Die Berge, ohne Ebenen, waren nämlich von Schluchten durchzogen, außerdem standen Baumriesen dicht nebeneinander, sodass die Römer bereits vor dem feindlichen Überfall mit dem Fällen der Bäume, der Anlage von Wegen und der Überbrückung von Geländeabschnitten, wo solches nötig war, Mühe genug hatten.

(2) Wie mitten im Frieden führten sie viele Wagen und auch Last-tiere mit sich; dazu begleiteten sie zahlreiche Kinder und Frauen und noch ein stattlicher Sklaventross, die sie ebenfalls zu einer gelocker-ten Marschform zwangen. (3) Inzwischen kamen auch ein starker Regen und Sturm auf, was die Marschierenden weiterhin voneinan-der trennte, und der Boden, um die Wurzeln und Stämme her schlüpfrig geworden, machte jeden Schritt höchst unsicher; Bruch und Sturz der Baumwipfel sorgten für weitere Verwirrung. (4) Mit solchen Schwierigkeiten hatten damals die Römer zu ringen, als die Barbaren, wegekundig wie sie waren, gerade durch die ärgsten Di-ckichte drangen und sie plötzlich gleichzeitig von allen Seiten her umzingelten. Zuerst schossen sie nur aus der Ferne, dann aber, als niemand sich wehrte und viele verwundet waren, rückten sie näher an die Gegner heran. (5) Die Römer marschierten ja in keiner festen Ordnung, sondern im Durcheinander mit Wagen und Unbewaffne-ten; sie konnten sich auch nirgendwo leicht zu einer Gruppe zusam-menschließen, und da sie überall den jeweiligen Angreifern zahlen-mäßig unterlegen waren, hatten sie selbst schwer zu leiden, ohne et-was dagegen ausrichten zu können. 21. (1) Aus diesem Grunde schlugen sie an Ort und Stelle ein Lager, nachdem sie, soweit dies auf einem bewaldeten Berge möglich war, einen passenden Platz ge-funden hatten. Hierauf verbrannten sie die meisten Wagen und was ihnen sonst nicht dringend nötig schien oder ließen sie zurück. An-derntags ging der Marsch in etwas besserer Ordnung weiter, und sie erreichten, freilich nicht ohne blutige Verluste, sogar freies Gelände. (2) Von dort aus gerieten sie aber wieder in Wälder, und hier muss-ten sie sich gegen die Angreifer wehren, wobei sie aber gerade die schwersten Verluste erlitten. Denn auf engem Raum zusammenge-presst, damit Schulter an Schulter Reiter und Fußvolk den Feinden entgegenstürmen konnten, stießen sie vielfach aufeinander oder ge-gen die Bäume. (3) Als der 4. Tag graute, befanden sie sich immer noch auf dem Marsche, und erneut überfielen sie heftiger Regen und starker Wind, die sie weder weitergehen noch festen Stand finden, ja nicht einmal mehr die Waffen gebrauchen ließen. Sie konnten sich nämlich nicht mehr mit Erfolg ihrer Bogen und Speere oder der ganz

und gar durchnässten Schilde bedienen. (4) Die Feinde hingegen, größtenteils nur leicht gerüstet und imstande, ungefährdet anzugreifen und sich zurückzuziehen, hatten weniger unter den Unbilden zu leiden. Außerdem hatte sich ihre Zahl stark vermehrt, da viele von den anderen, welche zunächst nur abgewartet hatten, sich ihnen jetzt vor allem in der Hoffnung auf Beute anschlossen. Bei den Römern dagegen war in den vorausgehenden Gefechten schon eine Menge gefallen, und ihre Reihen waren gelichtet. (5) So konnten die Barbaren ihre Gegner leichter umzingeln und niedermachen. Varus und die übrigen hohen Offiziere erfasste darüber Angst, sie möchten entweder lebendig in Gefangenschaft geraten oder von ihren grimmigsten Feinden getötet werden - sie waren ja schon alle verwundet, und das ließ sie eine zwar schreckliche, aber notwendige Tat wagen: Sie begingen Selbstmord. 22. (1) Als sich die Kunde davon verbreitete, leistete vom Rest der Leute, selbst wenn er noch bei Kräften war, auch nicht einer mehr Widerstand, vielmehr ahmten die einen das Beispiel ihres Feldherren nach, während die anderen selbst ihre Waffen wegwarfen und sich vom Nächstbesten, der da wollte, niedermachen ließen; denn Flucht war unmöglich, wie sehr sie einer auch ergreifen wollte. (2) Und so wurde jeder Mann und jedes Pferd, ohne dass man Gegenwehr fürchten musste, niedergehauen und die…[Lücke im Text]"

Weil wir nach dem Studium dieser Darstellung nicht glauben konnten, dass die Germanen die in voller Bewaffnung marschierenden drei Elitelegionen[6] Roms, immerhin fast zwanzigtausend Soldaten, in einer Schlacht besiegt haben sollten, in der allein die Römer durch das anhaltende schlechte Wetter benachteiligt waren, beschlossen wir zunächst alle erhaltenen Bände Cassius Dios zu studieren. Dabei fiel uns auf, dass Cassius Dio, seit dem Zeitpunkt an dem Augustus nach dem Tod des Antonius die Alleinherrschaft über Rom ausübte, eine sehr negative Einstellung zu den öffentlichen Verlautbarungen des Augustus hatte und er stark den Wahrheitsgehalt der Senatsberichte bezweifelte, denn er schreibt:

---

[6] Velleius Paterculus: *Historia Romana II*/119,2

„Doch können die späteren Ereignisse nicht auf gleiche Weise wie die vorausliegenden berichtet werden. Denn früher wurden bekanntlich sämtliche Vorkommnisse und mochten sie sich selbst in weiter Ferne zutragen, vor den Senat und das Volk gebracht. Und so erfuhren alle davon und viele berichteten schriftlich darüber, wodurch sich die Wahrheit über den Ablauf der Dinge, [...], bis zu einem gewissen Grad wenigstens bei den anderen Geschichtsschreibern, welche die nämlichen Gegenstände behandelten, sowie in den öffentlichen Aufzeichnungen feststellen ließ. Doch seit jener Zeit begann man die meisten Ereignisse heimlich und verborgen zu behandeln, und wenn trotzdem einige Dinge zufällig in die Öffentlichkeit drangen, so finden sie keinen Glauben, weil man sie jedenfalls auf ihren Wahrheitsgehalt nicht prüfen kann; denn man argwöhnt, dass sich alle Worte und Taten nur nach den Wünschen der jeweiligen Machthaber und ihrer Anhänger richten. Und so schwatzt man von vielen Dingen, die sich gar nicht zutrugen, während man von anderem, was sich bestimmt ereignet, nichts weiß; jedenfalls laufen fast sämtliche Geschehnisse in einer Version um, die sich mit den Tatsachen nicht deckt. [...] Infolgedessen werde auch ich alle nun folgenden Ereignisse, soweit sie besprochen werden müssen, im Einklang mit dem, was etwa veröffentlicht wurde, darbieten und keine Rücksicht darauf nehmen, ob sich die Dinge so oder auf andere Weise abspielten.“[7]

Etwas später, als Dio darüber berichtet, „dass viele sogleich, viele auch erst später entweder zu Recht oder zu Unrecht angeklagt wurden, gegen den Kaiser und Agrippa einen Anschlag verübt zu haben,“ wird Dio noch deutlicher:

„Ich habe daher meinerseits die Absicht, in sämtlichen derartigen Fällen lediglich, was überliefert wird, niederzuschreiben, ohne mich damit zu beschäftigen, ob [...] die Überlieferung der Wahrheit entspricht oder nicht. Diese meine Erklärung soll auch für den Rest der Schrift gelten!“[8]

---

[7] Cassius Dio: *Römische Geschichte, Band IV, Buch 53/19.2–6*
[8] Cassius Dio: *Römische Geschichte, Band IV, Buch 54/15.3*

Wie seitdem selbst eklatante Niederlagen in den Senatsberichten beschönigt wurden, dafür mag die Niederlage des Lollius mit dem Verlust der 5. Legion gelten. Cassius Dio schreibt:

„Als ihnen (Sugambrer, Usipeter und Tenkterer) aber die römische Reiterei entgegentreten wollte, griffen sie diese aus einem Hinterhalt an und setzten ihr nach, als sie die Flucht ergriff. Dabei stießen sie unerwartet auf Lollius, den Statthalter der Provinz, und fügten auch ihm eine Niederlage zu. Wie nun Augustus davon hörte, rückte er in Eilmärschen gegen die Feinde, fand jedoch keine Gelegenheit zu einer Kriegstat. Denn die Barbaren, die von den Vorbereitungen des Lollius und dem Anmarsch des Kaisers vernahmen, kehrten in ihr eigenes Land zurück, stellten Geiseln und schlossen Frieden."[9]

Beim Lesen dieser Senatsmitteilung konnte sicher kein Römer auf die Idee kommen, dass dies eine schändliche militärische Schlappe mit dem Verlust einer ganzen Legion gewesen ist.

Da selbst Cassius Dio schon so starke Zweifel an der Darstellung des Schlachtgeschehens hatte, überprüften wir seinen Bericht noch etwas eingehender und dabei fielen uns einige Ungereimtheiten auf.

1. Varus wurde vor den Hauptverschwörern gewarnt und glaubte, man wolle lediglich seine Freunde verleumden. Trotzdem auch Florus und Velleius Paterculus berichten, dass Segestes (Schwiegervater des Arminius) Varus den bevorstehenden Aufstand verraten haben soll, haben wir Zweifel, dass Segestes seine Warnung so offen ausgesprochen hat, sodass mehrere Autoren darüber berichten konnten. Wenn überhaupt ein Verrat stattgefunden hat, war das unmöglich geheim zu halten, und der Verräter, Segestes, wäre sofort nach dem Sieg der Germanen hingerichtet worden und er hätte auf keinen Fall noch sechs Jahre als Fürst bei den Germanen regieren können.

2. Der Bericht nennt weder die Namen der Völkerschaften von denen die erste Aufstandsbewegung ausging noch die Namen der

---

[9] Cassius Dio: *Römische Geschichte, Band IV, Buch 54/1t9,1 u. 20,4-6*

beteiligten Legaten, sodass kein Römer und auch später niemand die Richtung dieses Varusfeldzuges nachprüfen konnte.

3. Die Verschworenen gaben Varus beim Ausmarsch das Geleite, beurlaubten sich dann, um die verbündeten Kontingente zu sammeln, übernahmen aber nur die Führung ihrer schon bereitstehenden Truppen, die vorher die im Land verbreitenden Garnisonen niedergemacht hatten, ohne dass die Römer etwas gemerkt hatten. Es ist kaum zu glauben, dass die Tötung der im Lande verbreiteten römischen Garnisonen so still und heimlich vollendet werden konnte, ohne dass das auffiel und dass die Römer nicht sofort eine Nachricht darüber erhalten hätten.

4. Die Germanen griffen Varus sofort an, der sich bereits inmitten undurchdringlicher Wälder befand. Wie sollten es die an dem im ganzen Lande stattfindenden Massaker beteiligten Germanen geschafft haben, noch am selben Tag mitten im germanischen Urwald vor Ort gewesen zu sein?

5. Die Wegbeschreibung Dios, „die Berge, ohne Ebenen, waren nämlich von Schluchten durchzogen, außerdem standen Baumriesen dicht nebeneinander [...] und die Barbaren, wegekundig wie sie waren, drangen gerade durch die ärgsten Dickichte...,“ war schon auffällig, denn bereits Ritter-Schaumburg wies in seinem Buch *Der Cherusker* darauf hin, dass „übergroße Bäume nicht dicht stehen und dicht stehende Bäume nicht übergroß werden.“[10] Selbstverständlich können auch zwischen engstehenden Baumriesen keine ärgsten Dickichte entstehen.

6. Wenig überzeugend ist auch die Mitteilung, dass Varus, „wie mitten im Frieden führten sie viele Wagen und auch Lasttiere mit sich; dazu begleiteten sie zahlreiche Kinder und Frauen und noch ein stattlicher Sklaventross,“ [...] mit einer solchen Begleitung gegen den Feind gezogen sein soll.

7. Warum verbrannten die Römer „die meisten Wagen und was ihnen sonst nicht nötig schien,“ wenn ihnen das zurückgelassene Gepäck sicher einen Vorsprung zur Flucht gewährt hätte,

---

[10] Ritter-Schaumburg: *Der Cherusker*, S. 126

weil die Germanen ja stets dem Kampf die Plünderung vorzogen haben?

8. Da Varus mit drei Legionen gegen die Aufständischen zog, „sollen die Römer in keiner festen Ordnung" marschiert und „überall den jeweiligen Angreifern zahlenmäßig unterlegen" gewesen sein. Geht man davon aus, dass drei Legionen circa zwanzigtausend Soldaten sind, müssen während der Schlacht auf Seiten der Rebellen mindestens dreißig- bis fünfzigtausend Germanen gekämpft haben. Wir sind der Meinung, dass eine solche Konzentration von germanischen Kämpfern damals schwer möglich war, wenn aber doch, dann hätte man das kaum vor den Römern verheimlichen können.

9.

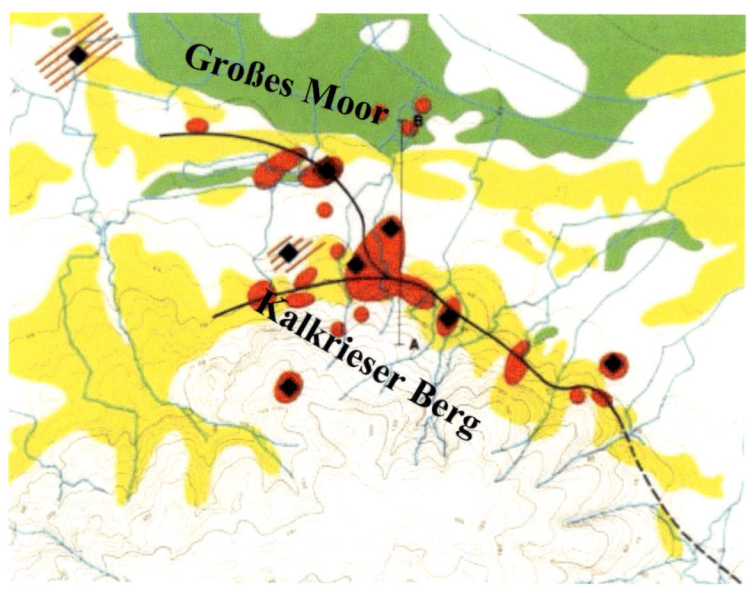

Abb. 2:
Bodenfunde in der Kalkrieser - Niewedder Senke
————— römische Heerstraße [11]

---

[11] W. Schlüter: Kalkriese- Römer im Osnabrücker Land, Seite 26, Landschaftsverband Osnabrücker Land, Rasch Verlag

Außerdem soll Varus am zweiten Marschtag ein Lager „an Ort und Stelle" aufgeschlagen haben, „soweit dies auf einem bewaldeten Berge möglich war." Bereits damals führte in der Ebene von der Weser eine alte Heerstraße in Richtung Kalkriese. Es ist deshalb nicht zu erklären, warum Varus nach dem Angriff der Germanen mit seinem Heer und dem Tross auf das Wiehengebirge geklettert sein soll, anstatt die in der Ebene verlaufende römische Heerstraße zu nehmen?

10. Da Mommsen überzeugt war, dass dieses Lager das erste der drei Marschlager der Römer auf dem Weg in den Untergang gewesen sein soll, halten wir es für unmöglich, dass Varus nach dem Angriff der Germanen ein Marschlager geschanzt hat, welches besonders durch „lato ambitu et dimensis principiis"[12] (weiten Umfang und Absteckung des Feldherrnplatzes) auffiel.

11. Einen weiteren Anhaltspunkt, der für uns stark für eine Fälschung des Schlachtgeschehens spricht, findet man in Caesars *De Bello Gallico*[13], worauf bereits Höfer[14] hingewiesen hat. Dort schilderte Caesar bei seinem Krieg gegen die Eburonen eine ähnliche Schlacht, in der Titurius und Cotta ein Lager verloren und neuntausend Soldaten getötet wurden, und man kann sich nicht des Eindrucks erwehren, dass dieser Bericht als Vorlage für den Senatsbericht des Augustus über die varianische Katastrophe in Germanien gedient hat. Die wesentlichen Hauptmomente dieses Überfalls der Eburonen auf ein Militärlager Caesars waren:

a. Meldung eines drohenden Aufstandes in Gallien,

b. Abmarsch aus dem Lager mit reichlich Gepäck,

c. Verrat durch einen angeblichen Römerfreund (Ambiorix),

d. Hinterhalt etwa drei Kilometer vom Lager entfernt, wo sich die Feinde in den Wäldern versteckt hatten und die Römer

---

[12] Tacitus: *Annalen* I/61
[13] Julius Cäsar: *De bello gallico,* Buch V/ 27–37
[14] Höfer P.: *Die Varusschlacht. Ihr Verlauf und ihr Schauplatz,* S. 231

erwarteten,

e. Guerillakampftaktik,

f. zurücklassen des Gepäcks,

g. schleudern der Wurfgeschosse aus der Ferne auf die Römer,

h. den Römern bleibt weder die Möglichkeit, ihre Tapferkeit zu beweisen, noch können sie auf engem Raum den Wurfgeschossen ausweichen und ihre Waffen erfolgreich einsetzen.

i. Titurius will mit Ambiorix die Übergabe verhandeln, Cotta weigert sich, [„Von den beiden Lagerpräfekten aber gab der eine, L. Eggius, ein heldenhaftes (er kämpfte und wurde getötet), der andere, Ceionius, ein erbärmliches Beispiel. Der Letztere bot, nachdem der größte Teil des Heeres schon umgekommen war, die Übergabe an: Er wollte lieber hingerichtet werden, als im Kampf zu sterben."[15]] während der Verhandlungen wird Cotta mit dem größten Teil der Soldaten getötet.

j. Der Rest der Legionen zieht sich ins Lager zurück.

k. In der Nacht bringen sich alle selbst um, weil sie nicht an ihre Rettung glauben.

l. Nur wenige können aus der Schlacht entkommen und erreichen auf Irrwegen durch die Wälder das nächste Winterlager.

Am Schluss dieses Kapitels möchten wir uns, zusätzlich zu unseren überzeugenden Argumenten gegen die mommsensche Marschtheorie noch auf zwei wesentliche Hinweise beziehen, die den Senatsbericht des Augustus über die Varusschlacht eindeutig und unwiderlegbar als augusteische Fälschung entlarven.

1. Von Velleius Paterculus werden alle drei beteiligten Lagerkommandanten an der Schlacht mit Namen genannt. (Ceionius, Eggius und Caedicius) Alle hatten während eines Marsches nur Befehlsgewalt, wenn der Oberbefehlshaber oder die Legaten nicht anwesend waren. Außerdem würde man bei einer echten Schlachtbeschreibung eher die Namen der drei beteiligten Legaten erwarten als die Namen von Lagerpräfekten.

2. Der Römerforscher und Leiter des LWL-Römermuseums

---

[15] Velleius Paterculus: *Historia Romana* II/119.4

Haltern, Dr. Rudolf Aßkamp, schrieb in der Welt am Sonntag vom 23. April 2017:

„Im Archäologischen Museum Freiburg gibt es eine Bleimarke, die in einem Römerlager am Hochrhein gefunden wurde. In diese Marke, die als Kennzeichnung eines Gepäckstückes diente, ist der Name Quinctilius Varus eingeritzt. Das ist zum einen ein Beweisstück dafür, dass Varus schon 15 v. Chr. als eine Art Unterfeldherr mit der 19. Legion am Alpenfeldzug beteiligt war. Erst bei gründlichen Untersuchungen der letzten Jahre kam aber noch etwas heraus: Es gibt auf der Bleimarke weitere Einritzungen, die einen Caedicius als Centurio der 1. Kohorte der 19. Legion ausweisen. [...] Und wir wissen aus den römischen Schriftquellen, dass ein Lagerkommandant namens Lucius Caedicius das Römerlager Aliso erfolgreich verteidigt hat."

Dieser Caedicius, der in der Zwischenzeit unter Varus zum Lagerkommandanten der 19. Legion aufgestiegen sein muss, hat also die Schlacht mit Teilen der Neunzehnten (worauf wir später noch zurückkommen) überlebt. **Schon diese beiden Informationen sind unmöglich mit der Darstellung des Cassius Dio in Einklang zu bringen, und sie sollten endlich die Vertreter der heutigen Lehrmeinung über die Varusschlacht zum Umdenken veranlassen.**

Insgesamt haben wir uns, nach der Analyse dieser dionischen Schlachtdarstellung aus den Senatsberichten des Augustus die Zweifel Cassius Dios zu eigen gemacht und uns entschlossen, bei unserer weiteren Untersuchung zur Varusschlacht vornehmlich die Berichte der zeitnäheren Autoren (Tacitus, Velleius Paterculus und Florus) zu berücksichtigen.

2. *Publius Cornelius Tacitus* war ein römischer Geschichtsschreiber und stammte aus einer Familie des römischen Ritterstandes der Provinz Gallia Narbonensis. Er wurde 55 n. Chr. geboren und starb 116 n. Chr. Er war Prätor, Konsul und später Statthalter der Provinz Asia. Tacitus war ein gefeierter Redner und sein schriftstellerisches Werk umfasst eine Biographie seines Schwiegervaters Agricola, die Schrift über Germanien, die *Historien* über die Zeit der Flavierkaiser und die *Annalen*, die die Zeit vom Tod des Augustus bis zu Neros Tod (68 n. Chr.) behandeln. Tacitus war befreundet mit Plinius dem Jüngeren, einem Adoptivsohn von Plinius dem Älteren, dessen genaue Beschreibung der Germanenkriege in seiner römischen Geschichte leider verlorengegangen ist. Tacitus hat diesen Bericht mit Sicherheit gekannt und verwertete dessen Sach- und Ortskenntnis in seinen Werken. Seine *Annalen* beginnen erst mit dem Tod des Augustus, dann beschreibt er den Zug des Germanicus (15 n. Chr.) zum Schlachtort und berichtet über das Auffinden der Leichen „mitten auf dem Feld".

Da sich aus diesen Kapiteln jedoch weitreichende Rückschlüsse auf den Verlauf und den Ort der Schlacht ziehen lassen und gerade die deutschen Übersetzungen dieses lateinischen Textes Missverständnisse und fehlerhafte Interpretationen enthalten, möchten wir Teile dieser Kapitel in Latein und Deutsch zitieren:

Tacitus, *Annalen,* Buch I/60-62:
„[...] Damit der Krieg nicht mit aller Kraft losbreche, schickt er (Germanicus) Caecina mit vierzig römischen Kohorten, um die Feindesmacht zu spalten, durchs Bruktererland bis an die Amisia; der Präfekt Pedo führt die Reiterei durchs Gebiet der Friesen. Er selbst schiffte die vier Legionen ein und fuhr über die Seen; gleichzeitig trafen dann Fußvolk, Reiterei und Flotte bei dem genannten Fluss ein. Die Chauken wurden, da sie Hilfe versprachen, in die Heeresgemeinschaft aufgenommen. Die Brukterer, die ihr eigenes Land verheerten, schlug L. Stertinius mit seinen leichten Truppen in Germanicus' Auftrag in die Flucht; beim Morden und Plündern fand er den Adler der 19. Legion wieder, der mit Varus verlorengegangen war. Weiterhin wurde der Heereszug bis in die entlegensten Teile

des Bruktererlandes geleitet und alles Land zwischen Amisia und Lupia verwüstet, nicht fern vom Teutoburger Wald, in dem, wie es hieß, die Reste der Legionen und ihres Führers Varus noch unbestattet lagen. 61. So ergreift denn den Caesar die Sehnsucht, den Kriegern und ihrem Führer die letzten Ehren zu erweisen; [...] Caecina wurde vorausgeschickt, um die verborgenen Waldschluchten zu durchforschen und Brücken sowie Dämme über die feuchten Sümpfe und trügerischen Moorwiesen zu bauen. Dann betreten sie die Stätte der Trauer, für den Anblick wie für die Erinnerung grauenvoll. Das erste Lager des Varus zeigte durch seinen weiten Umfang und die Absteckung des Feldherrnplatzes, dass drei Legionen daran gearbeitet hatten. Weiterhin erkannte man an dem halbverfallenen Wall und flachen Graben, dass sich dort die schon zusammengeschmolzenen Reste gelagert hatten. Mitten auf dem Feld lagen bleichende Knochen, bald zerstreut, bald haufenweise, je nachdem die Soldaten geflohen waren oder Widerstand geleistet hatten. Daneben fanden sich zerbrochene Waffen und Pferdegerippe, auch vorn an den Bäumen befestigte Menschenschädel. In den benachbarten Hainen standen die Altäre der Barbaren, an denen sie die Tribunen und Centurionen 1. Ranges geschlachtet hatten. Soldaten, die diese Niederlage überlebt hatten und der Schlacht oder der Gefangenschaft entronnen waren, erzählten, hier seien die Legaten gefallen, dort die Adler geraubt worden; sie berichteten, wo Varus seine erste Wunde erhalten, wo der Unselige durch eigene Hand den Tod gefunden, von welcher Erhöhung aus Arminius zum versammelten Heer gesprochen habe, wie viel Galgen, was für Martergruben für die Gefangenen hergerichtet wurden und wie er in seinem Übermut mit den römischen Feldzeichen und Adlern seinen Spott getrieben habe. 62. So bestattete das anwesende Römerheer im sechsten Jahr nach der Niederlage die Gebeine der drei Legionen, ohne dass jemand unterscheiden konnte, ob er fremde Reste oder die seiner Angehörigen mit Erde bedeckte. Man setzte alle wie Freunde, wie Blutsverwandte bei."

Tacitus berichtet hier, wie Germanicus seinen Heereszug zum Schlachtfeld plant, um endlich nach sechs Jahren, was eigentlich schon die Aufgabe des Tiberius im Jahre 10 gewesen wäre, die Toten der „Varusschlacht" zu beerdigen. Wieviel Respekt er immer noch vor den Germanen hat, beweist die Größe des Heeres, die er für diese Aufgabe für notwendig hielt. Er schickte Caecina mit vierzig Kohorten (vier Legionen) durch das Bruktererland (Münsterland) zur Emsmündung, gleichzeitig schiffte sich Germanicus mit vier Legionen durch den Drususgraben über das Ijsselmeer und die Nordsee zum Treffpunkt an der Emsmündung ein und Pedo führte die Reiterei (Eine Legionsreiterei bestand aus 120 Mann, da Caecina nur vierzig Kohorten befehligte und Germanicus auf seinen Schiffen sicher keinen Platz für Pferde hatte, muss die Reiterei Pedos ca. 1000 Mann stark gewesen sein.) durch das Land der Friesen bis zur Ems. Gemeinsam verwüsteten sie dann das Land zwischen den Flüssen Ems und Lippe, denn sie wollten zum Schlachtfeld, das, wie Tacitus schreibt, „nicht fern vom Teutoburger Wald, in dem, wie es hieß, die Reste der Legionen und ihres Führers Varus noch unbestattet lagen", zu suchen war. Dann heißt es bei Tacitus:

„Caecina wurde vorausgeschickt, um die verborgenen Waldschluchten zu durchforschen und Brücken sowie Dämme über die feuchten Sümpfe und trügerischen Moorwiesen zu bauen."

Im lateinischen Text steht allerdings:

„praemisso Caecina ut occulta saltuum scrutaretur pontesque et aggeres umido paludum et fallacibus campis inponeret,"

Der Übersetzer sieht hier „occulta" als Adjektiv zu „saltuum", wenn Tacitus das gemeint hätte, hätte er sicher „occultos saltus = die verborgenen Waldschluchten" geschrieben. Wir meinen, dass „occulta" hier als Substantiv „occulta -orum n = Geheimnisse"[16] aufzufassen ist und die richtige Übersetzung lauten muss: „Caecina wurde vorrausgeschickt die Geheimnisse des Waldgebirges zu erforschen." Dies gibt in diesem Zusammenhang mehr Sinn, weil die Römer in der Vergangenheit immer südlich der Lippe in diese Gegend gezogen sind. Diesmal kamen sie jedoch von Norden entlang der Ems und mussten sich ihren Weg erst mühsam „über feuchte Sümpfe und trügerische Moorwiesen

---

[16] Stowassers Lateinisch-Deutsches Schul- und Handwörterbuch Leipzig 1910

zum Schlachtfeld bahnen" und sie kannten auf dieser Route den genauen Weg zum Sommerlager nicht. Dann heißt es: „incedunt maestos locos." Das wird bisher folgendermaßen übersetzt: „dann betreten sie die Stätte der Trauer." Genau übersetzt, bedeutet „incedere" allerdings „eintreffen". Nach dem Bericht des Tacitus nähern sich die Römer nach Durchquerung der Senne von Westen oder Nordwesten dem Ort, an dem die gefallenen Soldaten noch unbestattet liegen und kommen vor dem Sommerlager an. Von diesem Standpunkt aus hat Germanicus eine freie Sicht über das gesamte Schlachtfeld. Die folgende Textstelle, darauf wollen wir den Leser ausdrücklich hinweisen, ist, um die Darstellung der Varusschlacht endgültig beurteilen zu können, besonders wichtig, denn allein auf ihr beruht seit Mommsen die Mär von den drei Marschlagern. Wir werden deshalb versuchen, die deutsche Übersetzung des lateinischen Textes Wort für Wort zu analysieren. So beginnt Tacitus mit der Beschreibung des Schlachtfeldes:

„Prima Vari castra lato ambitu et dimensis principiis trium legionum manus ostentabant."

Bisherige Übersetzung:

„Das erste Lager des Varus zeigte durch seinen weiten Umfang und die Absteckung des Feldherrnplatzes, dass drei Legionen daran gearbeitet hatten."

Für primus, -a, -um gibt es folgende Bedeutungen: zuerst, der vorderste Teil, wie in primum agmen = die Vorhut, prima impedimenta = die Spitze des Trosses, in prima epistula = am Anfang des Briefes, in prima provincia = vorn in der Provinz, möglich ist jedoch auch: sententia prima = Hauptsatz, causa prima = Hauptursache.

Die richtige Übersetzung könnte deshalb auch lauten:

„Das Hauptlager des Varus (oder: Der vorderste Teil des Varuslagers) zeigte durch seine ausgedehnte Größe und die Ausmaße des Feldherrnplatzes, dass drei Legionen daran gearbeitet hatten."

Hätte Tacitus hier tatsächlich das erste Marschlager des Varus auf dem mehrtägigen Marsch in den Untergang gemeint, hätte er sicher seinen Bericht nach dem „prima Vari castra" mit „**secunda Vari castra**" und nicht nur mit „**dein**" fortgesetzt. Selbst Mommsen hat sich nämlich als Erster im Wesentlichen nur deswegen auf die Übersetzung dieser

Textstelle „das erste Lager des Varus" festgelegt und seitdem immer von drei Marschlagern gesprochen, weil er überzeugt war:

„Tacitus berichtet von den drei verschiedenen Marschlagern, von der Heerstraße der Römer entfernt; das wäre unmöglich, wenn Varus im Hauptlager überfallen und niedergehauen worden wäre."[17]

Mommsen konnte sich nämlich nicht vorstellen, dass das „Hauptlager im germanischen Urwald" gelegen hat. Wir sind allerdings sicher, wenn Mommsen damals schon gewusst hätte, was erst durch die Ausgrabungen bei Kalkriese zu Tage kam, dass hier in der Ebene bereits eine Römerstraße von der Weser durch die Nieweder-Senke in Richtung Kalkriese verlief, hätte er seine Meinung über die Übersetzung dieser Textstelle höchstwahrscheinlich geändert.

Da dieses „prima Vari castra" seitdem nach Auffassung der meisten Historiker in Übereinstimmung mit Mommsen und mit dem Bericht des Cassius Dio jedoch das erste Marschlager auf dem Marsch in den Untergang gewesen sein soll, ist es für uns schwer vorstellbar, dass die Römer in der damaligen prekären Situation im Jahr 9 n. Chr., als sie bereits von den Germanen angegriffen wurden, die Zeit gehabt beziehungsweise den Aufwand betrieben hätten, ein Marschlager zu schanzen, das sich durch „lato ambitu" und „dimensis principiis" auszeichnet hätte. Ein solche Beschreibung bezieht sich deshalb nicht auf ein normales Marschlager und erst recht nicht auf ein im Notfall errichtetes Marschlager. Diese Beschreibung kann somit nur auf **ein länger genutztes Standlager** zutreffen. Wie aber ist „dimensis principiis" richtig zu übersetzen?

„Principium, ii, n.: 1. Anfang, Ursprung 2. Grund, Grundlage 3. Kurie 4. militärisch a. Front, Vordertreffen b. Hauptplatz des röm. Lagers, Hauptquartier."

Um aber beurteilen zu können, welche Bedeutung hier richtig ist – Hauptplatz oder Hauptquartier –, beschäftigten wir uns zunächst eingehend mit römischen Militärlagern, insbesondere Marsch- und Standlagern in der frühen Römischen Kaiserzeit und zogen, um diese Frage zu

---

[17] Mommsen Theodor: *Römische Kaisergeschichte*, Augustus, S. 128

klären, die Berichte über die Marschlager des Polybios und des Pseudo-Hygin zurate.

Das Marschlager des Polybios aus dem 2. Jahrhundert v. Chr. sah wie folgt aus:

„Das abendliche, von Wall und Graben umwehrte Marschlager der römischen Armee stellt sich nach den beiden überlieferten Plänen teilweise recht verschieden dar. Das von Polybios im 2. Jahrhundert v. Chr. vorgestellte bausteinartige Konzept ist für eine Doppelllegion, Reiterei, Verbündete, Hilfstruppen und Leibgarde vorgesehen, insgesamt 18.600 Mann. Dieser Bauplan eines rund 600 × 600 Meter (je 2017 römische Fuß) großen, quadratischen Lagers mit je einem Tor an jeder Längsseite, konnte ohne Schwierigkeiten auch auf kleinere Truppenkontingente herunter gerechnet werden.

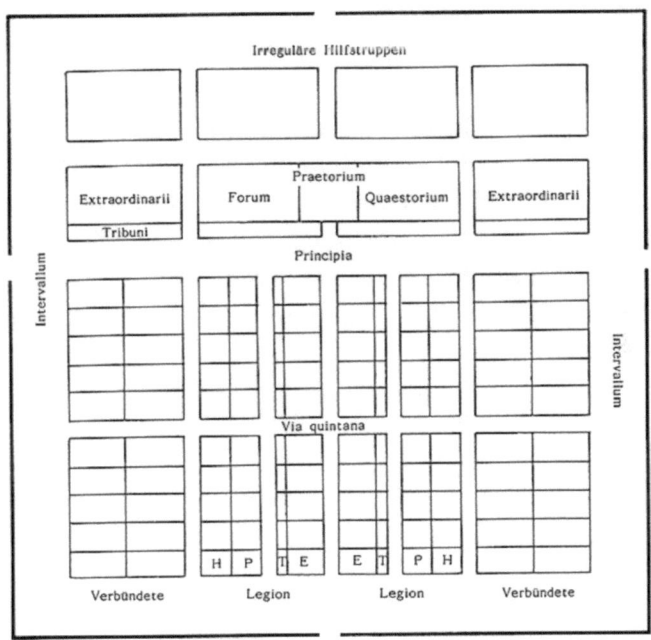

Abb. 3
Das Marschlager einer Doppelllegion nach Polybios

Vom zukünftigen Standort des *Praetoriums*, dem Feldherren-zelt aus, wurde mit der Vermessung des Flächenrasters begonnen, wobei im Gelände mehrfarbige Fähnchen zum Einsatz kamen. Die Fläche vor dem Feldherrenzelt wurde *Principia* genannt. Nach diesem Wort erhielt die Lagerstraße, die diesen Platz in ihrer Mitte durchschnitt, den Namen *Via principalis*. Diese Straße war bei Polybios rund 30 Meter (100 Fuß) breit. Die *Via praetoria* sollte indes nur die halbe Breite besitzen. Links und rechts des *Praetoriums* befand sich das *Forum* und das *Quaestorium* daran grenzen ebenfalls links- und rechtsseitig die Zelte der teilberittenen Leibgarde, der *Equites* und *Pedites extraordinarii* an. Vor diesen Einrichtungen, lagerten entlang der *Via principalis* die zwölf Legionstribunen, je sechs pro Legion. Hinter diesen Einrichtungen war der Standort für Hilfstruppen aller Art vorgesehen. Auf der gegenüberliegenden Seite der *Via principalis* wurde Platz für die beiden Legionen sowie für die Verbündeten geschaffen. Während die Legionäre gestaffelt entlang der *Via praetoria* untergebracht wurden, lagerten die Verbündeten in dem verbleibenden Raum zwischen dem Intervallum und den Legionen. Das Intervallum, der rund um im Inneren des Lagers von den Truppen unbewohnte verbleibende Raum war bei Polybios rund 60 Meter (200 Fuß) breit. Der Platz wurde benötigt um im Verteidigungsfall die Bewegungsfreiheit der Soldaten nicht zu beschränken, die Zelte außerhalb der Reichweite von Geschossen zu halten und das im Tross mitlaufende Vieh sowie die Beute sicher zu halten."[18]

„Erst viele Generationen später, vom Ende des 1. oder aus dem 2. Jahrhundert n. Chr. ist ein weiteres Idealmodell zum römischen Marschlager durch Pseudo-Hygin überliefert. Die offensichtlichen Unterschiede zwischen diesem und dem Lager des Polybios könnten eine konzeptionelle Entwicklung der Marschlager anzeigen, die es sicherlich gegeben haben muss, da sich die römische Armee seit dem

---

[18] Johnson A.: *Römische Kastelle*, Kapitel 2 S. 38-41(nachgez. nach C.Schuchardt)

2. Jahrhundert v. Chr. deutlich in ihrem Aufbau und der Militärtechnik verändert hatte. [...] Die *Latera praetorii* sollten an ihrer Rückseite mit der *Via quintana* abschließen. Dahinter begann die *Retentura*. Dort befand sich direkt hinter dem *Praetorium* das *Quaestorium*. Neben der Verwaltung war dieser Bereich für die Unterkunft des Lagerpräfekten vorgesehen. Zudem hatten hier die Hilfstruppen zu lagern und es war Platz für die Beute und Gefangenen zu schaffen. **Die 2. bis 10. Kohorte der drei Legionen, die als Elite galten, waren mit ihren Zelten direkt entlang der Umwallung untergebracht und umschlossen damit alle anderen Lagereinrichtungen.** Dies ist ein wichtiger Unterschied zum Lager des Polybios, bei dem nicht die Legionen, sondern die Verbündeten und die Hilfstruppen im Außenbereich saßen. Zwischen den Legionskohorten in der Außenzone und dem Wall war die Lagerringstraße im 18 Meter (60 Fuß) breiten *Intervallum* vorgesehen."[19]

Es ist schon auffallend, dass in diesen beiden Berichten über Marschlager weder eine „ausgedehnte Größe" noch überhaupt „Ausmaße eines Feldherrnplatzes" festzustellen sind. Auch Hinweise über eine „Principia", die in allen Standlagern der frühen Römischen Kaiserzeit als Hauptquartier beziehungsweise Verwaltungszentrum nachzuweisen ist, fehlen in beiden Texten. [...] Dieses Fehlen einer „Principia" wird bisher auf Lücken in den unvollständigen Textstellen zurückgeführt. Man kann sich allerdings nicht vorstellen, dass, wenn der Kommandeur und die Soldaten in Marschlagern in Zelten wohnten, für die Verwaltung in diesen Lagern extra feste Gebäude hergerichtet wurden. Wenn man außerdem davon ausgeht, dass Tacitus einen Überblick über die Größe des vor Germanicus liegenden „Hauptlagers" geben will, präsentiert er den Römern neben der Wallanlage, an der drei Legionen gearbeitet hatten, vor allem das ausgedehnte Hauptquartier beziehungsweise das riesige Verwaltungszentrum. Ein ausgedehnter Lagerplatz wäre in diesem Fall, verdeckt von den Wällen mit Holz-Erde-Mauern, von diesem Standpunkt aus gar nicht zu sehen gewesen,

---

[19] Johnson A.: *Römische Kastelle*, Kapitel 2 S. 38-41

geschweige denn aufgefallen. Die richtige Übersetzung für „dimensis principiis" kann deshalb nicht „Ausmaße eines Feldherrnplatzes", den es in Marschlagern gar nicht gegeben hat, sondern nur „ausgedehntes Hauptquartier" oder „Verwaltungszentrum" lauten. Deswegen sollte diese Textstelle folgendermaßen übersetzen werden:

> „Das Hauptlager des Varus zeigte durch seine ausgedehnte Größe und die Ausmaße des Hauptquartiers, dass drei Legionen daran gearbeitet hatten."

Wir möchten an dieser Stelle nochmal darauf hinweisen, dass es nach der Varusschlacht eine Änderung der Lagerbelegung gegeben hat, denn im Marschlager des Peudo-Hygin lagerten die Auxiliare und die Verbündeten plötzlich in der Mitte und die zweite bis zehnte Kohorte, die als Elite galten, umschlossen sie, um sie besser kontrollieren zu können [...]. Dann fährt Tacitus fort:

> „Dein semiruto (*ruere, ruo herabstürzen*) vallo, humili fossa accisae iam reliquiae consedisse (*consedire: zusammen festsitzen*) intellegebantur (*intellego: wahrnehmen, erkennen*)."

> „Weiterhin erkannte man an dem halbverfallenden Wall und flachen Graben (des zweiten Lagers?), dass sich dort die schon zusammengeschmolzenen Reste gelagert hatten."[20]

Aber ist das eine korrekte Übersetzung? Was bedeutet: „accisae"? Im lateinischen Wörterbuch findet man lediglich „accido, -cidi, -cisum: 1. hin-, niederfallen 2.a) hingelangen b) (v. Pers.) jmd. überfallen." Deswegen könnte die genaue Übersetzung auch lauten:

> „Dann erkannte man an dem halb eingestürzten Wall und an dem niedrigen Graben, wo sich die überfallenen Reste bereits verschanzt hatten."

Hier kann nicht der Hauptwall eines zweiten Lagers gemeint sein, denn dann hätte Tacitus berichtet, dass man zunächst einen Graben und anschließend erst einen Wall gesehen hätte. Außerdem ist es unwahrscheinlich, dass der Hauptwall eines Standlagers mit seiner Holz-Erde-Mauer bereits nach sechs Jahren zusammengestürzt sein soll. Auch die Spitzgräben vor einem römischen Standlager waren immer durch

---

[20] Tacitus: *Annalen* I/61

Flechtwerk gesichert, tief und breit und dem Lagerwall gab die Holz-Erde-Mauer zusätzlichen Halt, sodass ein solcher Verfall einer römischen Lagerbegrenzung nach so kurzer Zeit kaum glaubhaft ist. Die Mitteilung über den halb eingestürzten Wall und den flachen Graben muss sich deshalb auf den Schutzwall beziehen, den die „accisae reliquiae" (geschwächten beziehungsweise überfallenen Reste) der Legionen nachts, noch während des Überfalls, in einer Lagerecke, die ja an zwei Seiten von einer Holz-Erde-Mauer geschützt war, notdürftig und in großer Eile geschanzt hatten, um sich dahinter verteidigen zu können. Dabei musste innen ein Graben ausgehoben werden, der in der Kürze der Zeit nur wenig ausgeprägt sein konnte. Die so gewonnene Erde wurde dann zu einem ungesicherten Schutzwall aufgetürmt. Genau diese Situation muss Germanicus vor Augen gehabt haben, als er nach Betreten des Lagers in diese Lagerecke schaut. Er sieht zunächst den „halb eingestürzten Wall" und dann „den flachen Graben". Dies ist ein weiteres Argument, dass der Bericht des Tacitus selbst in kleinen Details der Wahrheit entspricht. Dann richtet Germanicus, nach Tacitus, seinen Blick auf die Mitte des Lagers:

> „Medio campi albentia ossa, ut fugerant, ut restiterant, disiecta vel aggerata. adiacebant fragmina telorum equorumque artus."
> „Mitten auf dem Feld lagen bleichende Knochen, bald zerstreut, bald haufenweise, je nachdem die Soldaten geflohen waren oder Widerstand geleistet hatten. Daneben fanden sich zerbrochene Waffen und Pferdegerippe."[21]

In *Langenscheidts Großes Schulwörterbuch* findet man unter campus folgende Einträge: „campus, i n: 1 a. freies Feld, Ebene, Flur, in der frühen römischen Kaiserzeit (Vergil) Schlachtfeld, offene Feldschlacht 2. Fläche 3. Marsfeld, Exerzierplatz." Es könnte deshalb nicht falsch sein, wenn man die Wortwahl des Tacitus in der Übersetzung folgendermaßen interpretiert: Mitten auf dem Schlachtfeld lagen die bleichenden Knochen; dabei lagen Bruchstücke von Waffen. (telum, i. n.: 1. Wurfwaffe 2. Waffe) und Pferdegerippe. Tacitus hat an dieser Textstelle bewusst von „fragmina telorum" (Bruchstücke der Wurflanzen,

---

[21] Tacitus: *Annalen* I/61

nicht von Waffen) gesprochen, denn Tacitus benutzt, wenn er Waffen meint, fast immer das Wort „arma", so in *Annalen* I und II insgesamt vierundvierzig Mal. Zerbrochene Reste von Rüstungen, Helmen und Schwertern erwähnt er in diesem Zusammenhang nicht. Auf dieses wichtige Detail werden wir später noch eingehen. Anschließend wendet sich Germanicus der Umgebung des Lagers zu:

„Simul truncis arborum antefixa ora."[22] „Auch vorn an den Bäumen befestigte Menschenschädel."

Die bisherige Übersetzung ist wieder nicht ganz korrekt, denn im eben erwähnten Wörterbuch heißt es unter „os: 1a) Mund, Maul, Rachen 1d) ora truncis arborum antefigere = Vorderschädel". Diese Mitteilung des Tacitus entspricht genau dem damals üblichen germanischen Opferritus, denn die Germanen pflegten von den Opfertieren (Pferden) nur die Vorderschädel an Bäumen zu befestigen und hängten ihre Menschenopfer in den „heiligen Hainen auf. Wir bevorzugen deshalb folgende Übersetzung: „Zugleich waren an den Baumstämmen die Vorderschädel von Pferden befestigt." Tacitus fährt dann fort:

„Lucis propinquis barbarae arae, apud quas tribunos ac primorum ordinum centuriones mactaverant. „In den benachbarten geweihten Hainen standen die Altäre der Barbaren, an denen sie die Tribunen und die Centurionen erster Ordnung geschlachtet hatten."

Auch hier bleibt Tacitus konsequent und richtet den Blick des Betrachters auf die nähere Umgebung des Lagers, denn im Lager gab es sicher keine Bäume, an denen man die Pferdeschädel hätte befestigen können, und die benachbarten heiligen Haine mit den Altären der Barbaren können ebenfalls nur im weiteren Umfeld des Lagers gestanden haben. Insgesamt ist dies eine genaue und konsequente Beschreibung des Tacitus über die Situation, wie sie Germanicus beim Anblick und Betreten des Schlachtortes vorgefunden hat. Der Blick geht zunächst auf die ausgedehnten Wälle des Drei-Legionen-Lagers, dann betrachtet er die *Principia*, das ausgedehnte Hauptquartier, erkennt dann in einer Lagerecke den notdürftigen Wall und den flachen Graben, hinter dem sich die Reste der Legionen bei dem Überfall verschanzt hatten, und sieht erst

---

[22] wie [21]

dann in der Lagermitte die zerbrochenen Speere und die Knochen der getöteten Soldaten, bevor abschließend im Umfeld des Lagers die Bäume, an denen die Germanen die Pferdeschädel befestigt hatten, und die Altäre der Barbaren sichtbar werden, auf denen die römischen Zenturionen geopfert wurden. Zusätzlich müssen wir an dieser Stelle darauf hinweisen, dass hier nicht „arae barbarorum" steht, sondern Tacitus „barbarae" als Adjektiv zu „arae" verwendet hat, was genau übersetzt die fremden oder barbarischen Altäre bedeutet. Die genaue Interpretation dieser Textstelle fällt deswegen schwer, weil nach eingehender Recherche über germanische Opferplätze bisher nirgends in einem heidnischen Heiligtum Belege für archäologisch nachweisbare Altäre gefunden wurden, geschweige denn mehrere Altäre nachgewiesen werden konnten, und die Germanen zu damaliger Zeit ihre Opferhandlungen vorwiegend an Mooren, Teichen und Quellen vornahmen. Weil barbarus, -a, -um neben fremd auch wild oder grausam bedeuten kann, könnte diese Textstelle auch mit,

„die grausamen Altäre, auf denen sie die Tribunen und Centurionen der ersten Ordnung geschlachtet hatten," übersetzt werden.

Wie kommen wir auf diese Idee? Im Buch von Anne Johnson *Römische Kastelle des 1. und 2. Jahrhunderts n. Chr. in Britannien und den germanischen Provinzen*[i] heißt es:

„Der Exerzierplatz wurde nicht nur für Übungen verwendet. Die Truppe versammelte sich hier auch bei bestimmten feierlichen religiösen Anlässen, die im militärischen Festkalender vorgeschrieben waren. Gegen Ende des vorigen Jahrhunderts kamen an dem Exerzierplatz von Maryport 14 Altäre zutage, die dem Jupiter Optimus Maximus geweiht waren, ferner zwei für den Mars Militaris. [...] Zweifellos handelt es sich um Altäre, die bei offiziellen Anlässen geweiht worden sind. Die zeitliche enge Abfolge der Inschriften deutet darauf hin, dass sie bei der jährlichen Erneuerung des Treue-Eides auf den Kaiser aufgestellt worden sind."[23]

Außerdem verwendet Tacitus hier das Wort „mactaverant", und das

---

[23] Johnson A.: *Römische Kastelle des 1. und 2. Jahrhunderts n. Chr. in Britannien und den germanischen Provinzen*, S. 237

spricht eigentlich nicht dafür, dass die Germanen die römischen Offiziere ihren Göttern auf ihren Altären geopfert haben. Was aber bedeutet „mactare"? Im Stowasser finden sich folgende Bedeutungen: „I. 1) schlachten, 2) heimsuchen, strafen. II. 1) verherrlichen, beehren, beschenken, 2) occ. (eine Gottheit durch etw.) verehren." Wenn man den Text mit „*schlachten*" übersetzt, würde das auf einen extrem gesteigerten Hass und auf eine unstillbare Wut der Germanen auf die Römer hinweisen, was teilweise auch dadurch bedingt gewesen sein kann, dass es die Römer zu den ständigen militärischen Demütigungen auch gewagt hatten, ein so großes Lager in die Nähe der germanischen heiligen Haine zu schanzen. Es wäre deswegen denkbar, dass man mit der Art der Hinrichtung der Offiziere die Römer zusätzlich bestrafen wollte, denn konnte es für römische Offiziere überhaupt etwas Schändlicheres geben, als wenn sie auf denselben Altären abgeschlachtet wurden, an denen sie ihren jährlichen Eid auf den Kaiser abgelegt hatten? Für die Möglichkeit dieser Spekulation spricht, dass allein die Römer die Aufstellung mehrerer Altäre an einem Ort kannten. Würde man an dieser Stelle allerdings für „mactare" die Übersetzung „*opfern*" bevorzugen, wäre zu klären, warum im Bereich heidnischer Opferplätze bisher nirgends Altäre gefunden wurden. Für die Lösung dieses Problems bieten sich eventuell noch zwei andere Möglichkeiten an: 1. Es ist möglich, wenn auch kaum anzunehmen, dass die Römer, die in religiösen Fragen sehr tolerant waren, ihre eigenen Altäre in den germanischen Hainen aufgestellt haben. 2. Wahrscheinlicher wäre es, dass die Germanen die römischen Altäre in ihre Haine schleppten, um die Römer erst dort zu opfern oder abzuschlachten.

Am Ende der *Annalen* I/61 schildert Tacitus:

„Et cladis eius superstites, pugnam aut vincula elapsi, referebant hic cecidisse legatos, illic raptas aquilas; primum ubi vulnus Varo adactum, ubi infelici dextera et suo ictu mortem invenerit; quo tribunali contionatus Arminius, quot patibula captivis, quae scrobes, utque signis et aquilis per superbiam inluserit." „Soldaten, die diese Niederlage überlebt hatten und der Schlacht oder der Gefangenschaft entronnen waren, erzählten, hier seien die Legaten gefallen, dort die Adler geraubt worden; sie berichteten, wo Varus seine erste Wunde erhalten, wo der Unselige durch eigene Hand den Tod gefunden, von welcher Erhöhung aus Arminius zum versammelten Heer gesprochen habe, wieviel Galgen, was für Martergruben für die Gefangenen hergerichtet wurden und wie er in seinem Übermut mit den römischen Feldzeichen und Adlern seinen Spott getrieben habe."[24] Das sind alles Beobachtungen, die die überlebenden Soldaten nicht während einer Schlacht im germanischen Urwald gemacht haben können, zumal es dort nach der Aussage Dios überhaupt keine Überlebenden gegeben hat. An dieser Stelle wird zusätzlich eine wichtige Information des Tacitus immer wieder übersehen und mit „von welcher Erhöhung Arminius zum versammelten Heer gesprochen hat" übersetzt. Allerdings steht hier **„tribunali"**, wobei nach dem *Stowasser* „tribunal, -alis n." bedeutet: „1a. Hochsitz, Richterstuhl; b. erhöhter Feldherrnsitz im Lager". Auch für uns war klar, dass mit dem Tribunal im antiken Rom die Erhöhung des Amtsträgers, des Magistrates, des Prätors, der Feldherren im Lager und der Statthalter in den Provinzen durch eine räumliche Erhebung symbolisiert wurde. Trotzdem, um hier keinen Übersetzungsfehler anzuprangern, haben wir zunächst versucht, ein anderes lateinisches Wort für Erhöhung zu suchen, allerdings nur „locus editus", „tumulus" und „collis" gefunden. Abschließend überprüften wir die Annalen, ob und mit welcher Bedeutung Tacitus „tribunali" an anderen Textstellen nutzte. Wir fanden es zehn Mal in *Annalen* I und II. In allen Fällen bedeutet es bei Tacitus sowie auch bei Velleius Paterculus und Florus: Richterstuhl beziehungsweise Sitz des Feldherrn im Lager. Es ist deshalb ohne Zweifel richtig, dass Tacitus den Römern hier vor Augen führen wollte, dass Arminius es sogar gewagt hat, vom Richterstuhl des Varus aus zu seinem Heer zu sprechen. Alle in dieser Textstelle erwähnten Informationen über die Situation während und nach der Schlacht können nur von den Soldaten stammen, die sich in einer Lagerecke verschanzt hatten und die später von Asprenas gerettet wurden, denn alle anderen Augenzeugen waren tot oder in Gefangenschaft geraten.

Genau diese Situation wird nämlich von Velleius beschrieben:

---

[24] Tacitus: *Annalen* I/61

„Sunt tamen, qui ut vivos ab eo vindicatos, ita jugulartorum sub Varo occupata crediderint patrimonia hereditatemque occisi exercitus, in quantum voluerit, ab eo aditam."

„Dennoch gibt es Leute, die glauben, er (Asprenas) habe zwar die Lebenden gerettet, aber auch die Hinterlassenschaft der mit Varus Umgekommenen an sich gebracht und nach seinem Belieben die Erbschaft der getöteten Soldaten angetreten."[25]

Hier wird berichtet, dass sich Asprenas die Hinterlassenschaft der toten Soldaten angeeignet hat. Das bedeutet gleichzeitig, dass er den Schlachtort aufgesucht haben muss, noch bevor die Germanen die Leichen der getöteten Soldaten ausplündern konnten. Dies ist ein weiterer Hinweis darauf, dass die Soldaten auf keinen Fall auf einem Marsch durch den Urwald Germaniens getötet wurden und findet zudem auch eine Bestätigung bei Tacitus:

„Igitur Romanus qui aderat exercitus sextum post cladis annum trium legionum ossa, nullo noscente alienas reliquias an suorum humo tegeret, omnis ut coniunctos, ut consanguineos, aucta in hostem ira, maesti simul et infensi condebant."

„So bestattete das anwesende römische Heer im sechsten Jahr nach der Niederlage die Gebeine der drei Legionen, ohne dass jemand unterscheiden konnte, ob er fremde Reste oder die seiner Angehörigen mit Erde bedeckte."[26]

Diese Aussage beweist erstens, dass die Gebeine der getöteten Soldaten aller drei Legionen gemeinsam an einem Ort beerdigt wurden, ohne dass man ihre Leichen erst lange im germanischen Urwald suchen musste, und zweitens, dass die Erkennungszeichen der getöteten römischen Soldaten (Orden, Rüstungen, Waffen) inzwischen nicht mehr vorhanden waren. Wer war dafür verantwortlich? Wer hatte das Schlachtfeld geplündert? Die Germanen oder die Römer? Wie Velleius Paterculus berichtet, muss Asprenas mit seinen zwei Legionen kurz nach der Schlacht das Schlachtfeld aufgesucht und die Hinterlassenschaft der toten Soldaten an sich genommen haben. Das werden

---

[25] Velleius Paterculus: *Historia Romana* II 120.3
[26] Tacitus: *Annalen* I/62

zunächst die Geldbeutel der toten Soldaten und die Heereskasse gewesen sein. Wo aber sind die Rüstungen und Waffen der Römer geblieben? Von Tacitus erfährt man später, als er den Kampf des Arminius gegen Marbod im Jahr 17 n. Chr. schildert, dazu Folgendes:

„ac tunc Arminius equo conlustrans cuncta, ut quosque advectus erat, reciperatam libertatem, trucidatas legiones, spolia adhuc et tela Romanis derepta in manibus multorum ostentabat;"

„Jetzt besichtigte Arminius zu Pferd alles und wies überall, wohin er ritt, auf die wiedergewonnene Freiheit, die erschlagenen Legionen und auf die den Römern abgenommenen Waffen hin, die immer noch in vieler Hände seien."[27]

Hier steht allerdings nur „spolia" und „tela", genau übersetzt heißt das: Rüstungen und Wurfwaffen. Die wertvollen Schwerter werden in diesem Zusammenhang nicht erwähnt. Außerdem erfährt man in den *Annalen,* als Tacitus bei der Gefangennahme des Segestes im Jahre 15 n. Chr. über die Übergabe der Beutestücke berichtet:

„ferebantur et spolia Varianae cladis, plerisque eorum qui tum in deditionem veniebant praedae data."

„Herbeigebracht wurden auch Beutestücke aus der Niederlage des Varus, die zumeist den Beuteanteil der Krieger gebildet hatten."[28]

Genau genommen heißt es hier nicht Beutestücke, sondern nur „spolia = Rüstungen". Lateiner werden sicher gegen diese Spezifizierung der römischen Waffen einwenden, dass Tacitus, als in der Literatur bewanderter Geschichtsschreiber, „tela" und „spolia" lediglich als sprachliches Phänomen im Sinne von „pars pro toto" verwendet hat. Überprüft man aber in den *Annalen* I und II, ob Tacitus, wenn er die römischen und germanischen Waffen beschreibt, eher eine allgemeine als eine differenzierte Wortwahl getroffen hat, stellt man fest, dass er weitaus häufiger „*arma*" als „*tela*" und „*spolia*" verwendet. Das lateinische Wort für Waffen „arma, -orum n." benutzt er in *Annalen* I und II vierundvierzig Mal, daneben verwendet er „tela" neun Mal und „spolia" lediglich vier Mal. Leider wird in den Texten des Tacitus „tela" oder „spolia"

---

[27] Tacitus: *Annalen* II/45
[28] Tacitus: *Annalen* I/57

einfach mit Waffen übersetzt, was zu Fehlinterpretationen der Berichte des Tacitus führen kann. Folgerichtig bedeutet die eben zitierte Textstelle, dass Asprenas neben den Geldbeuteln der toten Soldaten in weiser Voraussicht auch die bewährten Stahlschwerter und Dolche der Römer auf dem Schlachtfeld einsammeln ließ, damit sie nicht in die Hände der Germanen fallen konnten. Die Rüstungen und Wurfwaffen haben die Germanen später vom Schlachtfeld an sich genommen. Der Stamm des Segestes bekam die Rüstungen und der Stamm des Arminius die Wurfwaffen. Die zerbrochenen Lanzen (ohne die Eisenspitzen) wurden auf dem Varusschlachtfeld liegen gelassen. Ferner spricht alles für die Richtigkeit dieser Interpretation der Aktivitäten des Asprenas nach der Schlacht, weil die Germanen selbst im Jahre 16 n. Chr. in den Entscheidungsschlachten bei Idistaviso und am Angrivarierwall augenscheinlich keine römischen Schwerter besitzen, denn Tacitus schreibt:

„Nec minor Germanis animus, sed genere pugnae et armorum superabantur, cum ingens multitudo artis locis praelongas hastas non protenderet." „Die Germanen standen den Römern an Mut nicht nach und erlagen nur durch ihre Kampfesweise und Bewaffnung. Ihre ungeheure Masse konnte auf dem beengten Raum die überlangen Lanzen nicht vorstoßen und nicht zurückziehen."[29]

Da unsere textkritische Analyse des Berichtes des Tacitus darauf hinweist, dass die römische Katastrophe im Jahre 9 n. Chr. auf keinen Fall auf einem Marsch durch den germanischen Urwald stattgefunden hat, sondern dass Varus in seinem Sommerlager überfallen wurde und die Soldaten aller drei Legionen gemeinsam in Anwesenheit des Germanicus und des gesamten römischen Heeres im Bereich des Schlachtfeldes, wo sie gekämpft und ihren Tod gefunden hatten, begraben wurden, wollen wir als Nächstes die Berichte des Velleius Paterculus und Florus überprüfen, ob in ihnen weitere Informationen zu finden sind, die den Bericht des Tacitus ergänzen beziehungsweise im Großen und Ganzen bestätigen.

---

[29] Tacitus: *Annalen* II/21

3. Velleius Paterculus (*20 v. Chr. in Kampanien † 30 n. Chr.) gehörte einer kampanischen Familie aus dem Ritterstand an. Sein Großvater war *Praefectus fabrum* unter Tiberius Claudius Nero, sein Vater war ebenfalls Offizier. Er trat in jungen Jahren in die Armee ein und diente unter Vinicius und P. Silius als Militärtribun in Thrakien, Makedonien und Griechenland. Im Jahre 1 v. Chr. diente er unter Gaius Caesar im Osten des Römischen Reiches und wurde als Nachfolger seines Vaters Reiteroberst bei Tiberius. Von ihm wurde er zum Reiterpräfekt ernannt und diente ihm acht Jahre lang in Germanien und Pannonien als *legatus*. Er nahm an der Niederschlagung des Pannonischen Aufstandes teil und kämpfte dort zusammen mit Arminius. Bis 9 n. Chr. blieb er vorwiegend in Pannonien und begleitete Tiberius von 9 bis 11 n. Chr. auf dessen Germanienfeldzügen, weshalb er die römischen Straßen und Lager in Germanien aus eigener Anschauung kannte. Für seine Dienste wurde er im Jahre 6 Quästor und im Jahre 15, zusammen mit seinem Bruder, Prätor. Er ist der einzige Geschichtsschreiber, der die frühe Römische Kaiserzeit noch selbst erlebt hat und von dem ein kurzer Bericht über diese Zeit erhalten geblieben ist. Dieser Bericht lässt die Emotionen eines persönlich Betroffenen so kurz nach der Katastrophe erahnen. Warum sollte Velleius, der viele seiner Kameraden in der Varusschlacht verlor und als einziger Autor sowohl den Varus als auch den Arminius persönlich kannte, seinen Bericht verfälscht oder gar die Unwahrheit gesagt haben?

Sein als *Historia Romana* bezeichnetes Werk verfasste er 29 oder 30. Es besteht aus zwei Büchern, die Vinicius gewidmet sind. Es deckt die Zeit vom Ende des Trojanischen Kriegs bis zum Tod der im Jahre 29 ab und stellt im Prinzip einen weltgeschichtlichen Abriss aus römischer Perspektive dar. Vom ersten Buch, das bis zur Zerstörung Karthagos 146 v. Chr. reicht, sind große Teile einschließlich des Anfangs verloren gegangen. Die spätere Geschichte, besonders die Zeit von Caesars Tod (44 v. Chr.) bis zum Tod des Augustus (14) wird weitaus ausführlicher behandelt. Das Werk ist das einzige (wenngleich mit Lücken) erhaltene Beispiel für die römische Geschichtsschreibung in der Zeit zwischen Livius und Tacitus und ist trotz der Verherrlichung des Tiberius eine wichtige Quelle. Im zweiten Buch wird ein „gewaltiger Krieg" gegen

germanische Stämme erwähnt. Beatus Rhenanus fand diese stark lä-
dierte Handschrift 1515 im Kloster Murbach. Er ließ diese durch einen
seiner Schüler abschreiben. Das Original ging kurz darauf verloren.
Erst 1834 fand Orelli in einer Baseler Bibliothek die Abschrift eines
anderen Rhenanusschülers. Aus dieser, wie aus den Nachkollationen
Puras, hat man den Murbacher Codex versucht zu rekonstruieren. Im
Folgenden wird deshalb aus der 1989 im Reclam Verlag erschienenen
Ausgabe der *Historia Romana II* von Velleius Paterculus zitiert:

„Kaum hatte Tiberius Caesar die letzte Hand angelegt, um den
pannonischen und den dalmatischen Krieg endgültig zu beenden, da
brachten – nur fünf Tage, nachdem er diese gewaltige Aufgabe vollendet hatte – Depeschen aus Germanien die Unglücksbotschaft, dass
Varus getötet und drei Legionen niedergemetzelt seien, dazu ebenso
viel Reitergeschwader und sechs Kohorten. Es war gerade, als ob
uns das Schicksal dabei noch eine Gnade erwiesen hätte: dass nämlich unser Feldherr zu diesem Zeitpunkt nicht mehr auf einem anderen Kriegsschauplatz beschäftigt war. [...] Die Ursache der Katastrophe sowie die Person des Heerführers machen es erforderlich, dass
ich hierbei kurz verweile. Quintilius Varus stammte aus einer ange-
sehenen, wenn auch nicht hochadligen Familie. Er war von milder
Gemütsart, ruhigem Temperament, etwas unbeweglich an Körper
und Geist, mehr an müßiges Lagerleben als an den Felddienst ge-
wöhnt. Dass er wahrhaft kein Verächter des Geldes war, beweist
seine Statthalterschaft in Syrien: Als armer Mann betrat er das reiche
Syrien und als reicher Mann verließ er das arme Syrien. Als er Oberbefehlshaber des Heeres in Germanien wurde, bildete er sich ein, die
Menschen dort hätten außer der Stimme und den Gliedern nichts
Menschenähnliches an sich und die man durch das Schwert nicht
hatte zähmen können, die könne man durch das römische Recht
lammfromm machen. Mit diesem Vorsatz begab er sich ins Innere
Germaniens und, als habe er es mit Männern zu tun, die die Annehmlichkeiten des Friedens genossen, brachte er die Zeit des Sommer-
feldzugs damit zu, von seinem Richterstuhl aus Recht zu sprechen
und Prozessformalitäten abzuhandeln. Die Leute dort sind aber, –
wer es nicht erfahren hat, wird es kaum glauben – bei all ihrer

Wildheit äußerst verschlagen, ein Volk von geborenen Lügnern. Sie erfanden einen Rechtsstreit nach dem anderen; bald schleppte einer den anderen vor Gericht, bald bedankten sie sich dafür, dass das römische Recht ihren Händeln ein Ende mache, dass ihr ungeschlachtes Wesen durch diese neue und bisher unbekannte Einrichtung allmählich friedsam werde und, was sie nach ihrer Gewohnheit bisher durch Waffengewalt entschieden hätten, nun durch Recht und Gesetz beigelegt würde. Dadurch wiegten sie Quintilius Varus in höchster Sorglosigkeit, ja, er fühlte sich eher als Stadtprätor, der auf dem römischen Forum Recht spricht, denn als Oberbefehlshaber einer Armee im tiefsten Germanien. Es gab damals einen jungen Mann aus vornehmem Geschlecht, der tüchtig im Kampf und rasch in seinem Denken war, ein beweglicherer Geist, als es die Barbaren gewöhnlich sind. Er hieß Arminius und war der Sohn des Sigimer, eines Fürsten jenes Volkes. In seiner Miene und in seinen Augen spiegelte sich ein feuriger Geist. Im letzten Feldzug hatte er beständig auf unserer Seite gekämpft und hatte mit dem römischen Bürgerrecht auch den Rang eines römischen Ritters erlangt. Nun machte er sich die Indolenz unseres Feldherrn für ein Verbrechen zunutze. Es war kein dummer Gedanke von ihm, dass niemand leichter zu fassen ist als ein Nichtsahnender und dass das Unheil meistens dann beginnt, wenn man sich ganz sicher fühlt. Erst weihte er nur wenige, dann mehrere in seinen Plan ein. Die Römer könnten vernichtet werden, das war seine Behauptung, mit der er auch überzeugte. Er ließ den Beschlüssen Taten folgen und legte den Zeitpunkt für den Hinterhalt fest. Dies wurde dem Varus von Segestes, einem loyalen Mann jenes Volkes mit angesehenem Namen, hinterbracht. Er forderte noch einmal [Lücke im Text]. Aber das Schicksal war schon stärker als die Entschlusskraft des Varus und hatte die Klarheit seines Verstandes völlig verdunkelt. Denn so geht es ja: Wenn ein Gott das Glück eines Menschen vernichten will, dann trübt er meistens seinen Verstand und bewirkt damit – was das Beklagenswerteste daran ist –, dass dieses Unglück auch noch scheinbar verdientermaßen eintrifft und sich Schicksal in Schuld verwandelt. Varus wollte es also nicht glauben und beharrte darauf, die offensichtlichen

Freundschaftsbezeigungen der Germanen gegen ihn als Anerkennung seiner Verdienste zu betrachten. Nach diesem ersten Warner blieb für einen zweiten keine Gelegenheit mehr. Den Ablauf dieser schrecklichen Katastrophe – die schwerste Niederlage der Römer gegen auswärtige Feinde seit der des Crassus gegen die Parther – werde ich, wie schon andere es getan haben, in meinem größeren Geschichtswerk ausführlich darzustellen versuchen, hier sei des Ereignisses nur allgemein mit Trauer gedacht. Die tapferste Armee von allen, führend unter den römischen Truppen, was Disziplin, Tapferkeit und Kriegserfahrenheit angeht, wurde durch die Indolenz des Führers, die betrügerische List des Feindes und die Ungunst des Schicksals in einer Falle gefangen. Weder zu kämpfen noch zum Ausbrechen bot sich ihnen, so sehnlich sie es sich auch wünschten, ungehindert Gelegenheit, ja einige mussten sogar schwer dafür büßen, dass sie als Römer ihre Waffen und ihren Kampfgeist eingesetzt hatten. Eingeschlossen in Wälder und Sümpfe, in einem feindlichen Hinterhalt, wurden sie Mann für Mann abgeschlachtet, und zwar von demselben Feind, den sie ihrerseits stets wie Vieh abgeschlachtet hatten – dessen Leben und Tod von ihrem Zorn oder ihrem Mitleid abhängig gewesen war. Der Führer hatte mehr Mut zu sterben als zum Kämpfen. Nach dem Beispiel seines Vaters und Großvaters durchbohrte Varus sich selbst mit dem Schwert. Von den beiden Lagerpräfekten aber gab der eine, L. Eggius, ein heldenhaftes, der andere, Ceionius, ein erbärmliches Beispiel. Der Letztere bot, nachdem der größte Teil des Heeres schon umgekommen war, die Übergabe an: Er wollte lieber hingerichtet werden, als im Kampf zu sterben. Numonius Vala aber, ein Legat des Varus, sonst ein ruhiger und bewährter Mann, gab ein abschreckendes Beispiel: Er beraubte die Fußsoldaten ihres Schutzes durch die Reiterei, machte sich mit den Schwadronen auf die Flucht und suchte, den Rhein zu erreichen. Jedoch das Schicksal rächte seine Schandtat: Er überlebte seine Kameraden nicht, von denen er desertiert war, sondern fand als Deserteur den Tod. Den halbverkohlten Leichnam des Varus rissen die Feinde in ihrer Rohheit in Stücke. Sie trennten sein Haupt ab und sandten es zu Marbod. Dieser wieder schickte es zu Caesar

Augustus, der ihm trotz allem die Ehre eines Familienbegräbnisses gewährte."[30]

Velleius Paterculus streift in seiner *Historia Romana* die varianische Niederlage nur kurz und weist auf eine ausführliche Darstellung in seinem größeren Geschichtswerk hin. Dieses Werk ist nicht erhalten geblieben, es ist jedoch auch möglich, dass sein früher Tod im Jahre 30 die Niederschrift verhindert hat. Auch Velleius werfen die Historiker vor, dass zumindest seine Beschreibung des Winterlagers, das Tiberius 4 n. Chr. „ad caput Lupiae fluminis"[31] anlegte, sowohl was die Wortwahl als auch was die Ortsbezeichnung angeht, ungenau sei. Mit „caput" behaupten sie, würde in aller Regel die Mündung und nicht die Quelle eines Flusses bezeichnet und außerdem sei archäologisch bisher an den Lippequellen der Nachweis eines Römerlagers nicht zu erbringen. Hierzu ist zu sagen, dass mit „caput" häufig die Quelle eines Flusses bezeichnet wird. In *Langenscheidts: Wörterbuch Lateinisch – Deutsch* finden sich unter *caput* die Bedeutungen: „1. Kopf 2. Spitze, (besonders von Flüssen) Quelle oder seltener Mündung." Auch im *Stowasser* heißt es unter *caput,* „2. Selten die Mündung von Flüssen, öfter die Quelle und verweist dabei auf Horatius, Vergil und Cicero." Zudem könnte Velleius *caput* durchaus als Wortbild gebraucht und damit den Zusammenfluss der Flüsse Pader, Lippe und Alme bei Paderborn/Neuhaus gemeint haben. Außerdem und unabhängig davon war gerade dieser Bereich noch für Karl den Großen strategisch überaus günstig gelegen, sodass er gerade hier seine Kaiserpfalz und die erste christliche Kirche im Feindesland erbaute. Schon die Römer sind hier bereits unter Drusus vorbeimarschiert und haben sicher sofort die Vorzüge dieses Ortes erkannt, denn sie liebten quellreiche Gebiete für ihre Thermen und wo gab es in „Germania libra" einen ähnlich günstigen Ort für die Anlage eines Militärlagers, in dem man das Nützliche gleich mit dem Angenehmen verbinden konnte? Da aus den Paderquellarmen heute noch ca. 5000 Liter pro Sekunde hervorsprudeln und zudem die Warme Pader selbst im Winter noch ständig wärmeres Wasser (14 – 16 ° C)

---

[30] Velleius Paterculus: *Historia Romana* II/117–119
[31] Velleius Paterculus: *Historia Romana* II/105

führt, steht außer Zweifel, dass Velleius mit „caput Lupiae fluminis" in seinem Bericht insgesamt den Bereich der Pader- und Lippequellen gemeint haben kann, zumal unter der Kaiserpfalz von Paderborn römische Spuren archäologisch bisher nicht sicher auszuschließen sind. Da die folgenden Textstellen von den Befürwortern der Marschtheorie seit Mommsen als Bestätigung des dionischen Berichtes angeführt werden, haben wir den lateinischen Text hier angefügt und wollen die gängige Übersetzung unabhängig und selbstständig überprüfen:

„Exercitus omnium fortissimus, disciplina, manu experientiaque bellorum inter Romanos milites princeps, marcore ducis, perfidia hostis, iniquitate fortunae circumventus, cum ne pugnandi quidem aut egrediendi occasio iis, in quantum voluerant, [...] inclusus silvis, paludibus insidiis ab eo hoste ad intenecionem trucidatus est, [...]. At e praefectis castrorum duobus quam plarum exemplum L. Eggius, tam turpe Ceionius prodidit, qui, cum longe maximam partem absumpsisset acies, auctor deditionis supplicio quam proelio moro maluit,"

Bisherige Übersetzung:

„Die tapferste Armee von allen, führend unter den römischen Truppen, was Disziplin, Tapferkeit und Kriegserfahrenheit angeht, wurde durch die Indolenz des Führers, die betrügerische List des Feindes und die Ungunst des Schicksals in einer Falle gefangen. Weder zu kämpfen noch zum Ausbrechen bot sich ihnen, so sehnlich sie es sich auch wünschten, ungehindert Gelegenheit, ja einige mussten sogar schwer dafür büßen, dass sie als Römer ihre Waffen und ihren Kampfgeist eingesetzt hatten. Eingeschlossen in Wälder und Sümpfe, in einem feindlichen Hinterhalt, wurden sie Mann für Mann abgeschlachtet,"[32]

1. Zunächst hatten wir große Zweifel, dass die drei unter Waffen marschierenden Elitelegionen der Römer, trotz des schlechten Wetters von den Germanen ohne große Verluste problemlos abgeschlachtet werden konnten.

2. „perfidia hostis" bedeutet Treulosigkeit, Wortbrüchigkeit. Hier

---

[32] Velleius Paterculus: *Historia Romana* II/119.2

könnte durchaus der Verrat des Aminius gemeint sein, allerdings ist die Fortsetzung „iniquitate fortunae circumventus" mit „von der Ungunst des Schicksals bedrängt" zu übersetzen. Von einer Falle steht hier nichts.

3. „cum ne pugnandi quidem aut egrediendi occasio iis, in quantum voluerant," Die genaue Übersetzung lautet: weder zum Kämpfen noch zum Ausrücken (v. Truppen) bot sich ihnen Gelegenheit, so sehr sie es sich wünschten. Diese Textstelle lässt eher an einen Kampf in einem Lager denken, aus dem sie nicht ausrücken konnten, und nicht an einen Schlachtort im germanischen Urwald.

4. „inclusus silvis, paludibus insidiis, ab eo hoste ad intenecionem trucidatus est," - „Eingeschlossen in Wälder und Sümpfe, in einem feindlichen Hinterhalt, wurden sie Mann für Mann abgeschlachtet." Für Mommsen und seine Nachfolger stand fest, mit dieser Aussage bestätigte Velleius die Darstellung des Cassius Dio. Zieht man hier allerdings den *Stowasser* zurate, steht zwar unter „insidiae: 1. Hinterhalt 2. Nachstellung, Hinterlist, Tücke, Verrat, Anschlag", jedoch weist eine Erläuterung darauf hin, dass der Ablativ „insidiis circumventus" mit „von Verrat umgeben" zu übersetzen ist. Somit kann die Übersetzung dieser Textstelle auch lauten: „Eingeschlossen von Wäldern, Sümpfen und Verrat wurden sie von demselben Feind abgeschlachtet." An dieser Stelle entsteht bei der Interpretation des Schlachtgeschehens ein weiteres Problem, denn Velleius Paterculus berichtet ebenfalls, „sunt tamen, qui ut vivos ab eo vindicatos"[33], dass Asprenas nach der Schlacht die Lebenden rettete. Wenn diese Schlacht wirklich, wie bisher angenommen, im germanischen Urwald stattgefunden hat, welche „Lebenden" hätte Asprenas hier retten können? Denn aus einem solchen „Hinterhalt" wäre mit Sicherheit keiner lebend entkommen. Diese Textstelle bezieht sich freilich auf den Zeitpunkt, als Asprenas nach der Schlacht mit seinen zwei Legionen das Schlachtfeld erreicht,

---

[33] Velleius Paterculus: *Historia Romana* II/120,3

und bei der Besichtigung des Schlachtortes durch Germanicus im Jahre 15 n. Chr. erfährt man hierzu von Tacitus, dass mit den „Lebenden" die geschwächten Reste der Legionen[34] gemeint sind, die sich mit dem verwundeten Varus in einer Lagerecke verschanzen konnten und die dann von Asprenas befreit und nach Aliso in Sicherheit gebracht wurden.

5. Velleius berichtet dann weiter: „Von den beiden Lagerpräfekten aber gab der eine, L. Eggius, ein heldenhaftes, der andere, Ceionius, ein erbärmliches Beispiel. Der Letztere bot, nachdem der größte Teil des Heeres schon umgekommen war, die Übergabe (deditio) an," Dieser Hinweis spricht eher dafür, dass der Lagerkommandant Ceionius ein Lager übergeben wollte.

6. Kaum waren wir am Ende dieses Kapitels angekommen, überprüften wir noch einmal die Textstelle Velleius II/117.3:

„Quo proposito mediam ingressus Germaniam velut inter viros pacis gaudentes dulcedine iurisdictionibus agendoque pro tribunali ordine trahebat aestiva."

Die bisherige Übersetzung lautet:

„Mit diesem Vorsatz begab er sich (Varus) ins Innere Germaniens und als habe er es mit Männern zu tun, die die Annehmlichkeiten des Friedens genossen, brachte er die Zeit des Sommerfeldzuges damit zu, von seinem Richterstuhl aus Recht zu sprechen und Prozessformalitäten abzuhandeln." Uns fiel zunächst auf, dass „aestiva" mit „die Zeit des Sommerfeldzuges" übersetzt wurde und man dabei den Genitiv benutzte und außerdem „agenda" nicht „Prozessformalitäten" bedeutete. Im Stowasser fanden wir, dass „aestiva -orum n. a.) mil. Sommerlager; (menton.) Feldzug; und „agenda -arum n. gottesdienstliche Handlungen; bedeutet.

Richtig schien uns deswegen, folgende Übersetzung zu sein:

„Mit diesem Plan marschierte er in die Mitte Germaniens, als wenn er unter Männern weilte, die sich über die Annehmlichkeiten des Friedens freuten, zum Sommerlager und verbrachte

---

[34] Tacitus: *Annalen* I/61

die Zeit, um auf dem Richterstuhl Recht zu sprechen und gottesdienstliche Handlungen vorzunehmen."
Wir konnten diese Textstelle zunächst nicht erklären, bis wir bei Demant auf die folgenden Aussagen stießen:
„alljährlich musste das Heer auf den Kaiser (sacramentum) an seinem Geburtstag (natalis Augusti) vereidigt"[35] werden und Bleicken bestätigte, dass bereits diese „Institutionalisierung des Oberkommandos über die Armee im Princeps […] (Augustus) mit dem Staatsakt vom Jahre 27 v. Chr. erledigt wurde."[36] Wir waren deswegen der Ansicht, dass die Vereidigung von drei Legionen nicht in der Enge eines Lagers durchgeführt werden konnte und, da Tacitus außerdem darauf hinweist, dass „in lucis propinquis barbarae arae"[37] „in der Nähe der heiligen Haine die grausamen Altäre" standen, spricht für uns alles dafür, dass es sicher einen Platz außerhalb des Sommerlagers gegeben haben muss, möglicherweise eine Arena oder einen Exerzierplatz, in der oder auf dem die jährliche Vereidigung der Soldaten auf den Kaiser an den römischen Altären feierlicher und angemessener durchgeführt werden konnte.

Als Fazit unserer Überprüfung ist der Bericht des Velleius Paterculus mit der Schilderung des Tacitus vereinbar. Hinweise, dass die Schlacht auf einem Marsch begonnen und sich über mehrere Tage hingezogen hat, finden sich nirgends. Die Erwähnung der Lagerpräfekten Eggius und Ceionius bei den Kampfhandlungen schließt sogar aus, dass der Untergang der römischen Legionen auf die von Cassius Dio beschriebene Art und Weise abgespielt haben kann, denn bei der marschierenden Truppe hatten die Lagerpräfekten bei den Legionen keine Befehlsgewalt. Außerdem berichtet Velleius Paterculus, dass der Lagerpräfekt Ceionius die Übergabe angeboten hat, was aufgrund seiner Stellung und der Wortwahl die Vermutung nahelegt, dass eher eine Übergabe

---

[35] A. Demant: *Marc Aurel* Kapitel i. Heer S.23,
[36] J. Bleicken: *Augustus,* S. 561
[37] Tacitus: Annalen I/61

eines Lagers stattgefunden hat. Zu einer Kapitulation der Reste der geschlagenen römischen Legionen nach einem verlustreichen Marsch im germanischen Urwald hätte ein Lagerkommandant nur die Berechtigung gehabt, wenn, wie wir schon berichtet haben, sowohl der Oberbefehlshaber als auch alle Legaten schon tot waren. Der Bericht des Velleius beschreibt für römische Verhältnisse so unglaubliche Vorkommnisse, wie Desertion eines ganzen Reiterregimentes und die bedingungslose Kapitulation römischer Truppen in Germanien. Unabhängig von all unseren Argumenten, schließen die Hinweise Demandts[38], Bleickens[39] und Johnsons[40], dass jeweils am Geburtstag des Kaisers am 23. September alle Soldaten des römischen Heeres ihren Eid auf den Kaiser erneuern mussten, aus, dass Varus an diesem Tag schon plante, ins Winterlager zurückzukehren beziehungsweise bereits auf dem Marsch gegen eine angebliche Aufstandsbewegung ungenannter Germanenstämme gewesen sein kann.

4. Lucius Annaeus Florus (*ca.120 n. Chr. †?) war ein römischer Geschichtsschreiber in der Zeit der Kaiser Trajan (98–117) und Hadrian (117–138). Er wird von einigen Altertumswissenschaftlern mit dem Dichter Publius Annius Florus identifiziert. Florus stellte um 120 eine kurze Skizze der Geschichte Roms in zwei Bänden von der Gründung der Stadt bis zur Varusschlacht im Jahr 9 n. Chr. zusammen, wobei er sich vor allem auf Livius, Sallust, Lucan, Seneca d. Ä. und Tacitus stützt. Das Werk, die *Epitoma de Tito Livio bellorum omnium annorum DCC libri duo*, ist eine Lobschrift auf die Größe Roms, dessen Leben in die vier Abschnitte Kindheit, Jugend, Erwachsenen- und Greisenalter aufgeteilt ist. Nach einer Quelle aus der Spätantike, dem Grammatiker Virgilius Maro, wurde Florus in Afrika geboren und kam unter

---

[38] A. Demandt: *Marc Aurel* Kapitel i. Heer S.23,
[39] J. Bleicken: *Augustus,* S. 561
[40] Johnson A.: *Römische Kastelle des 1. und 2. Jahrhunderts n. Chr. in Britannien und den germanischen Provinzen*, S. 237

54

Domitian nach Rom. Florus soll eine Tour durch den griechischsprachigen Teil der römischen Welt unternommen und Sizilien, Kreta, die Kykladen, Rhodos und Ägypten besucht haben. Während der ersten Jahre des Kaisers Trajan kehrte er nach Rom zurück, wo jeder seine Poesie kannte. Florus befand sich noch in der zweiten Hälfte der Regierungszeit Hadrians in Rom. Seine Epitome des Titus Livius sind heute wichtige Texte, weil sie eine Vorstellung von den verlorenen Teilen von Livius' Geschichte Roms seit ihrer Gründung geben. In seinem *Abriss der Römischen Geschichte* berichtet Florus:

„Aber es ist schwerer, Provinzen zu behaupten als zu erwerben; durch Gewalt werden sie erworben, behauptet nur durch das Recht. So war denn jene Freude nur kurz. Denn die Germanen waren mehr besiegt als gebändigt und achteten, so lange Drusus Imperator war, mehr unsere Sitten als unsere Waffen; nachdem jener gestorben war, begannen sie, des Varus Quintilius Wollust und Stolz nicht weniger als seine Grausamkeit zu hassen. Er wagte es, Landtage zu halten, und sprach das Recht im Lager, als könnte er das Ungestüm der Barbaren durch die Ruten des Liktors und des Herolds Stimme dämpfen. Doch jene, die schon lange mit Kummer auf ihre Schwerter blickten, die der Rost bedeckte, und auf ihre Pferde, die keine Arbeit hatten, griffen, sobald sie die Togen und ein Recht sahen, das grausamer war als die Waffen, unter Arminius' Führung zum Schwerte. Und so großes Vertrauen setzte Varus unterdessen in den Frieden, dass es sogar keinen Eindruck auf ihn machte, als ihm die Verschwörung durch Segestes, einen der Fürsten, vorhergesagt und verraten wurde. – So griffen sie ihn, der an nichts [...] dachte und nichts der Art fürchtete, unversehens an, während er sie – welche Sorglosigkeit! – vor seinen Richterstuhl rief; von allen Seiten drangen sie ein und plünderten das Lager; drei Legionen wurden vernichtet. Varus folgte freiwillig dem Strom des Verderbens; sein Schicksal und sein Entschluss erinnern an Paulus am Tage von Cannae. Nichts Blutigeres gab es je: als das Schlachten dort in den Sümpfen und Wäldern, nichts Unerträglicheres als den Hohn der Barbaren. Vorzugsweise hatten sie es auf die Beamten abgesehen; einigen stachen sie die

Augen aus, anderen schnitten sie die Hände ab, einem nähten sie den Mund zu, nachdem sie ihm die Zunge ausgerissen hatten; diese nahm einer der Barbaren in die Hand und sprach: ‚Nun endlich höre auf zu zischen, du Schlange!' – Auch die Leiche des Konsuls selbst, welche die Soldaten in frommem Pflichtgefühl in der Erde begraben hatten, wurde ausgegraben. Feldzeichen und zwei Adler sind noch jetzt im Besitz der Barbaren; den dritten riss der Bannerträger, bevor er in die Hände der Feinde geriet, von der Stange und versteckte ihn unter seinem Gürtel; so tauchte er in blutigen Sumpf unter und versank. Durch diese Niederlage geschah es, dass das Reich, das am Gestade des Ozeans nicht hatte Halt machen wollen, nunmehr am Ufer des Rheinstromes zum Stehen kam."[41]

Wir möchten an dieser Stelle schon darauf hinweisen, dass seit Theodor Mommsen die Darstellung des Florus als „lächerlich und Nichtüberlieferung"[42] bezeichnet wurde und Mommsen sogar so weit ging, Florus, der ja ein römischer Schriftsteller und Historiker war, als „rhetorisierenden Kompilator wie den spanischen Ritter"[43], womit er zweifellos Don Quijote meinte, zu brandmarken. Gleichzeitig bewertete er den Bericht des Velleius Paterculus insgesamt zu negativ und sprach dem Werk des Tacitus jede Anforderung, die man an einen Historiker stellen muss, ab[44]. Selbst Wilkinson sah die Ursache unseres „durch Verdrehung der Tatsachen" verzerrten Bildes der frühen Kaiserzeit in den „mit unkritisch vermengtem Klatsch versehenen Biographien der ersten Cäsaren" Suetons und in der „dramatisierenden oder satirisch zugespitzten Geistesart von Autoren wie Tacitus."[45] Diese Meinung vertreten auch heute noch viele Historiker und Archäologen und deswegen werden die

---

[41] Florus: *Abriss der Römischen Geschichte* Buch IV, Kap. 29–39
[42] Mommsen: *Die Örtlichkeit der Varusschlacht* S. 41: Höfer: *Die Varusschlacht* S.138
[43] Mommsen: *Römische Kaisergeschichte*, S.128
[44] Besprechung von Roland Symes: *Tacitus* von U. Weidemann S. 531, Heidelberg 1957.
[45] Wilkinson Lancelot: *Rom und die Römer*, S. 232

Berichte dieser Autoren meist übergangen, gelten als unwissenschaftliche Quellenangabe oder einfach als falsch. Wer aber die hier zitierten Quellen unvoreingenommen liest, dem drängen sich zunächst diese Fragen auf:

1. Wie konnte es zu einer solchen Diskrepanz zwischen der Beschreibung der Varusschlacht bei Cassius Dio und den Rückschlüssen auf dieses Ereignis bei Velleius Paterculus, Tacitus und Florus kommen?

2. Wieso werden auch heute noch die wesentlich zeitnäheren Autoren (Velleius Paterculus, Tacitus und Florus) von den Historikern nicht beachtet?

3. Warum scheitert der Aufstand der Germanen nicht, obwohl Varus frühzeitig von Segestes gewarnt worden war?

Zu 1. Cassius Dio schöpfte aus den Senatsberichten, die wahrscheinlich die offizielle, von Kaiser Augustus genehmigte Lesart der Katastrophe enthüllten. Im Großen und Ganzen war Varus demzufolge nach dem Willen der Götter einem widrigen Schicksal zum Opfer gefallen. Im Gegensatz dazu stempelte die Schilderung des Velleius Paterculus, die nur aus dem Umfeld des Tiberius kommen konnte, den Varus zum alleinigen Sündenbock dieser Katastrophe und gab damit indirekt auch dem Kaiser in Rom die Schuld an diesem Desaster, denn jeder römische Bürger wusste, dass Augustus selbst diesen „unfähigen Beamten" als Nachfolger des Tiberius zum Statthalter Germaniens gemacht und ihn beauftragt hatte, im rechtsrheinischen Germanien eine römische Verwaltung aufzubauen, damit dieser Bereich möglichst schnell als Provinz ins Römische Reich eingegliedert werden konnte. Betrachtet man zunächst die augusteische Version des Geschehens, gehörte Varus als angeheirateter Verwandter des Kaisers schon früh zum engeren Kreis der Familie, denn er hatte in erster Ehe Vipsania Marcella, eine Tochter des M. Agrippa und der Marcella Maior, und in zweiter Ehe deren Cousine, Claudia Pulchra, beides Enkelinnen der Octavia und Großnichten des Augustus, geheiratet. Der Vater der Claudia Pulchra I war zudem ein Adoptivsohn von Marcus Valerius Messalla Barbatus Appianus und dessen leiblicher Vater war der Konsul Appius Claudius Pulcher.

Unabhängig davon stammte auch Tiberius Claudius Nero, der Vater des Tiberius, aus dem Hause der Claudier und Livia, die spätere Ehefrau des Augustus, ebenfalls väterlicherseits aus dem Haus des Appius Claudius Pulcher, denn ihr Vater wechselte durch Adoption in das Geschlecht der Livier über. Er nannte sich nach der Adoption Marcus Livius Drusus Claudianus. Außerdem gehörte Varus zur römischen Nobilität, denn einer seiner Vorfahren bekleidete bereits 403 v. Chr. das Amt eines Militärtribuns[46] –, und er genoss sicher das besondere Vertrauen des Augustus, den er bereits auf dessen Orientreise 22 –19 v. Chr. begleitet hatte. Seine hohe Stellung in der römischen Oberschicht verdeutlicht sich auch in der Übernahme des Konsulats, das er im Jahre 13 v. Chr. gemeinsam mit Tiberius ausübte.[47] Zusätzlich war er im römischen Sinne ein erfolgreicher Statthalter in Syrien gewesen, wo er den judäischen Aufstand brutal niederschlug. Dass Varus während seines Oberbefehls in Syrien gleichzeitig diese blühende Provinz ausplünderte, war zu Augustus' Zeiten sicherlich kein Manko, sondern eher die Regel, denn viele römische Statthalter haben auf ähnliche Weise ihre bankrotte Kasse saniert. Selbst Caesar entpuppte sich während seiner Statthalterschaft in Gallien „als der größte Räuber von allen."[48] Augustus hatte deshalb sicherlich keine Zweifel an den Fähigkeiten des Varus, als er ihm im Jahre 7 n. Chr. den Oberbefehl in Germanien anvertraute, ihn gleichzeitig beauftragte, dort eine funktionierende Verwaltung aufzubauen und ihm befahl den Germanen mit allen Mitteln möglichst schnell römisches Recht zu lehren. Wie man heute weiß, waren dieser Auftrag und seine kompromisslose Ausführung mit einer der Hauptgründe für die Revolte des Arminius. Augustus hat deswegen die Ursache dieser Katastrophe zumindest teilweise in seiner Fehleinschätzung des germanischen Charakters gesehen, denn in den offiziellen Senatsberichten findet sich nirgends ein Vorwurf gegen Varus. Die Katastrophe wird dort als unabwendbarer, von den Göttern gewollter

---

[46] Livius Titus: *Ab urbe condita* Liber V 1, 2
[47] Cassius Dio: *Römische Geschichte* Band IV Buch 54
[48] Wilkinson Lancelot: *Rom und die Römer*, S. 139

Schicksalsschlag dargestellt. Nur durch dieses Hervorheben des göttlichen Mitwirkens an dem fatalen Ausgang dieser Schlacht gelang es dem Kaiser schließlich, sein Gesicht in Rom zu wahren. Für die Richtigkeit dieser Interpretation seines Handelns spricht auch, dass Augustus keine Konsequenzen aus der Niederlage, wie Bestrafung, Enteignung der Güter oder Verbannung der Familie des Varus gezogen hat. Im Gegenteil, er gestattete sogar für den ihm von Marbod zugesandten Kopf des Varus ein ehrenvolles Begräbnis. Man kann deshalb annehmen, dass er erst recht durch dieses Spektakel die letzten Zweifler in Rom überzeugte und es durch diese kluge und vollendete Inszenierung sogar fertigbrachte, die wahren Hintergründe dieser Katastrophe bis auf den heutigen Tag zu kaschieren.

Wie man aus den Quellen weiter erfährt, ändert sich die Situation für die Familie des Varus erst mit Beginn der Regierungszeit des Tiberius. L. Asprenas, als Neffe des Varus Legat in Germanien, wurde zwar kurz nach der Niederlage des Varus noch für seine mannhafte Entscheidung, die zwei Legionen und die Überlebenden der Varusschlacht aus der Katastrophe zu retten, die kostbaren Stahlschwerter auf dem Schlachtfeld einzusammeln, die Verteidigung von Aliso zu organisieren und dann sofort die Rheingrenze zu sichern, belobigt und dafür vom Kaiser Augustus mit dem Prokonsulat der Provinz Africa[49] belohnt, hat dann aber bis zum Tod des Tiberius keine staatstragenden Ämter mehr innegehabt. Tiberius hat später sogar versucht, Asprenas die Ermordung des Sempronius Gracchus, des ehemaligen Liebhabers seiner Frau Julia, in die Schuhe zu schieben. Nicht nur die Tatsache, dass Tiberius die Familie des Varus nicht mehr mit hohen Ämtern betraute, weist auf seine feindliche Einstellung gegen Varus hin, sondern sein unversöhnlicher Hass lässt sich auch daraus ablesen, dass Tiberius den einzigen Sohn des Varus im Jahre 27 n. Chr. wegen Majestätsbeleidigung hinrichten ließ. Selbst die Ehefrau des Varus, Claudia Pulchra, wird nach Tacitus[50] ein Jahr später von Domitius Afer angeklagt und wegen

---

[49] Mommsen Theodor: *Römische Kaisergeschichte*, S. 96
[50] Tacitus: *Annalen* IV/52

unsittlichem Lebenswandel, Ehebruchs, Giftmischerei und Verwünschungen gegen den Prinzeps verurteilt. Möglicherweise hatte Livia, die auch aus dem Geschlecht der Claudier stammte, so lange ihre schützende Hand über ihre Verwandten halten können, sodass Tiberius erst nach ihrer Entmachtung die Hinrichtung der beiden wagte. Dass Caligula, der Sohn des Germanicus und Enkel des Drusus, eine andere Auffassung von der Schuld des Varus hatte, lässt sich daran erkennen, dass er sofort nach dem Tod des Tiberius den Großneffen des Varus, P. Nonius Asprenas, im Jahr 38 n. Chr. das Konsulat in Rom antreten lässt. Auch aus diesem Faktum lässt sich folgern, dass es im Kaiserhaus (Tiberius – Augustus, Germanicus, Caligula) unterschiedliche Beurteilungen der Ursachen für die Niederlage des Varus gegeben haben muss. Was lässt sich heute noch aus den Quellen über die genauen Ansichten, die Tiberius über dieses Desaster hatte, ablesen? Nur bei Velleius, Tacitus und Florus hört man vom Verrat des Segestes, Cassius Dio lässt ihn unerwähnt und spricht nur von unbestimmten Mahnungen zur Vorsicht. Analysiert man die vorliegenden Quellen unter diesem Gesichtspunkt, werden die Warnungen des Segestes das entscheidende Kriterium zur Beurteilung der Schuld des Varus. Erst durch diesen Verrat und die Behauptung des Segestes, dass er Varus mehrfach gewarnt und dieser diese Warnungen leichtsinnig in den Wind geschlagen habe, wird der Oberbefehlshaber Germaniens zum Sündenbock der folgenden Niederlage. Besonders Velleius Paterculus, der Hofschreiber des Tiberius, der vieles nur deshalb aufschrieb, um Tiberius zu gefallen, lässt in seinen Berichten kein gutes Haar an der Person des Varus.

Wir sind deshalb überzeugt, dass die unterschiedlichen Intentionen der damaligen Auftraggeber (Augustus und Tiberius) die Gründe dafür gewesen sind, dass es zu dieser Diskrepanz der Berichte über die „Varusschlacht" kommen konnte und die von der augusteischen Darstellung abweichende Version der „Varusschlacht" erst unter der Regierung des Tiberius ihren Weg in die Geschichtsbücher gefunden hat.

Zu 2. Dass die zeitnäheren Autoren heute immer noch keine Chance haben, ihre Version des Schlachtgeschehens zu verbreiten, liegt allein an den Aussagen und Beurteilungen von Mommsen und seinen

Nachfolgern. Zur Vollständigkeit möchten wir hierzu noch weitere seiner Zitate zum Besten geben:

„Es stimmt zwar, dass Florus früher lebte als Dio, aber es ist nicht abzusehen, weshalb ein rhetorisierender Kompilator wie der spanische Ritter Florus einem Staatsmann wie Cassius Dio nachgesetzt werden soll. Außerdem stimmt Florus nicht zu den Berichten der Zeitgenossen, namentlich Velleius, und zu dem späteren, dennoch zuverlässigen Tacitus, der die Ereignisse retrospektiv streift. [...] Der Bericht des Florus ist eine Kompilation allgemeiner Gedanken, wie es ein Dramatiker tut.“[51] Mommsen hält „Tacitus und seine Quellen für Parteischriften eminentester Art. Seine politischen und persönlichen Animositäten sind stark und lebhaft. Oft hat ihm Hass die Feder geführt. Die Tatsachen sind gut überliefert und daraus kann man Tacitus oft selbst widerlegen.“[52]

„Neuerdings hat F. Hampl durch eine Reihe von Betrachtungen, die von Mommsen vertretene Auffassung zu erhärten versucht, dass Tacitus als Stilkünstler unsere uneingeschränkte Bewunderung verdient, dagegen weder von unserem noch auch vom antiken Standpunkt aus betrachtet, die an einen Historiker zu stellenden Anforderungen voll erfüllt.“[53]

Für Mommsen beruhte „der Bericht des Florus keineswegs auf ursprünglich anderen Quellen, sondern war lediglich auf das dramatische Zusammenrücken der Motive zurückzuführen, wie es allen Historikern dieses Schlages eigen ist.“[54] Die Schilderung, dass, während Varus auf dem Gerichtsstuhl sitzt, die Germanen zu allen Toren hereinbrechen, nannte er „lächerlich und nicht Überlieferung, sondern aus dieser verfertigtes Tableau“.[55] Er sah in diesem Bericht zudem einen „unlösbaren Widerspruch sowohl zur gesunden Vernunft“ als natürlich „auch mit

---

[51] Mommsen: *Römische Kaisergeschichte*, Augustus, S.128
[52] Mommsen: *Römische Kaisergeschichte*, Tiberius S.145
[53] Besprechung R. Symes: *Tacitus* v. U. Weidemann S. 531
[54] Mommsen: *Römische Geschichte* Band 6 S.50
[55] Mommsen: *Römische Geschichte* Band 6 S.50

Tacitus' Schilderung der drei Marschlager."[56]
Wir sind vollkommen anderer Ansicht als Mommsen und seine Nachfolger, und unsere textkritische Analyse der antiken Quellen scheint uns
recht zu geben. Für uns hat nämlich allein Florus mit seinem Bericht,
die Wahrheit über die Situation im Sommerlager des Varus aufgezeich-
net und genau beschrieben:

> „So griffen sie ihn, der an nichts [...] dachte und nichts der Art fürch-
> tete, unversehens an, während er sie – welche Sorglosigkeit! – vor
> seinen Richterstuhl rief; von allen Seiten drangen sie ein und plün-
> derten das Lager; drei Legionen wurden vernichtet."

Wir werden später, bei der Schilderung des Überfalls auf das Sommerlager des Varus, auf dieses Zitat noch eingehender zurückkommen.

Zu 3. Nur bei Velleius Paterculus, Tacitus und Florus hört man vom
Verrat des Segestes, Cassius Dio lässt ihn unerwähnt und spricht nur
von unbestimmten Mahnungen zur Vorsicht. Analysiert man die vorliegenden Quellen unter diesem Gesichtspunkt, werden die Warnungen
des Segestes das entscheidende Kriterium zur Beurteilung der Schuld
des Varus. Betrachtet man allerdings den Bericht vom letzten Gastmahl
am Abend vor der Schlacht, beschuldigt hier ein Fürst der Germanen
(Segestes), in Gegenwart des Varus und aller römischen Offiziere, den
Arminius des Hochverrats, und Varus, der als Statthalter in Syrien die
judäische Revolte brutal und konsequent unterdrückt hat, greift nicht
ein. Die Germanenfürsten (Arminius und Segestes) müssen sich deshalb quasi selbst die Ketten anlegen. Das ist unglaublich. Was ist, wenn
Segestes Varus gar nicht gewarnt hat, wie er angibt? Jedenfalls beruht
das Wissen über wesentliche Teile des Geschehens nur auf seiner Zeugenaussage. Er allein behauptet, dass er selbst Varus mehrfach gewarnt
habe und nur von ihm erfährt man, dass Arminius angeblich seine
Tochter geraubt habe. Kann man aber einem Vater glauben, der seine
schwangere Tochter, die ihn gerade besucht, gefangen nimmt und sie
anschließend ihren Todfeinden übergibt, um dadurch seine eigene Haut
zu retten? Man fragt sich außerdem: Wie ist es möglich, dass Segestes

---

[56] Mommsen: *Römische Geschichte* Band 6 S.50

noch sechs Jahre lang als Fürst unter den Germanen leben und regieren konnte, wenn sein Verrat an der germanischen Sache so offensichtlich war? Hätte ferner Arminius seine Frau Thusnelda, die nach den Quellen freiwillig bei ihm bleibt, ohne Schutz zu dem angeblich mit ihm verfeindeten Schwiegervater Segestes reisen lassen? Die Antwort lautet: nein. Die Wahrheit ist vielmehr, dass des Segestes' Erzählung von seiner Warnung vor dem Aufstand eine Schutzbehauptung sein muss. Er ist sicher ein Opportunist. Erst als die Römer unter Germanicus im Jahre 14 n. Chr. mit einem großen Heer zurückkehren und ihre „Rachefeldzüge" beginnen, bekommt Segestes Angst und glaubt, dass die Germanen dem römischen Druck auf Dauer nicht werden standhalten können. Jetzt erst verrät er Arminius, nimmt seine Tochter als Pfand und tischt Germanicus seine Version des Geschehens auf. Wir glauben, dass Varus während des Gastmahls Verdacht schöpfte und beide Germanenfürsten festnehmen ließ. Kaum einer der Überlebenden hat den Grund dieser Festnahme mitbekommen, da die „Schlacht" schon bei der Gefangennahme begann, Varus kurz darauf verwundet wurde, er danach bald Selbstmord beging und zudem alle Offiziere, mit Ausnahme von Caedicius, die Nacht nicht überlebten. Somit war sich Segestes sicher, dass die wenigen Überlebenden zwar die Festnahmen hätten mitbekommen können, sie dem Tiberius jedoch nicht den Grund der Festnahme mitteilen konnten. Somit erfuhr Tiberius lediglich, dass die beiden Fürsten der Germanen nicht an der Schlacht teilgenommen hatten. Dem Tiberius hat Segestes mit seiner Geschichte sicher einen Gefallen getan, denn dadurch konnte er endlich den mit ihm verfeindeten Varus, der schon immer das Vertrauen des Augustus besaß, die Verantwortung für diese Katastrophe in die Schuhe schieben.

III. Die „Varusschlacht"

In diesem Kapitel wollen wir versuchen darzustellen, wie es überhaupt zu einer so furchtbaren Niederlage eines Heeres kommen konnte, das bis zu diesem Zeitpunkt „die tapferste Armee von allen, führend unter den römischen Truppen, was Disziplin, Tapferkeit und Kriegserfahrung angeht,"[57] gewesen war. Nach dem bisherigen Ergebnis unserer textkritischen Analyse muss sich die Niederlage der Römer folgendermaßen abgespielt: haben.

Im Jahre 8 n. Chr. kehrt Arminius, der bisher als Geisel in Rom eine erfolgreiche Militärkarriere absolviert hatte, nach Beendigung des pannonischen Krieges als römischer Bürger und Ritter ins Stammesgebiet der Cherusker zurück. Er kommt nicht allein, sondern führt als Sohn des Fürsten Sigimer das Kontingent der cheruskischen Bundestruppen an ihren neuen Einsatzort in Germanien. Dort angelangt, spürt Arminius die Unzufriedenheit der Germanen über die Grausamkeiten des römischen Oberbefehlshabers Varus und empfindet mit seinem Volk die Wut, sich als Bundesgenosse römischem Recht beugen zu müssen. Wie Varus damals die Germanen behandelt hat, berichtet Florus:

> „Nachdem jener (Drusus) gestorben war, begannen sie, des Varus Quinctilius Wollust und Stolz nicht weniger als seine Grausamkeit zu hassen. Er wagte es, Landtage abzuhalten, und sprach das Recht im Lager, als könnte er das Ungetüm der Barbaren durch die Ruten des Liktors und des Herolds Stimme dämpfen. Doch jene [...] griffen, sobald sie die Togen und ein Recht sahen, das grausamer war als die Waffen, unter Arminius' Führung zum Schwerte."[58]

Nach Tacitus hat Varus sogar Hinrichtungen an Germanen[59] vorgenommen und selbst von Bundesgenossen, z.B. den Cheruskern, Tributzahlungen gefordert. Auch Cassius Dio bestätigt, dass Varus „ihnen nicht nur Befehle erteilte, als wenn sie tatsächlich römische Sklaven wären,

---

[57] Velleius Paterculus: *Historioa Romana* II/119.2
[58] [58] Florus: *Abriss der römischen Geschichte,* Band IV/30–32
[59] Tacitus: *Annalen* I/59

sondern trieb sogar von ihnen wie von Unterworfenen Steuern ein."[60] Arminius muss sich gewiss überwunden haben, wenn er trotzdem die Freundschaft des Varus, dieses dumpfen und grausamen Charakters, suchte und dass es ihm so schnell gelang, dessen Vertrauen zu gewinnen, war sicher bereits ein Teil seines Vorhabens, die römischen Schwachstellen auszukundschaften, um so den Kampf gegen die Römer vorzubereiten. Cassius Dio schreibt dazu:

„Hauptverschwörer und Anführer bei dem Anschlag wie bei dem Krieg waren neben anderen Arminius und Segimerus, Varus' dauernde Begleiter und wiederholt auch Tischgenossen. [...] all denen aber, welche die Vorgänge argwöhnisch verfolgten und ihn zur Vorsicht mahnten, schenkte er (Varus) keinen Glauben, ja machte ihnen sogar noch Vorwürfe, als seien sie ohne Grund beunruhigt und wollten seine Freunde nur verleumden.[61]

Dass Arminius bereits bald nach seiner Rückkehr eine Rebellion plante, schildert Velleius Paterculus, denn Arminius weiht

„nur wenige, dann mehrere in seinen Plan ein. Die Römer könnten vernichtet werden, das war seine Behauptung, mit der er auch überzeugte."[62]

Versucht man, sich die damalige Situation vorzustellen, müssen sein Plan und seine Ausführung in etwa so ausgesehen haben: Arminius informiert, aus Angst vor Verrat, zunächst nur wenige Vertrauensleute, denn er weiß, dass es unter den Germanen Römerfreunde gibt. Wenn sein Vorschlag gewesen wäre, die drei Legionen bewaffneter Römer auf einem Marsch zu überfallen, hätte er seine Anhänger mit dieser Idee sicher nicht überzeugen können. Um seine Vertrauensleute von der Möglichkeit zu überzeugen, die Römer zu besiegen, musste dieser Plan erstens mit wenigen Leuten durchführbar sein, zweitens durfte dabei die waffentechnische Überlegenheit der Römer nicht zum Tragen kommen und drittens musste auch Verrat unbedingt vermieden werden.

---

[60] Cassius Dio: *Römische Geschichte,* Band IV, Buch 56/18.3
[61] Cassius Dio: *Römische Geschichte,* Band IV. Buch 56/19.2
[62] Velleius Paterculus: *Historia Romana* II/118.3

Arminius, der aufgrund seiner erfolgreichen Militärkarriere im römischen Heer die Lager und das Lagerleben der römischen Legionen genau kannte, könnte deswegen so zu seinen Anhängern gesprochen haben:

„Freunde, uns erfüllt alle schon lange Zorn über die Gerichtstage des Varus. Das römische Recht und die über uns gefällten Urteile verletzen unser aller Ehrgefühl aufs Tiefste. Varus bricht die Verträge, die mein Vater, Sigimer, einst mit Tiberius geschlossen hat, fast täglich und ganz besonders an diesen Gerichtstagen. Selbst uns Cherusker behandelt er nicht wie Bundesgenossen und uns alle eher wie Sklaven. Unterdrückt eure Wut und euren Hass und kommt trotzdem in Zukunft zu den Gerichtstagen, so oft und so zahlreich, wie ihr könnt. Ihr tragt dabei vor Gericht richtige oder erfundene Streitigkeiten vor, dann bittet ihr Varus um ein Urteil. Egal, wie das ausfällt, ihr lobt seine weisen Beschlüsse und ihr bedankt euch, das wiegt ihn in Sicherheit. Schließlich fällt es bald gar nicht mehr auf, wenn wir an einem von mir festgelegten Termin sehr zahlreich vor seinem Richterstuhl im Lager erscheinen."

Wie sonst ist der Bericht des Velleius Paterculus zu erklären?

„Die Leute dort sind aber – wer es nicht erfahren hat, wird es kaum glauben – bei all ihrer Wildheit äußerst verschlagen, ein Volk von geborenen Lügnern. Sie erfanden einen Rechtsstreit nach dem anderen; bald schleppte einer den anderen vor Gericht, bald bedankten sie sich dafür, dass das römische Recht ihren Händeln ein Ende machte, dass ihr ungeschlachtes Wesen durch diese neue und bisher unbekannte Einrichtung allmählich friedsam werde und, was sie nach ihrer Gewohnheit bisher durch Waffengewalt entschieden hätten, nun durch Recht und Gesetz beigelegt würde. Dadurch wiegten sie Quintilius Varus in höchster Sorglosigkeit, ja, er fühlte sich eher als Stadtprätor, der auf dem römischen Forum Recht spricht, denn als Oberbefehlshaber einer Armee im tiefsten Germanien.[63]

Diese Charakterisierung der Germanen ist sehr ungewöhnlich. Von keinem antiken Autor wird Ähnliches über die germanischen Barbaren

---

[63] Velleius Paterculus: *Historia Romana* II/118.1

berichtet. Was hat man den rechtsrheinischen Stammesverbänden nicht alles zugetraut, aber ein geborenes Volk von Lügnern waren sie sicher nicht. Interessant ist es, in diesem Zusammenhang die Vorwürfe des Velleius Paterculus mit der Charakterisierung, die Tacitus in seiner *Germania* von den Germanen gibt, zu vergleichen:

„Der Geselligkeit und Gastlichkeit frönt kein anderes Volk ausgiebiger. Irgendeinen Sterblichen von seinem Haus abzuweisen gilt als Freveltat; ein jeder nimmt ihn mit einem Festmahl auf, das dem Vermögen des Gastgebers entsprechend zugerichtet ist. Nach beendetem Mahl wird derjenige, der eben noch Gastgeber war, zum Wegweiser zu einer neuen Unterkunft und zum Begleiter dorthin; das nächste Haus suchen sie auf, ohne eingeladen zu sein. Darauf kommt es auch nicht an: Mit gleicher Freundlichkeit werden sie aufgenommen. Zwischen einem Bekannten und einem Unbekannten macht man keinen Unterschied.“[64]

Dann schreibt Tacitus:

„Der weder hinterlistige noch durchtriebene Menschenschlag gibt dann seine geheimsten Empfindungen bei der ausgelassenen Stimmung preis. Also liegen die Gedanken aller aufgedeckt und unverhüllt offen. Am nächsten Tag bespricht man sich nochmals, [...]: Sie beraten, während sie sich nicht zu verstellen wissen.“[65]

Anschließend bekräftigt Tacitus das mit der Feststellung:

„Derart groß ist ihr Starrsinn an der falschen Stelle: Sie selbst nennen ihn Worthalten.[66]

Wie anders schildert hier Tacitus die Germanen, obwohl er die wahre Ursache der varianischen Niederlage kennt. Dieser Unterschied in der Charakterisierung der Germanen ist nur zu erklären, wenn man voraussetzt, dass Tacitus als Historiker hier eine objektive Schilderung der Germanen zu geben versucht und er zusätzlich ein weiteres Motiv hatte: Er will mit den beispielhaften Lebensgewohnheiten der Germanen den verderbten Sitten der Römer einen Spiegel vorhalten. Velleius

---

[64] Tacitus: *De Origine et situ Germanorum*, Kap.21
[65] Tacitus: *De Origine et situ Germanorum*, Kap.22
[66] Tacitus: *De Origine et situ Germanorum*, Kap.24

Paterculus dagegen hat seine Mitteilungen kurz nach der Katastrophe als Betroffener voller Emotionen aufgeschrieben und es dabei gewiss an Objektivität fehlen lassen. Man kann jedoch in seiner Schilderung noch die Grundzüge des listigen Planes des Arminius erkennen. Die folgende Schilderung Suetons lässt zusätzlich vermuten, dass Tiberius schon kurz nach der Niederlage die wahren Gründe für diese Katastrophe ahnt, denn er

> „hatte die Überzeugung gewonnen, dass die Niederlage des Varus eine Folge der Unbedachtsamkeit und Nachlässigkeit des Feldherrn gewesen sei, [...]. Ferner verschärfte er in allen Stücken die Aufsicht und traf überall größere Vorsorge. Beim Rheinübergang ließ er den auf ein bestimmtes Maß zurückgeführten Wagentross nicht eher über die Brücke gehen, als bis er selbst vom Ufer aus, die Ladungen der Wagen genau untersucht hatte, damit nur Erlaubtes und Notwendiges mitgenommen würde."[67]

Tiberius, inzwischen nach dem Tod von Lucius und Gaius Caesar designierter Nachfolger des Augustus und Oberbefehlshaber der römischen Legionen in Germanien, steht im Jahre 11 selbst am Rheinufer und sucht beim Tross nach versteckten Waffen. Man kann deshalb davon ausgehen, dass er zu diesem Zeitpunkt weiß, dass vor dem Überfall Waffen beim Tross versteckt worden waren und dies ein wesentlicher Grund war, der schließlich zum Untergang der Legionen des Varus beigetragen hat. Arminius fährt dann mit seiner Ansprache an seine Freunde fort:

> „Meine Aufgabe wird es sein, möglichst bald herauszubekommen, wann Varus die Termine für die Gerichtstage festlegt und gleichzeitig will ich versuchen, in Erfahrung zu bringen, ob nicht ein Gerichtstag zufällig auf einen der regelmäßigen römischen Feiertage fällt. Wenn dem so ist, werden wir an diesem Tag in der Nachbarschaft des Lagers an unserem Bundesheiligtum ein großes Kultfest veranstalten, sodass die Römer keinen Verdacht schöpfen, wenn sich viele von uns in der Nähe des Sommerlagers aufhalten, weil sie das seit Jahren kennen. Wir werden die Römer dann nachts

---

[67] Sueton: *Cäsarenleben,* Tiberius, Kapitel 18

überfallen, das hat den Vorteil, dass viele Soldaten dann in der Regel betrunken sind und viele schon schlafen. Ich selbst und meine Stammesgenossen befinden sich zusammen mit den Führern der befreundeten Stämme zu diesem Zeitpunkt bereits im Lager und wir werden diese Gelegenheit nutzen, heimlich die Lagertore zu öffnen. Um aber sicher zu gehen, dass dieser Plan nicht schon vorher bekannt oder verraten wird, werde ich die Fürsten der Marser, Chatten und Brukterer erst kurz vorher einweihen und überreden mitzumachen." Dass diese Volksstämme Truppenkontingente im Lager hatten, ist zwar nicht überliefert, zumindest aber für Haltern und Oberaden sowie für die Marschlager des Polybios und Pseudo-Hygin ist nachgewiesen, dass hier neben Legionsteilen auch Auxiliareinheiten und Verbündete in diesen Lagern vorhanden waren,[68] Es ist selbstverständlich, dass diese Stämme in irgendeiner Weise an der Schlacht beteiligt gewesen sein müssen, denn nach Tacitus besitzen sie alle Beutestücke aus der varianischen Niederlage, und die Feldzüge des Germanicus richteten sich zuallererst vornehmlich gegen sie. Wie sonst auch hätten die Brukterer,[69] die Marser[70] und die Chatten[71] in den Besitz je eines Legionsadlers kommen können? Eine Belohnung für bloßes Stillhalten oder ein Dankeschön für die Beteiligung als sogenannte Trittbrettfahrer nach erfolgtem Sieg können diese Beutestücke schwerlich gewesen sein. Alles

---

[68] v. Schnurbein Siegmar: *Untersuchungen der Militärlager an der Lippe*, S. 11 u. S. 48

[69] Tacitus: *Annalen* I/60

[70] Tacitus: *Annalen* II/25

[71] Cassius *Dio: Römische Geschichte,* Band IV, Buch 60,8 Dort werden die Ruhmestaten des Claudius aufgeführt. Unter 8,7 heißt es: Im gleichen Jahr aber bezwang Sulpicius Galba die Chatten, und Publius Gabinius besiegte die Chauken, wobei er als Höhepunkt seiner Ruhmestaten einen Legionsadler zurückholte, der sich noch als einziger seit der Niederlage des Varus in deren Händen befand. Den Leistungen beider Männer dankte es Claudius, dass er sich den wohlverdienten Titel Imperator zulegen konnte. Mit „er" ist in diesem Kapitel immer Claudius Cäsar gemeint. Außerdem waren die Chauken 9 und 16 n. Chr. Bundesgenossen der Römer, somit an der Niederlage des Varus gar nicht beteiligt. Nach diesem Bericht kann dieser Adler, entgegen der heutigen Lehrmeinung, nicht bei den Chauken sondern nur bei den Chatten gefunden worden sein.

deutet auf eine entscheidende Rolle sowie auf eine bedeutende Mittäterschaft dieser germanischen Stämme beim Sieg über Varus hin. Nach diesen, für das allgemeine Verständnis wichtigen Erläuterungen, spricht Arminius weiter:

„Den genauen Termin des entscheidenden Tages werde ich euch so bald als möglich mitteilen, damit ihr euch vorbereiten könnt. Die an diesem Tag zum Gerichtstag kommenden Kläger und Beklagten verstecken am Morgen dieses Tages ihre Waffen beim Tross und halten sich nach der Gerichtsverhandlung dort wieder bereit. Nach Ende des üblichen Festmahles, noch in der Nacht, aber erst auf mein Zeichen, erhebt sich ein Teil unserer im Lager stationierten Freunde und wirft sich zunächst auf die jungen, unerfahrenen Soldaten (hastati), drücken diese auf die älteren, erfahrenen Kämpfer (principes) und dann auf die elitären Veteranen (triarii]). Ein anderer Teil beschäftig die auf den Wällen patrouillierenden Wachen. Von mir besonders ausgesuchte und geschulte Kräfte versuchen gleichzeitig den Varus, tot oder lebendig, zu fassen, das Zeughaus zu stürmen und im Fahnenheiligtum die Legionsadler zu ergreifen. Der Rest überfällt im selben Augenblick die Wachen am Haupttor, öffnet es und lässt euch, sowie weitere Mitstreiter, die sich den Römern als Besucher unseres Kultfestes ausgegeben haben, ins Lager ein. Es gibt kein Pardon, keine Gefangenen und es wird auf keinen Fall geplündert. Unsere Aussicht, die Römer ohne große Verluste vollkommen zu vernichten, ist an einem Gerichtstag, an dem gleichzeitig eine Feier zu Ehren eines Gottes stattfindet, besonders groß, weil an einem solchen Tag, ich habe das selbst in verschiedenen römischen Lagern erlebt, regelmäßig die Kampfbereitschaft und die Aufmerksamkeit der Lagermannschaft eingeschränkt ist und viele Legionäre auch dienstfrei haben. Damit aber dieser Überfall überhaupt gelingen kann, ist unsere wichtigste Aufgabe der schnelle Zugriff auf das Zeughaus (armamentarium), die Gefangennahme des Varus, das Ergreifen der Legionsadler und das Öffnen der Lagertore. Alles aber ist verloren, wenn dieser Plan vorzeitig verraten wird. Deshalb befehle ich strengste Geheimhaltung, wer redet ist des Todes."

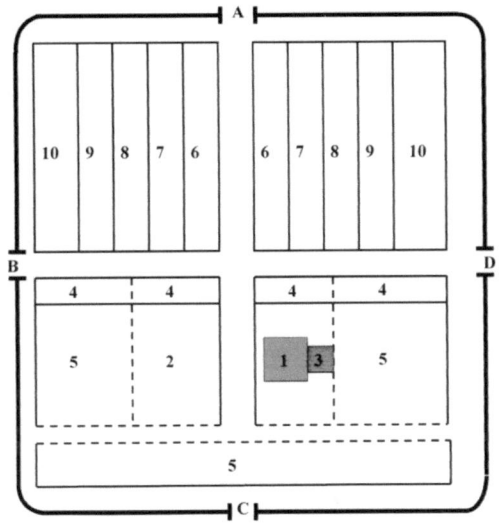

Abb. 4:
Plan eines römischen Lagers[72]

1 Praetorium	6 Kavallerie
2 Forum	7 Triarier
3 Quaestorium	8 Principes
4 Zelte für die Offiziere	9 Hastati
5 Garde zu Fuß	10 Socii

Als wir an dieser Stelle angekommen waren, fiel uns folgende Textstelle bei Velleius auf:

„decretis facta iungit, tempus insidiarum constituit."[73]

Die bisherige Übersetzung lautet:

„Er ließ den Beschlüssen Taten folgen und legte den Zeitpunkt für den Hinterhalt fest.

Zunächst lasen wir wieder im Stowasser nach, ob diese Übersetzung richtig war, „insidiarum" ist nicht falsch, es mit Hinterhalt zu übersetzen, wir glauben jedoch, dass die Übersetzung „und er bestimmte den Zeitpunkt des Anschlags" zu der damaligen Situation besser passt, denn

---

[72] Meyers Konversationslexikon 1908
[73] Velleius Paterculus: *Historia Romana* II/118,3

wir wunderten uns, dass Arminius schon sofort den optimalen Termin für einen Überfall kannte. Da wir bereits bei der Überprüfung des Berichtes von Velleius Paterculus über die „Varusschlacht" festgestellt hatten, dass auf den Befehl des Octavian (Augustus) seit 27 v. Chr. jährlich am Geburtstag des Kaisers jeder römische Soldat seinen Eid auf den Kaiser erneuern musste[74], gehen wir davon aus, dass Arminius, als römischer Ritter, das wusste und ihm, als Germanenfürst selbstverständlich bekannt war, dass an diesem Tag der Tagundnachtgleiche am Bundesheiligtum der Germanen gleichzeitig das Erntedankfest groß gefeiert wurde. Da der Ort (Sommerlager) und der Zeitpunkt des Anschlags (23.09.) so früh feststanden, war ausreichend Gelegenheit alle Vorbereitungen zu treffen.

An diesem Termin wurde, wie Tacitus schreibt, „beim letzten Festmahl, nach welchem man zu den Waffen griff", der Plan ausgeführt und dass, obwohl „Segestes [...] Varus schon oft [...] darauf hingewiesen hatte, ein Aufruhr vorbereitet werde."[75] Ähnliches berichtet Florus:

> „Und so großes Vertrauen setzte Varus unterdessen in den Frieden, dass es sogar keinen Eindruck auf ihn machte, als ihm die Verschwörung durch Segestes, einen der Fürsten, vorhergesagt und verraten wurde."[76]

Zudem muss diese „Schlacht" ohne die persönliche Beteiligung des Arminius abgelaufen sein, denn Tacitus lässt den Segestes sagen:

> „Jedenfalls habe ich den Arminius in Ketten legen lassen, musste aber auch die Ketten tragen, die sein Anhang mir anlegte."[77]

Wie war das möglich? Warum scheitert der Plan des Arminius nach diesem Verrat nicht? Versucht man, sich die geschilderte Situation einmal vorzustellen, passiert Folgendes: Varus, Segestes, Arminius und weitere Führer der Auxiliartruppen sitzen nach einem erfolgreichen Gerichtstag gemeinsam mit den römischen Offizieren zu Tisch. Varus bringt, wie üblich, zuerst einen Toast auf den Kaiser aus. Segestes

---

[74] A. Demandt: *Marc Aurel* Kapitel i. Heer S.23,
[75] Tacitus: *Annalen* I/55
[76] Florus: *Abriss der Römischen Geschichte,* II/30
[77] Tacitus: *Annalen* I/58

erwidert diesen, dankt für die Einladung und warnt nochmals vor dem Aufrührer Arminius. Er kennt sicher nur unbestimmte Gerüchte über einen möglichen Aufstand, scheint aber in die geplanten Aktionen nicht genau eingeweiht zu sein, denn wüsste er von dem Vorhaben, die Legionen im Lager zu überfallen, hätte er diesen Plan sicher noch kurzfristig verhindern können. Segestes weiß aber, dass Eile geboten ist. Deswegen klagt er den Arminius förmlich der Verschwörung gegen Rom an, er macht dabei den Fehler, gleichzeitig Vorwürfe gegen ihn wegen der Entführung seiner Tochter Thusnelda zu erheben. Varus glaubt deshalb, in einer persönlichen Feindschaft der beiden Fürsten den Grund für diese Verleumdung zu sehen. Er verspricht eine gesetzmäßige Untersuchung und bestimmt, wie nach römischem Recht vorgeschrieben, nach zehn Tagen einen Prozesstermin anzuberaumen. Segestes ist damit nicht einverstanden. Er verlangt die sofortige Verhaftung des „Arminius und der übrigen Häuptlinge"[78] wegen Hochverrats. Arminius ist auf diese Forderung vorbereitet und hat sie in seinen Plan eingebaut. Segestes ist deshalb vollkommen überrascht, dass Arminius seinem Vorschlag, ihn in Ketten zu legen, ohne Widerspruch sofort zustimmt, wenn man seinen Schwiegervater ebenfalls in Ketten legen würde. Arminius hat sich nicht geirrt, denn Varus sieht in seiner freiwilligen Zustimmung einen Treuebeweis und schöpft keinen Verdacht. Segestes andererseits glaubt, dass er den Aufstand durch sein beherztes Eingreifen vereitelt hat. Er ahnt nicht, dass gerade sein Vorschlag den reibungslosen Ablauf der Operation garantiert. Arminius' Plan sieht nämlich von vornherein vor, dass er nur das Zeichen zum Beginn der Rebellion geben soll, ansonsten bleibt er von Aufgaben frei, um so im Notfall anderslautende Befehle zu geben und bei verstärktem römischem Widerstand die Pläne jeder Zeit ändern zu können. Segestes, ein wahrer Freund der Römer, hat sich so selbst ausgeschaltet. Er kann jetzt, weil er selbst angekettet ist, seinen Cheruskern keinen Gegenbefehl mehr geben und dadurch das geplante Vorhaben erschweren beziehungsweise noch zum Scheitern bringen. Zu dem schnellen und vollständigen Sieg über Varus mag ferner, wie Tacitus Arminius sagen

---

[78] Tacitus: *Annalen* I/55

lässt, letztendlich auch eine gleichzeitige Meuterei der römischen Truppen beigetragen haben.[79] Ist man, bei dem Versuch die Quellen zu interpretieren, hier angekommen und versucht, sich den Tag des Überfalls noch einmal bildlich vorzustellen, muss man zu dem Schluss kommen, dass hier etwas nicht stimmen kann. Wenn sich wirklich alles so abgespielt hätte, dann wäre Varus in der Tat nachlässig und unfähig. War er das aber tatsächlich? Überprüft man deshalb noch einmal kritisch die Hinweise auf diesen Abend, beschuldigt hier ein Germanenfürst, in Gegenwart des Varus und aller römischen Offiziere, den Arminius des Hochverrats, und Varus, der als Statthalter in Syrien die judäische Revolte brutal und konsequent unterdrückt hatte, greift nicht ein. Die Germanenfürsten müssen sich deshalb quasi selbst die Ketten anlegen. Das ist unglaublich. Was ist, wenn Segestes Varus gar nicht gewarnt hat, wie er angibt? Jedenfalls beruht unser Wissen über wesentliche Teile des Geschehens nur auf seiner Zeugenaussage. Die Wahrheit ist vielmehr, was wir bereits vermutet haben, dass des Segestes' Erzählung von seiner Warnung vor dem Aufstand eine Schutzbehauptung sein muss. Er ist ein Opportunist und erst, als die Römer unter Germanicus im Jahre 14 n. Chr. mit einem großen Heer zurückkehren und ihre Eroberungsfeldzüge beginnen, nach der Zerstörung der „Tamfana" (Heiligtum der Marser) und von „Mattium" (Hauptort der Chatten) bekommt Segestes Angst. Er ist sich sicher, dass die Germanen diesen Krieg verlieren werden. Jetzt erst verrät er Arminius, nimmt seine Tochter als Pfand und tischt Germanicus seine Version des Geschehens auf. Segestes war, hierfür sprechen auch die Übergabe seines Beuteanteils an die Römer und das Eingeständnis seines Treuebruchs, ebenfalls in die Planung des Überfalls auf Varus eingebunden, und er war ebenfalls mit der späteren Ausführung einverstanden. Dies ist umso wahrscheinlicher, weil Cassius Dio auch den Bruder des Segestes, Segimer, als Hauptverschwörer und Anführer bei dem Anschlag bezeichnet.[80] Wenn Segestes also an der Schlacht wirklich nicht aktiv teilgenommen hat, so wahrscheinlich doch nur deswegen, weil der

---

[79] Tacitus: *Annalen* I/59 u. II/15
[80] Cassius Dio: *Römische Geschichte,* Band IV, Buch 56/19.2

inzwischen misstrauisch gewordene Varus beide, Arminius und Segestes, in Ketten legen ließ. Jedenfalls hat Segestes Arminius erst viel später verraten und dann seine Tochter mit Gewalt den Römern übergeben, um sich dadurch, so schildert es auch Tacitus, ein geruhsames Leben im römischen Exil sichern zu können:

> „Sobald sich aber die Möglichkeit geboten hat, mit dir (Germanicus) in Verbindung zu treten, ziehe ich (Segestes) dem Neuen das Alte, die Ruhe der Unruhe vor, nicht um eine Belohnung zu bekommen, sondern nur, um meinen Treubruch zu sühnen [...]. Für die jugendliche Verirrung meines Sohnes bitte ich um Nachsicht, meine Tochter, ich gestehe es, musste allerdings mit Gewalt hierhergebracht werden."[81]

Betrachtet man abschließend die Familie des Segestes, dann waren, wie man von Cassius Dio und von Segestes selbst erfährt, sein Bruder, seine Tochter und sein Sohn Gegner Roms. Ist es da wahrscheinlich, dass allein Segestes ein Freund der Römer war?

Warum aber haben die Römer die Behauptung des Segestes von seinen wiederholten Warnungen an Varus so widerspruchslos geglaubt?
1. Keiner kann das Gegenteil beweisen, denn alle höheren Offiziere aus dem Umfeld des Varus, die an dem abendlichen Gastmahl vor der „Schlacht" teilgenommen haben, sind tot oder in germanische Gefangenschaft geraten. Da die Auseinandersetzung außerdem bald nach der Festnahme der beiden noch in der Nacht beginnt, wird der gemeine Soldat höchstens etwas von der Verhaftung der Germanenfürsten erfahren haben. Die genauen Umstände, warum Arminius und Segestes in Ketten gelegt wurden, bleiben den meisten dagegen verborgen. So werden auch die Überlebenden der Schlacht später dem Tiberius nur die Tatsache berichten können, dass Segestes und Arminius nicht an der Schlacht teilgenommen haben. Segestes vermutet das und hat deshalb gar nicht erst versucht, diesen Umstand zu verheimlichen. Dass er selbst zusammen mit Arminius von Varus wegen Verrats verhaftet wurde, verschweigt er wohlweislich und erklärt stattdessen, dass Varus

---

[81] Tacitus: *Annalen* I/58

seine wiederholten Warnungen in den Wind geschlagen habe und er, weil Varus seiner Darstellung des drohenden Aufstandes misstraut habe, auf Verlangen des Arminius gemeinsam mit diesem in Ketten gelegt wurde. Varus, der dieser Aussage hätte widersprechen können, wurde beim Versuch der Gefangennahme verletzt und begeht bald danach Selbstmord. Zudem übergibt Segestes den Römern seine schwangere Tochter, die Gemahlin des Arminius, als Geisel. Wenn die Römer die Geschichte des Segestes bisher nicht geglaubt haben, wird sie dieses unschätzbare Faustpfand zusätzlich überzeugt haben, können sie doch jetzt endlich, wenn auch nicht den verhassten Germanen Arminius, so doch zumindest dessen Frau auf dem Triumphzug dem römischen Volk als Trophäe vorweisen.

2. Mit der Aufklärung der Umstände der Niederlage des Varus war selbstverständlich Tiberius betraut, doch wird er es zu Lebzeiten des Augustus kaum gewagt haben, seine wahre Meinung über das Desaster im Teutoburger Wald offen zu äußern, denn er musste befürchten, dadurch seine zu dieser Zeit noch wacklige Position als Nachfolger des Kaisers zu gefährden. In diesem Zusammenhang muss man ebenfalls berücksichtigen, dass Tiberius beweisbares Material und einen prominenten Augenzeugen erst nach dem Tod des Augustus erhielt, als Segestes sich in römische Obhut begab und Germanicus das Schlachtfeld aufsuchte. Tiberius konnte deswegen erst im Jahre 15 n. Chr. und jetzt risikolos den wahren Ablauf des Geschehens in Umlauf bringen, weil er zu diesem Zeitpunkt auch den Prinzipat in Rom fest in seinen Händen hielt.

Kehrt man an dieser Stelle noch einmal zum Beginn der Planung der Schlacht zurück, brauchte Arminius für die Ausführung dieser Operation zweierlei: erstens genügend Zeit, damit die Anzahl der an Gerichtstagen erscheinenden Germanen, ohne dass es auffiel, langsam zunahm, und zweitens einen optimalen, möglichst frühzeitig feststehenden Termin, auf den die Germanen sich einstellen konnten. Wie wir bereits berichtet haben, wusste Arminius, dass Varus den letzten Gerichtstag des Jahres 9 auf des Kaisers Geburtstag legen musste, weil an diesem Tag immer die Vereidigung der Soldaten anstand. Der Hinweis, dass vor der „Schlacht" von einem Gastmahl oder Gelage die Rede ist, spricht ebenfalls dafür, dass der letzte Gerichtstag des Jahres 9 n. Chr. am 23. September stattfand, und Varus deswegen erst später mit seinen Legionen in die Winterquartiere abrücken konnte? Dies scheint bei den Römern zudem die Regel gewesen zu sein, denn Dio schreibt in seinem Bericht über den Feldzug des Tiberius im Jahr 11 n. Chr.:

„Denn aus Furcht, eine neue Katastrophe zu erleiden, [...] blieben sie bis in den Herbst hinein an Ort und Stelle und kehrten erst, nachdem sie den Geburtstag des Augustus gefeiert [...] haben, nach Hause zurück."[82]

Außerdem war es für das Gelingen dieses Plans optimal, dass dieser Termin (23.09.) auf den Tag der Tagundnachtgleiche fiel. An diesem Tag begingen die Germanen stets ihr Erntedankfest mit einem Kultfest, sodass sich viele Germanen, ohne dass die Römer Verdacht schöpften, in der Nähe des Sommerlagers aufhalten konnten.

Tacitus berichtet in seiner *Germania* zu den Terminen solcher germanischen Kultfeste Folgendes:

„Sie versammeln sich, wenn nicht etwas ganz Unvorhersehbares eintritt, an festgesetzten Tagen, nämlich bei Neu- oder Vollmond; denn für Unternehmungen sehen sie das als den Zeitpunkt an, der am meisten Glück verheißt."[83]

Ferner beginnt am Vollmond zwischen September und Oktober das neue Jahr der Germanen[84] (Graichen), und in den benachbarten heiligen Hainen[85] werden dann, wie jedes Jahr, Tieropfer dargebracht. Gleichzeitig findet am Bundesheiligtum ein großes Kultfest mehrerer Germanenstämme statt. Um dieses Zusammentreffen des kaiserlichen Geburtstages mit dem Neujahrsfest der Germanen zu beweisen, kann man auf die Berechnungen von A. Bruch vom Astronomischen Institut der Universität Münster zurückgreifen, die bereits in dem Buch *Der Cherusker* von Ritter-Schaumburg[86] veröffentlicht wurden. Bruch kommt

---

[82] Cassius Dio: *Römische Geschichte,* Band IV, Buch 56/25.1-3
[83] Tacitus: *De Origine et situ Germanorum*, Kap.11
[84] Graichen Gisela: *Das Kultplatzbuch*, S. 113
[85] Tacitus: *Annalen* I/61
[86] Ritter-Schaumburg: *Der Cherusker*, S. 126

dort zu dem Ergebnis, dass am 23. September 9 gegen 0:29 Uhr Weltzeit Vollmond eintrat. So ist es sicher, dass am 23. September 9 Vollmond, des Kaisers Geburtstag und der Tag der Tagundnachtgleiche auf denselben Tag fielen. Ein solcher Termin ließ sich schon Monate vorherbestimmen. Jedenfalls lässt der Zeitpunkt der römischen Niederlage diese Deutung zu, denn Tiberius erreicht die Nachricht von der Katastrophe in Germanien fünf Tage nach Beendigung des Krieges in Dalmatien und Pannonien. Velleius Paterculus schreibt dazu:

„Da brachten – nur fünf Tage nachdem er diese gewaltige Aufgabe vollendet hatte – Depeschen aus Germanien die Unglücksbotschaft, dass Varus getötet und drei Legionen niedergemetzelt seien, dazu ebenso viele Reitergeschwader und sechs Kohorten."[87]

Auch Ritter-Schaumburg bezieht sich in seinen Anmerkungen[88] auf die Arbeit E. Köstermanns *Über den pannonischen-dalmatischen Krieg*. Dort wird die Übergabe des Bato etwa Mitte bis Ende September 9 n. Chr. angesetzt. Zeitlich ist es auch nach dieser etwas ungenaueren Angabe durchaus möglich, dass die „Varusschlacht" nach dem letzten Gerichtstag in der Nacht vom 23. auf den 24. September 9 stattgefunden hat. Man kann deswegen davon ausgehen, dass ein großer Teil der Legionen an einem solchen Tag schon wegen des angesetzten Gerichtstages, mit Sicherheit aber wegen der Feierlichkeiten zum Geburtstag des Kaisers, dienstfrei hatten. Die meisten Waffen lagerten dann im Zeughaus, denn dieser Tag wurde sicher überall im Reich bei den Truppen gleichermaßen begangen. Abends gab es immer zu Ehren des Kaisers ein Festmahl, das sich regelmäßig in die Länge zog, wie Tacitus berichtet:

„Segestes dagegen hatte Varus schon oft und noch beim letzten Festmahl, nach welchem man zu den Waffen griff, darauf hingewiesen, dass ein Aufruhr vorbereitet werde, und den Rat gegeben, ihn selbst, den Arminius und die übrigen Häuptlinge zu verhaften. Nach

---

[87] Velleius Paterculus: *Historia Romana* II/117.1
[88] Ritter-Schaumburg: *Der Cherusker*, Anmerkungen *49 S. 273

Entfernung der Fürsten werde das Volk nichts wagen und er selbst Zeit gewinnen, um Schuldige und Unschuldige zu unterscheiden."[89] Etwas später betont er diese Aussage noch einmal:

„Deshalb habe ich den Arminius, den Räuber meiner Tochter, der das Bündnis mit euch brach, bei Varus, dem damaligen römischen Heerführer, verklagt. Durch des Feldherrn Lässigkeit hingehalten, forderte ich, da die Verträge zu wenig Rückhalt boten, er solle mich, den Arminius und seine Mitverschworenen verhaften. Zeuge ist jene Nacht – ich wünschte sie wäre die letzte meines Lebens gewesen! Was dann folgte kann ich nur beklagen, nicht rechtfertigen. Jedenfalls habe ich den Arminius in Ketten legen lassen, musste aber auch die Ketten tragen, die sein Anhang mir anlegte."[90]

Es ist sehr gut möglich, dass die Germanen erst nach Beendigung des Festmahles, vielleicht aber auch erst nach Mitternacht, planten, das Lager zu überfallen. Das hätte zusätzlich den Vorteil gehabt, dass viele Offiziere und Soldaten zu diesem Zeitpunkt schon schliefen, viele betrunken waren und viele sich beim Tross mit den Marketenderinnen beziehungsweise ihren Konkubinen vergnügten. Arminius wusste das und konnte so schon frühzeitig seine Vorbereitungen auf diesen Termin konzentrieren.

Fasst man zum Schluss die Ergebnisse dieser Untersuchung noch einmal zusammen, kann sich die „Varusschlacht" nach dem bisher Gesagten nur so zugetragen haben: Am 23. September 9 ist im Sommerlager des Varus der letzte Gerichtstag des Jahres, gleichzeitig wird des Kaisers Geburtstag gefeiert. Die Legionen haben bis auf die zum Wachdienst eingeteilten Soldaten dienstfrei. Varus sind sicher in den vergangenen Monaten vage Gerüchte über eine bevorstehende Rebellion zu Ohren gekommen, weshalb er misstrauisch geworden ist. Er befiehlt deshalb seinem Neffen Asprenas, mit seinen Truppen nach Aliso zu ziehen, um ihm bei Gefahr den Rücken freizuhalten. Bei Gericht erscheinen an diesem Tag besonders viele Kläger und Beklagte mit ihren

---

[89] Tacitus: *Annalen* I/55
[90] Tacitus: *Annalen* I/58

Sippen. Gleichzeitig begehen an diesem Vollmond die Germanen ihr Neujahrsfest. Da der 23.09. 09 zudem der Tag der Tagundnachtgleiche ist, wird am Bundesheiligtum auch das Erntedankfest gefeiert. Die Römer, die sich bereits seit zwanzig Jahren im rechtrheinischen Germanien aufhalten, kennen diese Feierlichkeiten und das Versammeln der Germanen an ihrem Bundesheiligtum. Sie werden deswegen, trotz der großen Menschenansammlung in den heiligen Hainen, nicht misstrauisch. Beim Festmahl der römischen Offiziere mit den Führern der Auxiliareinheiten erhält Varus, ohne dass sich das sicher beweisen lässt, weitere Hinweise, die eindeutig auf Verrat der Germanenfürsten hindeuten, und er lässt Segestes und Arminius sofort verhaften. Möglicherweise beschleunigt diese Verhaftung den Beginn der Rebellion. Inguiomerus, der Oheim des Arminius, übernimmt gezwungenermaßen den Befehl über die Aufständischen und führt den von Arminius bestens vorbereiteten Plan aus. Für eine bedeutende Rolle des Inguiomerus bei dem Überfall und den späteren Kampfhandlungen spricht, dass der Oberbefehl des germanischen Heeres auch sechs Jahre nach der Schlacht zwischen Arminius und Inguiomerus noch geteilt ist.[91] Die Hilfstruppenkontingente der Marser, Chatten, Brukterer und Cherusker stürmen das Zeughaus und rauben die Legionsadler. Beim Versuch, den Varus gefangen zu nehmen, wird dieser nur verwundet. Inzwischen hat ein Sonderkommando die am Haupttor wachhabenden Soldaten getötet und das Tor geöffnet, um die beim Tross weilenden germanischen Gerichtsteilnehmer einzulassen. Immer mehr Germanen stürmen aus den benachbarten Hainen ins Lager. Die überraschten Römer werden erbarmungslos getötet. Die Reiterei unter Numonius Vala desertiert. Vor der erdrückenden Übermacht kapituliert schließlich der Lagerkommandant Ceionius, nachdem Eggius mit seinen Soldaten kämpfend den Tod gefunden hat. Dem Lagerkommandanten Caedicius gelingt es, in dem Chaos während des Überfalls den verwundeten Varus zu retten und sich mit Resten seiner 19. Legion in einer Lagerecke zu verschanzen.

---

[91] Tacitus: *Annalen* I/68

An dieser Stelle wollen wir die Schilderung des Überfalls kurz unterbrechen, um eine wichtige Erklärung einzuschieben: Weil wir es seltsam fanden, dass Velleius Paterculus nur zwei Lagerpräfekten namentlich erwähnt, wo doch drei Legionen an der „Schlacht" beteiligt waren, hielten wir schon lange Caedicius ebenfalls für einen der Lagerpräfekten der drei Legionen. Wie wir bereits berichtet haben, bestätigte dies am 23. April 2017 der Römerforscher und Leiter des LWL Römermuseums Haltern Dr. Rudolf Aßkamp[92] und teilte mit, dass ein Lucius Caedicius, der schon 15.v. Chr. Centurio der 19. Legion unter Varus gewesen war, mit Teilen seiner Soldaten nach seiner Rettung durch Asprenas das Lager Aliso gegen das gesamte Heer der Germanen erfolgreich verteidigt hat.

Somit sind jetzt alle drei Lagerpräfekten (Eggius, Ceionius und Caedicius) bekannt und es ist sicher, was nicht mit der Darstellung des Cassius Dio' zu vereinbaren ist, dass Caedicius und Teile der 19. Legion diese römische Katastrophe in Germanien überlebt haben. Erst nach seiner Verwundung, als sich die bewaffnete Lagermannschaft und der Rest der Legionen um ihn scharten und sich mit ihm in einer Ecke des Lagers verschanzt hatten, mag es dem Varus, trotz seiner „milden Gemütsart, seines ruhigen Temperamentes und seines unbeweglichen Körpers und Geistes"[93] in seiner Indolenz"[94] gedämmert haben, dass ihm das Peinlichste, was einem römischen Feldherrn geschehen konnte, passiert war: Ihm war das eigene Lager vom Feind genommen worden. Dafür gab es keine Entschuldigung. Statt aber den verbliebenen Rest seiner Mannschaften zu verstärktem Widerstand aufzufordern oder wenigstens zusammen mit ihnen zu kämpfen, hatte er mehr Mut zum Sterben und stürzte sich in sein eigenes Schwert.[95] Nach dem Tod ihres Führers verdoppelten die Soldaten, die sich in die Lagerecke retten konnten, ihre Anstrengungen, um dort zu ihrer Verteidigung einen

---

[92] Welt am Sonntag vom 23. April 2017
[93] Velleius Paterculus: *Historia Romana* II/117.2
[94] Velleius Paterculus: *Historia Romana* II/118.2
[95] Velleius Paterculus: *Historia Romana* II/119.3

Schutzwall zu errichten, und hofften auf Rettung. Wer es nicht recht-
zeitig in diese Lagerecke schaffte, wurde im Kampf getötet, nach der
schimpflichen Kapitulation des Ceionius gefangen genommen und später auf den Altären geopfert beziehungsweise am Galgen oder in den
Martergruben hingerichtet. Dem Tross, der durch den Krach des
Schlachtgetümmels frühzeitig gewarnt worden war, und einzelnen Soldaten gelang es, nach Aliso zu fliehen. Asprenas erhielt bald nach Beginn der Auseinandersetzung die Nachricht von dem Überfall. Sofort
eilte er mit seinen Legionen zum Sommerlager. Für die Rettung des
Varus kam er zu spät, aber er konnte die in der Lagerecke ausharrenden
Soldaten befreien, ließ dann, nach der vorübergehenden Vertreibung
der Germanen, die Schwerter und Dolche auf dem Schlachtfeld einsammeln und befahl, den Leichnam des Varus zu verbrennen und zu begraben. Dann kehrte er nach Aliso zurück, ließ alle, die sich dorthin retten
konnten, zusammen mit den gerade befreiten Soldaten unter dem Kom-
mando des Caedicius zum Schutz dieses Lagers zurück und sicherte
anschließend in Eilmärschen mit seinen zwei Legionen den Rhein. Für
die Richtigkeit dieser Interpretation der Aktivitäten des Asprenas nach
der Varusschlacht spricht auch folgende Mitteilung des Velleius Paterculus:

„Hier soll nun auch L. Asprenas mit Fug und Recht Erwähnung finden. Er war Legat unter seinem Onkel Varus gewesen und hatte
durch sein tapferes, mannhaftes Verhalten das aus zwei Legionen
bestehende Heer, das er befehligte, unversehrt aus der großen Katastrophe gerettet. Und indem er in Eilmärschen in die Winterquartiere
Germaniens zog, bestärkte er die diesseits des Rheines wohnenden
Völker, die schon schwankend geworden waren, in ihrer Treue."[96]

Wir waren nach Lesen dieses Textes der Ansicht, dass die alleinige Sicherung der Rheingrenze von Tiberius sicher nicht als „tapferes und
mannhaftes Verhalten" gewürdigt worden wäre. Allein durch das Aufsuchen des Schlachtfeldes mit seinen zwei Legionen, die Rettung der
Überlebenden und das Einsammeln der römischen Stahlschwerter vom
Schlachtfeld hat sich Asprenas dieses Lob verdient und wurde mit

---

[96] Velleius Paterculus: *Historia Romana* II 120,3

Recht von Tiberius dafür gewürdigt. Wenn also die „Schlacht" auf die eben geschilderte Weise abgelaufen wäre, würde das außerdem erklären, warum Velleius Paterculus von Abschlachten und Niedermetzeln[97] spricht und warum Florus schreibt:

> „So griffen sie ihn, der an nichts dachte und nichts derart fürchtete, unversehens an, während er sie – welche Sorglosigkeit! – vor seinen Richterstuhl rief; von allen Seiten drangen sie ein und plünderten das Lager; drei Legionen wurden vernichtet."[98]

Erst nachdem sich Asprenas und seine Soldaten endlich zurückgezogen hatten, plünderten die Germanen das Schlachtfeld, gruben den halbverbrannten Leichnam des Varus aus, trennten seinen Kopf ab und sandten ihn zu Marbod. Dieser schickte das Haupt weiter an Augustus, der Varus, trotz allem, die Ehre eines Familienbegräbnisses gewährte.[99] Letztendlich auch durch diese ehrenvolle Inszenierung des Begräbnisses des Varus, in Verbindung mit der propagandistischen Veröffentlichung in den Senatsberichten, gelang es Augustus, in Rom sein Gesicht zu wahren.

Nach eingehender Analyse der vorhandenen antiken Quellen passt alles zusammen. Nur aus den Berichten des Tacitus, Florus und Velleius Paterculus kann man sich ein klares Bild über die Art und Weise der Niederlage der Römer machen, und nichts spricht für die Annahme, dass die Legionen auf einem mehrtägigen Marsch von den Germanen angegriffen wurden und untergegangen sind. Der geschilderte Ablauf des Geschehens erklärt außerdem:

1. Die Anwesenheit der bei Velleius Paterculus erwähnten drei Lagerpräfekten. Und was hätte Ceionius, nachdem der größte Teil des Heeres umgekommen war, den Germanen anderes als die Übergabe eines Lagers anbieten können? Außerdem konnte ein Lagerkommandant stets nur den Befehl zur Übergabe eines Lagers geben. Die Kapitulation eines Heeres auf einem Marsch konnte nur der Oberbefehlshaber oder sein Legat veranlassen.

---

[97] Velleius Paterculus: *Historia Romana* II/119.2
[98] Florus: *Abriss der römischen Geschichte,* II/30
[99] Velleius Paterculus: *Historia Romana* II/119.

2. Warum Germanicus die „bleichenden Knochen" der gefallenen Soldaten noch sechs Jahre später „mitten auf dem Schlachtfeld" finden konnte.

3. Dass das anwesende Römerheer im sechsten Jahr nach der Niederlage die Gebeine der drei Legionen an diesem Ort gemeinsam bestattete.[100]

4. Dass diese Art des Schlachtgeschehens mit dem Vorwurf Marbods in Einklang zu bringen ist:

„Vaecordem Arminium et rerum nesciam alienam gloriam in se trahere, quoniam **tres vagas legiones** et ducem fraudis ignarum perfidia deceperit."[101]

Die deutsche Übersetzung lautet bisher:

„Der wahnsinnige und der Kriegsführung unkundige Arminius maße sich dagegen fremden Ruhm an, weil er drei verirrte Legionen und ihren vertrauensseligen Führer treulos hintergangen habe."

Die Wortwahl „vagas" bei Tacitus, der bei der römischen Niederlage gegen die aufständischen Germanen von „verirrten" beziehungsweise „umherirrenden" Legionen gesprochen haben soll, ist für einen Überfall auf eine in Waffen marschierende Truppe, wie ihn Cassius Dio beschreibt, unpassend. Weil aber die Interpretation gerade dieser Textstelle für die Beurteilung des gesamten Schlachtgeschehens von fundamentaler Bedeutung ist, wollen wir hier zunächst Höfer zitieren, der bereits vor über 150 Jahren darauf hinwies, dass

„Nipperdey meint, das Handschriftliche *‚vacuas'* (dienstfrei) lasse keine passende Erklärung zu und korrigiert es in ‚vagas' ›umherirrend‹, obwohl doch das angebliche Umherirren der Legionen schon die Folge der Überlistung war und die Legionen vor dieser Überlistung nicht *vagae* genannt werden können."[102]

Man kann heute nicht mehr feststellen, wann genau Nipperdey dies erstmalig geäußert hat, aber es ist zu vermuten, dass diese

---

[100] Tacitus: *Annalen* I/62
[101] Tacitus: *Annalen* II/46
[102] Höfer Paul: *Die Varusschlacht*, S. 226

„Berichtigung" des lateinischen Textes[103] von ihm erst geschah, als sich Theodor Mommsen, aufgrund der damaligen Münzfunde bei Barenaue, auf Cassius Dio als der „einzig wahrheitsgemäßen Schilderung des Schlachtgeschehens" festlegt hatte. Weil in den heute zur Verfügung stehenden lateinischen Texten fast immer „tres vagas legiones" steht und Mommsen seine Theorie des Verlaufes der Varusschlacht frühestens gegen Ende des 19. Jahrhunderts veröffentlicht haben kann, besorgten wir uns einen lateinischen Text der *Annalen*, der vor diesem Datum herausgegeben wurde und fanden endlich, dass in der Ausgabe der *Annalen* von Dr. W. Otto[104] (1854) „**tres vacuas legiones**" steht. Bei weiterer Recherche entdeckte Bernd Rehfuß, dass in der Originalabschrift des Tacitus[105] aus dem 11. Jahrhundert ebenfalls „**tres vacuas legiones**" zu lesen ist.

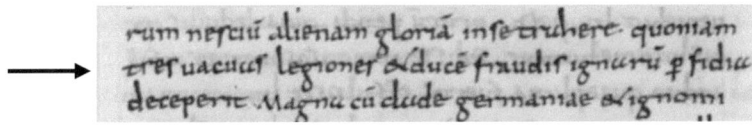

Abb. 5: Original aus dem 11. Jahrhundert

Das bedeutet, dass der in der Regel heute vorliegende lateinische Text der *Annalen* verändert wurde, um ihn so mit der seit Mommsen als einzig wissenschaftlich anerkannten und wahrheitsgemäßen Darstellung der Varusschlacht durch Cassius Dio in Einklang zu bringen. Der taciteische Hinweis auf **„drei dienstfreie Legionen"** schließt natürlich zusätzlich den Überfall der Germanen auf ein Heer marschierender Römer, wie es Cassius Dio schildert, aus.

Richtig übersetzt muss die Textstelle deswegen heißen:

„Der wahnsinnige und der Kriegsführung unkundige Arminius maße sich dagegen fremden Ruhm an, weil er drei dienstfreie Legionen („**vacuas legiones**') und ihren vertrauensseligen Führer treulos

[103] Nipperdey K.: *Cornelius Tacitus*, S.127
[104] Tacitus Cornelius: *Annalen* I–VI, Dr. F.W.Otto S. 361,
[105] Bibliteca Medicea Laurenziana, Plut. 68.1 S. 47r

hintergangen habe."[106]

5. Dass bei dem geschilderten Verlauf dieses Überfalls auf das Sommerlager natürlich die waffentechnische Überlegenheit der Römer keine Rolle gespielt hat.

6. Dass Segestes ebenfalls an der Schlacht teilgenommen hat und sein Verrat erst lange nach der Schlacht im Jahre 15 n. Chr. erfolgte.

7. Dass besonders die namentliche Erwähnung des Lagerpräfekten der 19. Legion, Caedicius, und dessen Tapferkeit bei der Belagerung von Aliso ebenfalls beweisen, dass die „Varusschlacht" nicht auf einem Marsch stattfand, sondern nur ein Überfall auf das Sommerlager des Varus gewesen sein kann, denn, wie Velleius Paterculus berichtet, überlebte nicht nur der Lagerpräfekt, Caedicius, diese Katastrophe, sondern es wurden auch zahlreiche Soldaten seiner 19. Legion gerettet.

„Lobende Erwähnung verdient ebenso die Tapferkeit des Lagerpräfekten L. **Caedicius und seiner Soldaten**, die mit ihm in Aliso eingekesselt und von den Germanen mit einer ungeheuren Truppenmacht belagert wurden."[107]

Als Ergebnis unserer Untersuchung ist auch geklärt, wie es überhaupt möglich war, dass zwei so grundverschiedene Berichte gemeinsam ihren Eingang in die Geschichtsbücher finden konnten. Die Lagerversion, die vornehmlich aus den zeitnäheren Berichten von Velleius Paterculus, Florus und Tacitus herauszulesen ist, hebt sich durch die Betonung der mehrfachen Warnung des Varus durch Segestes von Dios Schilderung der Schlacht ab, und sie macht vor allem den Varus zum alleinigen Sündenbock, weil er diese Warnungen nicht beachtete und er zudem die Verträge, die Tiberius mit dem Vater des Arminius geschlossen hatte, ohne Not brach. Es ist sehr wahrscheinlich, dass sich diese Version erst nach dem Tod des Augustus unter dem Prinzipat des Tiberius durchgesetzt hat. Die Marschversion, die Erzählung des Cassius Dio aus den offiziellen Senatsberichten, ist, wie er selbst schreibt, „nach den

---

[106] Tacitus: *Annalen* II/46
[107] Velleius Paterculus: *Historia Romana* II 120,4

Wünschen der jeweiligen Machthaber" verfasst worden. Außerdem hat Augustus durch sein Verbot, über diese, besonders für das römische Militär so verheerende Katastrophe zu schreiben, sowie durch die Verbannung aller Augenzeugen und der an der Niederlage beteiligten Soldaten ins Exil, versucht, diese für ihn unangenehmen Tatsachen zu vertuschen. Dieses Verbot hat jedenfalls keinen Sinn, wenn in den Senatsberichten der wahre Ablauf der römischen Katastrophe in Germanien den Bürgern von Rom mitgeteilt wurde. Augustus hatte vor allem auch deswegen Veranlassung, die Ursachen dieser Katastrophe zu verschleiern, weil er als Nachfolger des Tiberius in Germanien einem so unfähigen Mann, wie Varus, den Oberbefehl übertrug und ihn, in Fehleinschätzung des Charakters der germanischen Stämme, beauftragte, dort möglichst schnell eine Provinzialverwaltung aufzubauen. Außerdem war er ebenfalls dafür verantwortlich, dass die ehemalige Geisel Arminius zusammen mit der cheruskischen Auxiliartruppe ohne Not vorzeitig in die Heimat zurückgeschickt wurde, wodurch die germanische Rebellion ihren herausragenden Führer erhielt und dadurch erst möglich wurde. Der dionische Bericht über die Varusschlacht ist deshalb eine eindeutige Erfindung der augusteischen Propaganda,[108] geschrieben, um das verwöhnte Rom ruhig zu stellen, verfasst aus Angst, dass der Prinzipat durch das Ausmaß dieser Katastrophe Schaden nehmen könnte und veröffentlicht aus Furcht vor den noch zahlreichen Anhängern der Republik, damit nicht dem Prinzeps Augustus das gleiche Schicksal wie Caesar drohte. Für die Richtigkeit dieser Interpretation spricht, dass auch die Veröffentlichung seines Rechenschaftsberichtes im Testament, den *Res gestae divi Augusti*, ein weiteres Meisterwerk der Desinformation und Propaganda ist, denn in dieser kritiklosen Selbstdarstellung kennt der „göttliche Augustus" keine Niederlagen und feiert sich als Friedensstifter der gallischen, spanischen und germanischen Provinzen sowie als siegreichen Feldherrn in Äthiopien, Arabien, Spanien, Gallien und Dalmatien und sieht sich als Vorbild von „Tapferkeit, Milde, Gerechtigkeit und Frömmigkeit."[109]

---

[108] Millhoff: *Die »Varusschlacht« – eine Erfindung der augusteischen Propaganda!*
[109] Augustus: *Res gestae divi Augusti* 26, 29, 34

Alle bisher vorgetragenen Argumente werden nicht genügen, um sich dieser Darstellung der Varusschlacht anzuschließen, weil man die Einnahme eines gesicherten römischen Drei-Legionen-Lagers durch Germanen für unmöglich hält. Ein solches Ereignis war aber in der römischen Geschichte kein so seltenes Ereignis, wie die Eroberungen von Lagern in den Sklavenkriegen und durch die Kimbern und Teutonen beweisen. Selbst Julius Caesar passierte das während der Eroberung Galliens beim Krieg gegen die Eburonen, und er verlor damals ein Zwei-Legionen-Lager unter den Legaten Cotta und Titurius Sabinus.[110] Liest man dazu, was Caesar selbst in seinem Gallischen Krieg über diesen Verlust von anderthalb Legionen berichtet, kann man sich nicht des Eindrucks erwehren, dass dieser Bericht als Vorlage für den Senatsbericht des Augustus über die varianische Katastrophe in Germanien gedient hat.

IV. Spurensuche in der Paderborner Bucht

Nachdem durch das Studium der überlieferten Quellen, durch ständiges Vergleichen dieser Berichte und Überprüfung der lateinischen Texte mit den topo- und orohydrographischen Karten, den meteorologischen Verhältnissen in Germanien zur Zeit des Kaisers Augustus und auch nach dem von uns nachgezeichneten Verlauf der „Schlacht" klar geworden ist, dass diese Niederlage nicht auf dem von Cassius Dio beschriebenen Marsch durch die germanischen Wälder stattgefunden hat, sondern dieser Sieg der Germanen einzig und allein durch einen erfolgreichen Überfall auf das Sommerlager des Varus gelang, scheint es an dieser Stelle erlaubt, den Fundort am Kalkrieser Berg aus der weiteren Suche nach dem Schlachtort auszuschließen, denn dieser Platz ist, selbst wenn man dort, wie bereits Höfer in seinem Streit mit Mommsen sagte, noch „zehnmal so viel Münzen finden würde als gefunden, als Ansetzung des Varusschlachtfeldes ganz unmöglich."[111] Auch der

---

[110] Caesar: *De Bello Gallico*, Buch V, Kap.27 – 37
[111] Höfer Paul: *Die Varusschlacht*, KapiteI, S. 34

Artikel „Metallurgischer Fingerabdruck weist Legion des Varus in Kalkriese nach"[112] ist kein Beweis für die „Varusschlacht" an diesem Ort, weil Caedicius mit Teilen seiner Neunzehnten Legion die Schlacht überlebt hat, Aliso erfolgreich verteidigte, ihm schließlich mit seinen Soldaten unversehrt die Flucht an den Rhein gelang und er dann an dem kombinierten Heereszug des Tiberius mit Heer und Flotte im Jahre 11 in Richtung Weser teilnahm[113], um zu versuchen zum Schlachtfeld zu gelangen. Wir hielten das schon deswegen für sicher, weil allein Caedicius mit den Überlebenden seiner Legion den genauen Weg von der Ems zum Sommerlager kannte. Dieser Versuch wurde allerdings bei Kalkriese von den Germanen verhindert.

Weitere Erkenntnisse zur genauen Lage des Schlachtfeldes lassen sich ebenfalls aus der Beschreibung der „Rachefeldzüge" des Germanicus in den Jahren 14 – 16 n. Chr. ziehen. Im Gegensatz zu Höfer und anderen denken wir allerdings, dass Germanicus nicht nur Rache für die erlittene Schmach der Römer üben wollte. Wir halten es für möglich, dass sich aus der Richtung und dem Zeitablauf seiner Züge andere Beweggründe und Zielsetzungen für seine Entschlossenheit ablesen lassen, unbedingt den Ort der Katastrophe aufzusuchen. Für diese Annahme sprechen vor allem folgende Gründe:

Erstens wollte Germanicus, damit die Seele seines Vaters Drusus endlich seine Ruhe findet, den von den Germanen zerstörten Drususaltar in der Nähe des Sommerlagers des Varus wiederherstellen.

Zweitens fühlte er sich verpflichtet, die gefallenen römischen Soldaten zu beerdigen, damit auch diese endlich ihre Totenruhe fanden, denn für die Römer war die Bestattung der Toten und die Heimholung der Asche getöteter Soldaten äußerst wichtig.[114] Nur so ist zu erklären, warum Germanicus den Schlachtort wiederholt unter großem Aufwand aufsucht und den von den Germanen zerstörten Altar seines Vaters, Drusus, zweimal wiederherstellen lässt. Dies wird für Germanicus erst

---

[112] Startseite/ Die Varusschlacht im Osnabrücker Land/ Archäologie aktuell mit Ergänzungen von Prof. Dr. Prange Deutsches Bergbau Museum Bochum
[113] Velleius Paterculus: *Historia Romana* II/121.1
[114] Höfer Paul: *Die Varusschlacht*, S.2 50/251

recht von Bedeutung gewesen sein, wenn, wie Sueton berichtet, sein Vater Drusus an eben diesem Ort auch seinen Tod gefunden hat. Schlachtfeld und Sterbeort wären dann eins und damit wäre auch das eigentliche Ziel der römischen Operationen unter Germanicus von vornherein vorgegeben. Welche zusätzlichen Hinweise gibt es in den Quellen, die diesen Schluss rechtfertigen? Cassius Dio berichtet über den Tod des Drusus Folgendes:

„Drusus brach vielmehr ins Chattenland ein und rückte bis zum Gebiet der Sueben vor, [...]. Von dort nahm er seinen Weg ins Land der Cherusker, überschritt die Weser und stieß, alles verwüstend, bis zur Elbe vor. [...] Drusus kehrte eiligst um und ehe er noch den Rhein erreichte, starb er mitten auf dem Wege an einer Krankheit."[115]

Befasst man sich an dieser Stelle einmal mit diesem Zug des Drusus zur Elbe, zog Drusus 9 v. Chr.

„durch die Wetterau und das Lahntal und stieß zunächst bis in die Gegend der Lippequellen vor. Von dort aus schwenkte er in den Raum von Hameln ab, überschritt die Weser und drang in die Magdeburger Bucht vor, wo er das Ufer der dort schnell strömenden Elbe erreichte. Der lange Vormarsch ging im Übrigen nicht ohne schwere Kämpfe vonstatten. Auf dem Rückweg, das Heer hatte jedenfalls die Saale bereits überschritten, stürzte Drusus Mitte August mit dem Pferd und brach sich den Oberschenkel.[116]

Was spricht dagegen, dass die römischen Truppen ihren verletzten Führer schnellstens auf demselben Weg in das Sommerlager im Bereich der Lippequellen, das sie bereits auf dem Hinweg berührt hatten, zurücktransportierten? Nur dort gab es im Feindesland Sicherheit und zudem ausreichende medizinische Betreuung.

(Verfolgt man den letzten Weg des Drusus genau, zog er von Mainz in Richtung Elbe und stürzte an der Saale vom Pferd. Rechnet man die Entfernungen in der Luftlinie, sind es von Mainz bis zum Sommerlager 214 km und beim Rückweg von Bernburg an der Saale sind es bis zum

[115] Cassius Dio: *Römische Geschichte,* Band IV, Buch 55.1/2-55
[116] Christ Karl: *Geschichte der römischen Kaiserzeit*, S. 128

Sommerlager 212 km. Sodass, was wir nicht erwartet haben, die Angabe Dios „mitten auf dem Wege" durchaus seine Berechtigung hat,) Auch C. Sueton schreibt in *De Vita Caesarum* über dieses Ereignis:

„Nach der Prätur trat er (Drusus) bald das Konsulat an, nahm den Feldzug wieder auf und starb in dem Sommerlager infolge einer Krankheit, das davon das Verfluchte' („**Scelerata**") hieß. [...] Außerdem errichtete ihm das Heer einen Ehrengrabhügel, um welchen seitdem alljährlich an einem bestimmten Tage ein Parademarsch der Truppen stattfand und die gallischen Stämme Festopfer veranstalteten."[117]

Setzt man das Schlachtfeld und den Sterbeort des Drusus gleich und diesen Ort als Ziel der Operationen des Germanicus voraus, beginnt er folgerichtig, wie von Tacitus beschrieben, mit seinen Aktivitäten gegen die Marser und versucht so, auf direktem Wege das Sommerlager zu erreichen. Nach der Zerstörung der *Tamfana* treibt das anschließende Blutbad die Brukterer, Tubanten und Usipeter zu den Waffen.[118] Auch die Cherusker im Osten sind mit Sicherheit kampfbereit und im Südosten müssen die Römer zusätzlich mit dem Eingreifen der Chatten rechnen. Germanicus wird sich deshalb, auch wenn dies anders berichtet wird, aus Sicherheitsgründen zurückgezogen haben. Er versucht es im Frühling des Jahres 15 n. Chr. nochmals, diesmal aber von Mainz aus, und mit noch größerem Truppenkontingent marschiert er ins Chattenland. Gleichzeitig lässt er Caecina mit vier Legionen und ebenso vielen Auxiliartruppen gegen die Marser vorrücken, um zusätzlich auch die Cherusker abzuschrecken. Wenn das Ziel dieses Feldzuges aber das Erreichen des Schlachtfeldes war, scheinen eher die Cherusker die Römer zur Umkehr gezwungen zu haben. Wie viel Respekt Germanicus vor den Germanen im Allgemeinen und den Cheruskern im Besonderen hatte, zeigt die Tatsache, dass er bereits im Sommer 15 n. Chr. mit einem Heer von über 50.000 Soldaten von der Ems aus einen noch weit größeren Kriegszug durchführte und ihn mit der Zerstörung des Brukkererlandes beginnt. Dazu wählt er einen Weg, mit dem die Cherusker

---

[117] Sueton: *De Vita Caesarum* Claudius 1
[118] Tacitus: *Annalen* I/51

nicht rechnen konnten. Dann endlich, nachdem Caecina Dämme und Brücken über Moorwiesen und Sümpfe gebaut hat, betritt Germanicus das Schlachtfeld. Schon Höfer und zuletzt Ritter-Schaumburg schlossen aus diesen Berichten, dass der Schlachtort nicht südlich der Lippelinie liegen konnte.[119] Das Varusschlachtfeld lag für sie in jenem Gebirgsabschnitt, der vom Bielefelder- bis zum Altenbekener Pass reichte, denn sonst hätte Germanicus diesen Ort sicher schon bei seinen Zügen gegen die Marser und die Chatten aufgesucht.

Wir sind, was die Lage des Schlachtfeldes betrifft, derselben Ansicht. Allerdings denken wir, dass Germanicus sein Ziel zweimal nicht erreicht hat, weil er glaubte, dass sein Heer noch nicht stark genug war und er deswegen eine Entscheidungsschlacht zu diesem Zeitpunkt fürchtete. Warum sonst hätte er die Anzahl seiner Legionen und die Größe der Hilfstruppenkontingente von Zug zu Zug steigern sollen? Bei Tacitus erfährt man, dass Germanicus, als er im Jahre 16 n. Chr. das an der Lippe anliegende Kastell, Aliso, entsetzen will, sicherheitshalber zur Ablenkung den Legaten Silius einen Einfall ins Chattenland durchführen lässt. Er selbst befreit mit sechs Legionen Aliso, marschiert zum Schlachtfeld, stellt den Drususaltar wieder her und ehrt, wie bereits berichtet, seinen Vater erneut durch einen feierlichen Umlauf seiner Legionen.[120] Auch hieraus muss man, wie Höfer und Ritter-Schaumburg festgestellt haben, schließen, dass sich Aliso und der Schlachtort in unmittelbarer Nachbarschaft befinden. Zudem lag Aliso auf der direkten Rückzugslinie des Sommerlagers zum Rhein, denn anders ist die Mitteilung Frontins, der über Entkommene aus der varianischen Niederlage im belagerten Aliso[121] berichtet, nicht zu interpretieren. Wenn also, wie wir annehmen, Aliso mit Paderborn gleichzusetzen ist, muss man das Schlachtfeld von hier aus im Umkreis von etwa zehn bis zwanzig Kilometer suchen. Wir wollen allerdings, um ganz sicher zu gehen, eventuell auch eine Entfernung von fünfundzwanzig bis dreißig Kilometer in diese Suche mit einbeziehen, weil für die Legionäre

---

[119] Höfer Paul: *Die Varusschlacht*, Kapitel VI S. 241
[120] Tacitus: *Annalen* II/7
[121] Frontin III 15.4

nach Erreichen des Sommerlagers das abendliche Schanzen eines Marschlagers nicht mehr notwendig war. Gerade dieses Sommerlager aber, das auch wie Aliso von Drusus angelegt worden sein muss, war für die Römer militärisch von großer Bedeutung und schützte wahrscheinlich einen wichtigen Pass der römischen Aufmarschlinie zur Weser. Warum sonst, wenn nicht zur Sicherung dieses Transportweges, wurde von Tiberius mit so großem Aufwand dieser Grenzwall von der Mündung der Lippe bis nach Aliso angelegt? Warum sonst wurde Aliso nach der Zerstörung durch die Germanen im Jahr 10 n. Chr. von Germanicus im Jahre 15 n. Chr. wiederhergestellt und diese Heerstraße noch im Jahre 16 n. Chr. von Aliso bis zum Rhein erneut befestigt, wenn nicht gerade dieser Transportweg für die sichere Versorgung des Sommerlagers beziehungsweise die weitere Expansion des Imperium Romanum von großer Bedeutung war? Als Standorte kommen aus diesem Grund für dieses Lager nur die direkten Wege zu den Pässen durchs Eggegebirge bei Feldrom, bei Altenbeken, bei Buke in Richtung Driburg und bei Schwaney in Richtung Schmechten infrage, denn Drusus war wiederholt durch das Gebiet der Sugambrer und der Cherusker und nicht durch das Land der nördlich an sie angrenzenden Angrivarier zur Weser gezogen. Erst wenn man an diesen Straßen zu den Pässen nicht fündig wird, muss man die nördlicheren Durchgänge durch den Teutoburger Wald von Kohlstädt nach Horn (heutige B 1), die Pässe von Schlangen und Augustdorf nach Detmold (Dörenschlucht) sowie die Pässe von Stapelage und Oerlinghausen in die weitere Suche mit einbeziehen. Die Lage des Sommerlagers an diesen Orten in Beziehung zu Aliso würde somit genau der direkten Aufmarschlinie des Drususzuges 11 v. Chr. zur Weser entsprechen und außerdem bekam Aliso, das auf dem Rückweg dieses Zuges mehr aus einer Notlage heraus an einem fast uneinnehmbaren Ort geschanzt wurde, erst durch die Nähe zum Sommerlager seine überragende militärische Bedeutung. Nur deshalb blieb es auch unter Varus ständig besetzt, wurde von Germanicus wiederhergestellt und belegt und nach der Belagerung durch die Germanen im Jahre 16 n. Chr. wieder entsetzt. Zudem befand sich dieses Areal nicht im Einzugsgebiet der ersten zwei Germanicuszüge 14 und 15 n. Chr. Wir waren deshalb der Ansicht, dass nur auf diese Passstraßen durch das

Eggegebirge beziehungsweise den Teutoburger Wald alle für das gesuchte „Varuslager" geforderten Voraussetzungen zutreffen:

1. Aliso/Paderborn liegt von hier aus nur einen Tagesmarsch in der direkten Rückzugslinie zum Rhein.

2. Dies war für Drusus der direkte Weg vom südlich der Lippe gelegenen Sugambrerland in Richtung Weser.

3. Von der Ems aus gesehen, muss man, um hierhin zu kommen, die Senne und die Lippeauen durchqueren. Nur auf diesem Weg gab es Moore, Bäche und Sümpfe, die durch Knüppeldämme und Brücken überbrückt werden mussten, sowie Schluchten im Bereich des Gebirges.

4. Dieser Bereich liegt im Grenzgebiet (Marken) zwischen Marsern, Chatten, Cheruskern und Brukterern und die Anlage eines Lagers in diesem Areal war deswegen für keinen dieser Stammesverbände ein schwerwiegender Affront. Der kritische Leser mag sich nun fragen: Wieso wurde in der Nähe des Sommerlagers überhaupt noch ein zweites Lager geschanzt? Hierzu ist zu sagen, dass Aliso von Drusus als Zwei-Legionen-Lager im Jahr 11 v. Chr. erst auf dem Rückmarsch des Heeres von der Weser angelegt wurde. Da Drusus nach dem Durchzug durch das Land der Sugambrer schon auf dem Hinweg die Lippequellen berührt hat, muss er von hier aus auch einen der Pässe über das Gebirge benutzt haben, wo er das Sommerlager geschanzt hat, um so den Übergang über das Gebirge zu sichern. Dort hat er eine Lagermannschaft zurückgelassen und ist mit seinen Legionen weiter zur Weser marschiert. Auf dem Rückweg war er gezwungen, um sich und seine Legionen nach dem Angriff der Germanen bei Arbalo aus diesem Hinterhalt zu retten, am Zusammenfluss von Lippe und Elison noch ein zweites Lager zu errichten. Tiberius hat die militärstrategische Bedeutung dieser Doppelanlage erkannt, im Jahre 4 n. Chr. mit seinem Heer dort überwintert und den Weg dorthin zusätzlich durch die Anlage eines Grenzwalles zwischen Rhein und Aliso gesichert. Wie wichtig dieser Grenzwall für die Römer war, kann man vermuten, weil die Zerstörung dieser Befestigungen durch die Germanen nach der Varusschlacht wahrscheinlich die Hauptursache dafür war, dass es selbst Tiberius 10 n. Chr. nicht gelang, nach Aliso und zum Schlachtfeld vorzudringen. In

94

Kenntnis dieser Sachlage halten wir es für möglich, dass der vorsichtige Germanicus aus den Misserfolgen des Tiberius seine Lehren gezogen hat. Aus dieser Vorsicht heraus mag er zwar anfangs versucht haben, den direkten Weg zum Schlachtfeld südlich der Lippe einzuschlagen, wahrscheinlich hat er sich aber, wegen der Gefahr eingekesselt zu werden, aus Sicherheitsgründen zurückgezogen. Seine Strategie war deswegen, zumindest seit dem Herbst 14 n. Chr. darauf angelegt, eine große Entscheidungsschlacht zunächst zu vermeiden, um die Germanenstämme erst einzeln, möglichst ohne große Verluste, zu besiegen. So bekriegt er zunächst die Marser, dann die Chatten und Brukterer, ehe er sich gegen die Cherusker wendet. Wir glauben deswegen, unabhängig davon, ob Germanicus sofort zum Schlachtfeld wollte oder nicht, dass er sich erst, als diese drei Volksstämme besiegt waren, stark genug fühlte, den Ort der Varusniederlage aufzusuchen. Wie viel Respekt er trotzdem nach der „vollständigen Vernichtung der Marser, Chatten und Brukterer" noch vor den Germanen hatte, mag man daran erkennen, dass er, um ein vorzeitiges Treffen mit den Cheruskern zu vermeiden, diesmal einen Weg wählt, der wegen seiner damaligen Unpassierbarkeit (Senne) größere Sicherheit bot. Im Gegensatz zu unserer Hypothese lokalisierte Höfer den Schlachtort bei Heerse/Schötmar auf der Straße von Aliso (Neuhaus bei Paderborn) durch die Oerlinghauser Schlucht nach Porta[122] und später auf der Strecke zwischen Heerse bis Iggenhausen und Pottenhausen (allenfalls bis Lage), wahrscheinlich auf der linken Seite der Werre.[123] Ritter-Schaumburg bestimmte das Varuslager bei Horn[124] und glaubte Aliso am Zusammenfluss der Lippe mit der Gunne bei Ringboke erkannt zu haben. Diese Hypothesen der genannten Forscher sind bei näherer Betrachtung unwahrscheinlich, weil schon Drusus das „Varuslager" anlegte[125], denn Sueton berichtet, dass Drusus im Sommerlager starb, konnte dieser Ort nicht jenseits des Teutoburger Waldes inmitten des Cheruskerlandes liegen. Außerdem

---

[122] Höfer Paul: *Die Varusschlacht*, S. 289
[123] Höfer Paul: *Die Varusschlacht*, S. 289
[124] Ritter-Schaumburg Heinz: *Der Cherusker* S. 253 ff.
[125] Cassius Dio: *Römische Geschichte*, Band IV/ 55.5

pflegten die Römer ihre Lager eher an die Grenzen der feindlichen Stämme zu setzen. Selbst wenn wir im Einklang mit Höfer und Ritter-Schaumburg einmal annehmen, dass dieses „**Lager des Unheils**" im Land der Cherusker jenseits des Teutoburger Waldes gelegen hat, hätten es die Römer spätestens zum Zeitpunkt des Vertrages zwischen Tiberius und den Cheruskern (4 n. Chr.) mit ihrer anschließenden Aufnahme als römische Bundesgenossen verlassen müssen. Auch schreibt Tacitus, nachdem Germanicus das Land der Brukterer verwüstet hat, dass die Reste der Legionen „**haud procul Teutoburgiensi saltu**" liegen sollen. Auf einen solchen Hinweis hin würden wir diesen Ort nicht unbedingt jenseits der Gebirgskette des Teutoburger Waldes suchen. Trotzdem sollte man Horn, dessen Weichbild stark an ein römisches Lager erinnert, an dieser Stelle noch nicht ganz aus den weiteren Erwägungen der Standortsuche der Varusschlacht streichen, wenn wir auch zugeben, dass sich unser Glauben an diese Möglichkeit stark in Grenzen hält, weil die alten Stadtgrenzen von Horn für ein Drei-Legionen-Lager viel zu klein bemessen sind.

Nun mag sich der aufmerksame Leser die Frage stellen:
Warum zog Germanicus im Jahre 15 n. Chr. nach dem Besuch des Schlachtfeldes, wenn dies in der Nähe von Paderborn lag, nicht über den kürzeren Weg südlich der Lippe zurück zum Rhein? Dies war unseres Erachtens aus zwei Gründen unmöglich: Erstens hatten nach dem Bericht des Tacitus die Brukterer, Tubanten und Usipeter bereits im Herbst des Jahres 14 n. Chr. das Waldgebirge zwischen Ruhr und Lippe besetzt und dadurch den Rückzug des Heeres nach der Verwüstung des Landes der Marser stark behindert.

Tacitus schreibt dazu:

> „Dieses Blutbad trieb die Brukterer, die Tubanten und die Usipeter zu den Waffen. Sie besetzten die Waldgebirge, durch welche das Heer den Rückzug nehmen musste [...]. Die Feinde aber verhielten sich ruhig, bis der Zug in seiner ganzen Länge in den Bergwäldern war; dann belästigten sie ein wenig die Flanken und die Front, fielen aber mit der ganzen Macht die Nachhut an. Schon gerieten die

leichten Kohorten durch den Ansturm der dichten Germanenhaufen in Unordnung."[126]

Ferner bestand auf diesem Weg zusätzlich die Gefahr, dass die Chatten in das Geschehen eingreifen konnten. Jedenfalls musste Germanicus auch im Jahre 15 n. Chr. damit rechnen, dass es beim Rückzug über die Lippelinie erneut Auseinandersetzungen mit diesen Germanenstämmen geben konnte. Zweitens hat er seine Schiffe an der Ems zurückgelassen oder sie, einen günstigen Kriegsverlauf voraussetzend, zu einem bestimmten Termin wieder dorthin beordert. Er war aus diesem Grunde gar nicht in der Lage, seine Pläne kurzfristig zu ändern, was ihn deshalb auch aus Sicherheitsgründen dazu zwang, gemeinsam mit dem ganzen Heer zur Ems zurückzukehren, um erst dort seine Legionen für den getrennten Rückzug nach Vetera aufzuteilen.

Selbst dieser berechtigte Einwand ist zu entkräften und mit der Lage des Schlachtortes in der Nähe von Paderborn vereinbar. Aber gerade die nähere Umgebung von Paderborn fällt als Standort des Sommerlagers aus, weil, wie wir nachzuweisen versucht haben, hier das Lager Aliso liegt. Deswegen können wir zu diesem Zeitpunkt nur davon ausgehen, dass das Varuslager irgendwo im Bereich der Paderborner Bucht in der Nähe der Bergkette des Teutoburger Waldes oder des Eggegebirges gesucht werden muss.

Außerdem steht bei Tacitus, dass das Varuslager „medio campi"[127] angelegt worden war und solche Lager brauchten immer viel Wasser. Die karstige, wasserarme Paderborner Hochebene muss deshalb allein aus diesem Grunde selbst damals in weiten Teilen für die Anlage eines so großen Lagers ungeeignet gewesen sein. Zudem bauten die Römer befestigte Plätze nicht einfach in die Gegend, sondern achteten stets darauf, dass diese gleichzeitig wichtige Aufmarschwege und Straßenkreuzungen schützten. Wir wissen, dass die Franken oft diese alten Römerstraßen nutzten, und man könnte so möglicherweise noch aus den Aufmarschlinien Karls des Großen gegen die Sachsen Rückschlüsse über

---

[126] Tacitus: *Annalen* I/51
[127] Tacitus: *Annalen* I/61

den Verlauf ehemaliger Römerstraßen ziehen. Wie auf alten Karten eingezeichnet, gab es östlich von Paderborn im 8. Jahrhundert einen wichtigen Knotenpunkt. Hier traf die Nordsüdroute von Mainz über die Eresburg in Richtung Stade auf die Westostroute vom Niederrhein über Duisburg und Paderborn nach Höxter. Im Kreuzungsbereich dieser beiden Straßen beziehungsweise am Schwaneyer-, Driburger- oder Horner Hellweg musste man mit der Suche nach dem Schlachtort beginnen, denn dort befinden sich im Bereich der Lippe die direkten Zugänge zur Weser.

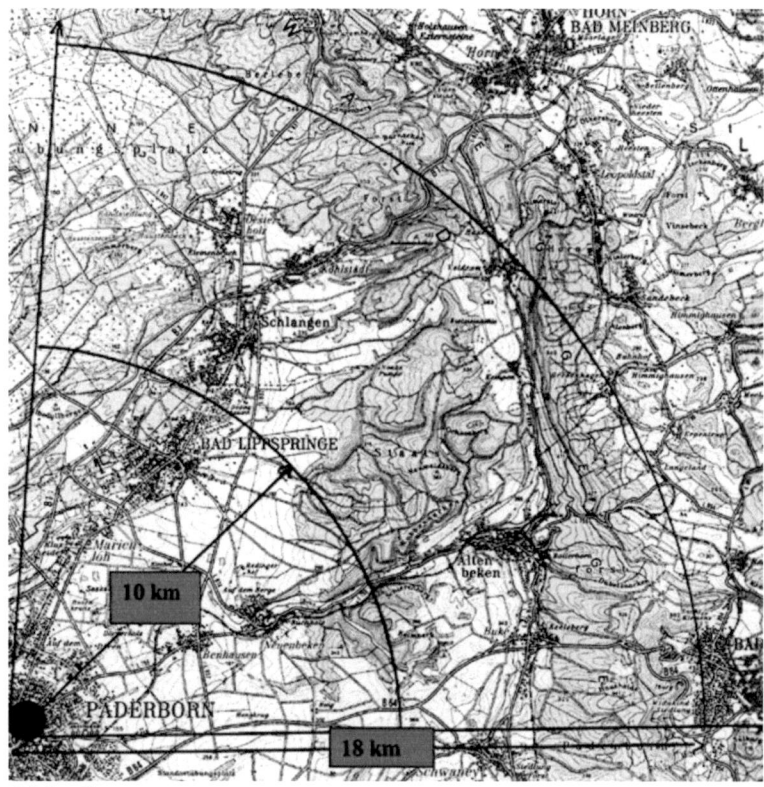

Abb. 6:
Skizze der Paderborner Bucht 1
Kreissektor, in dem nach der Überlieferung das Varusschlachtfeld zu suchen ist.

Der südliche Pass am Schwaneyer Hellweg hat dazu den Vorteil, dass er von der bekannten Almefurt bei Barkhusen durch flache, breite Täler über die kleine Egge direkt nach Höxter führt und ein marschierendes Heer geländemäßig vor keine großen Probleme stellt. Außerdem wird diese Route fast auf der ganzen Strecke von Bachläufen begleitet, und sie scheint uns, von allen möglichen Übergängen über das Gebirge sowohl beim Auf- als auch beim Abstieg, am sichersten vor feindlichen Überfällen gewesen zu sein. Ausgehend von dieser Arbeitshypothese, zogen wir, um das Sommerlager des Varus näher einzukreisen, um Paderborn einen Kreisbogen mit einem Radius von achtzehn Kilometern, was ungefähr der durchschnittlichen Marschleistung einer römischen Legion pro Tag entsprochen haben mag. Da wir ferner davon ausgingen, dass das Schlachtfeld mindestens zehn Kilometer von Aliso entfernt liegen muss, schlugen wir einen zweiten Kreis um Paderborn mit einem Radius von zehn Kilometern. Irgendwo in dem Sektor dieser zwei Kreisbögen, der im Süden von Schwaney und im Norden bis zum Truppenübungsplatz Augustdorf reicht, im Bereich der Schnittpunkte der frühen Ostwest- und Nordsüdrouten oder im Einzugsgebiet der Pässe über das Eggegebirge oder den Teutoburger Wald, musste der Ort der varianischen Katastrophe liegen.

In diesem Bereich wollten wir mit der Suche nach dem Sommerlager des Varus beginnen. Ein Blick auf die Karte genügte, dieses Gebiet war und ist auch heute nur spärlich besiedelt. Neben Truppenübungsplätzen und Naturschutzgebieten finden sich Felder, Wiesen und ausgedehnte Wälder. Wenn unsere Überlegungen richtig waren, sollte, müssten wir hier fündig werden. Weil aus den Quellen keine weiteren Rückschlüsse auf den Schlachtort zu ziehen waren, beschlossen wir deshalb, eine weitere Eingrenzung erst nach erneuter Ortsbesichtigung dieses Gebietes vorzunehmen.

V. Die Suche nach dem Schlachtort

Weil viele Historiker und Archäologen den Schlachtort nördlich der Lippe und diesseits oder jenseits des Teutoburger Waldes suchten, ihn aber bisher nicht gefunden hatten, und für den Drususzug zur Weser immer die nördlichen Passstraßen über den Teutoburger Wald zwischen Bielefeld und Horn favorisierten, fragten wir uns, ob diese nördlichen Passagen zur damaligen Zeit überhaupt möglich waren. Auf jeden Fall wollten wir mit unserer Suche zunächst südlich der Lippe beginnen, um uns erst dann, bei negativem Ergebnis, den nördlichen Passstraßen zu zuwenden. Betrachtet man zunächst die frühen Straßen des Paderborner Raumes, so verlaufen alle wesentlichen Trassen des Nordsüd- und Ostwestverkehrs östlich von Paderborn und südlich der Lippe. Nördlich der Stadt Paderborn vorgelagert, befindet sich die Senne. Bereits W. Tappe, wie Koch bestätigt, ein gründlicher Kenner der Sennelandschaft, erkannte, dass

„eine willkürliche Durchquerung der großen Heideflächen indessen unmöglich war. Schon der Heidewuchs bot ein Hindernis, war doch nach den Berichten der ersten Ansiedler die unberührte Heide fast brusthoch. Ihre Stängel hatten oft Flaschenhalsdicke, sie konnten nur mit Beilen entfernt werden. Mehr noch als die Vegetation zwang die Gestalt der Senneoberfläche zur Innehaltung bestimmter Wegelinien. So lässt sich die Senne in drei Zonen aufgliedern:
1. Die quellenlose nördliche Randzone, die nur von den Gebirgsbächen Strothe und Menkhauser Bach geschnitten wird;
2. die Zone der Erosionsschluchten und
3. die Zone der Bachüberhöhungen.
Das Sumpfgebiet der letzteren Zone findet eine Fortsetzung in Niedermoorbildungen des Truppenübungsplatzes und in moorigen Bezirken, die südlich der beiden Mergelinseln bei Stukenbrock und bei Oesterholz vorliegen."[128]

---

[128] Tappe: *Die wahre Gegend und dreitägige Hermannschlacht,*
100

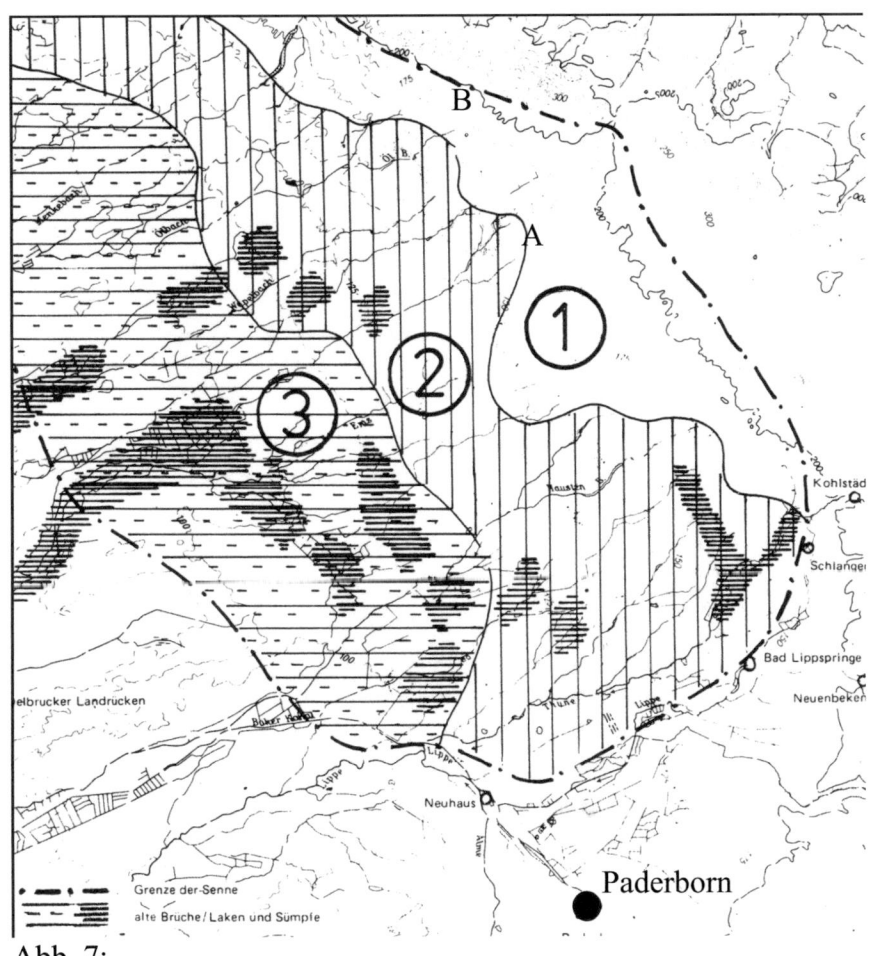

Abb. 7:
Die hydrograph.-morphologische Beschaffenheit der Senne[129]
A Augustdorf   B Hof Schapeler

Mit Sicherheit lässt sich deshalb aus den Arbeiten Kochs[130] schließen, dass die Senne ehedem nach Süden und Südwesten durch einen breiten Sumpfgürtel abgeschlossen war. In der mittleren Zone der

---

[129] Koch: *Frühe Straßen in der ostwestfälischen Bucht* S.6 und nach Copei LV Nr.1 S. 158 ff.
[130] Koch: *Frühe Straßen in der ostwestfälischen Bucht*, S. 158 ff.

Erosionsschluchten waren die nach Südwesten streichenden Bachläufe ohne Baumaßnahmen ein schwer zu überwindendes Hindernis für einen nach Norden, Nordwesten und Westen gerichteten Fuhrverkehr. Man muss deshalb aus den Arbeiten Tappes, Kochs und Copeis folgern, dass die Römer, um nach Aliso/Paderborn und zum Schlachtfeld zu gelangen, wegen der damaligen topographischen Gegebenheiten, nur die Möglichkeit hatten auf vier Wegen diese Lager zu erreichen,

1. vom Süden aus Richtung Mainz über die Eresburg und die östliche Wasserscheide an Paderborn vorbei in Richtung Norden,
2. vom Westen südlich der Lippe über die Almefurten bei Barkhusen an Paderborn vorbei über den Delbrücker - oder den Lippstädter Weg,
3. vom Westen nördlich der Lippe, was zunächst die Anlage von Dämmen und Überbrückungen des Haustenbaches, der Ems und des Furlbaches notwendig machte und
4. vom Norden beziehungsweise Nordwesten nach Durchquerung der unwirtlichen Sennelandschaft, was allerdings im Jahre 15 n. Chr. dem Germanicus erst nach Überbrückung der Sümpfe und Moore gelang.

Wir waren deshalb sicher, dass Germanicus im Jahre 15 n. Chr. von seinem Treffpunkt an der Ems aus mit seinem Heer über Brücken und Knüppeldämme, die Caecina mit seinen Pionieren extra angelegt hatte, durch die Senne marschierte. Nur auf diesem Weg konnten die Römer nach zwei vergeblichen Versuchen die Germanen überraschen, weil Arminius wegen der schwierigen Passage dieses Gebietes mit einem Angriff von dieser Seite nicht rechnete. Zudem weist gerade die Beschreibung des Tacitus in fast allen wesentlichen Einzelheiten auf diesen Landstrich hin. Unsere Kritiker wollen wir deshalb an dieser Stelle fragen: Wo gibt es in Germanien im Bereich der damaligen römisch-germanischen Auseinandersetzung noch ein Gebiet, das von den Flüssen Ems und Lippe ausgehend durch „Waldschluchten", „Flussüberquerungen", „feuchte Sümpfe und Moorwiesen" gekennzeichnet ist? Vom Drususzug 11 v. Chr. ist bekannt, dass Drusus südlich der Lippe zur Weser zog und dieses Gebiet berührt haben muss. Wo aber hat er die Alme überquert? Ein früher Übergang über die Alme bei Elsen ist unsicher, weil nach der Überlieferung der große und der kleine Hellweg die Almefurt bei Barkhusen in Richtung Paderborn nahmen. Ferner ließ das feuchte Niederungsgebiet im Norden der Stadt keinen Durchgangsverkehr in früher Zeit zu[131] und der Ort an den Paderquellen wurde noch zu Zeiten Karls des Großen im Wesentlichen nur aus militärstrategischen und nicht aus verkehrstechnischen Gründen zur Anlage einer karolingischen Pfalz gewählt. Weil auch die Almeübergänge bei Nord- und Kirchborchen in früher Zeit lediglich in Feuchtgebiete[132] führten, konnte Drusus mit seinem Heer die Alme eigentlich nur bei Barkhusen überquert haben. Von hier aus hat er auf seinem Weg über das Gebirge die Wasserscheidenstraße der ostwestfälischen Bucht berührt und zumindest die Kreuzungspunkte bei Dahl oder am Hengberg passiert. Wie bereits Koch nachweisen konnte, führten die für den Paderborner Raum bedeutsamsten Übergänge bei Veldrom, Altenbeken, Buke und Schwaney über das Gebirge in Richtung Weser. Überprüft man die angegebenen Straßenführungen der ostwestfälischen Bucht auf einer Karte, so fallen sofort mehrere verkehrstechnisch wichtige Kreuzungspunkte ins Auge:

1. die Kreuzung bei Dahl,
2. die Kreuzung am Driburger Hellweg auf dem Hengberg und
3. die Kreuzung am Horner Hellweg bei Neuenbeken.

Alle diese Kreuzungen waren weniger als einen Tagesmarsch von Aliso/Paderborn entfernt und für die Kreuzungen 2 und 3 lag Aliso zudem auf dem direkten Rückzugsweg zum Rhein. Wichtig, strategisch und verkehrstechnisch ebenso wertvoll als Standort des Varuslagers waren sicher auch die Abzweigungen der Passstraßen bei Veldrom.
Wir nahmen uns deshalb vor, an diesen Kreuzungen und den Straßen zu den Pässen über das Eggegebirge von Herbram nach Neuenheerse, von Buke nach Driburg, von Altenbeken nach Reelsen, von Veldrom nach Leopoldstal und von Kohlstädt nach Horn den nächsten Versuch zu starten, das Rätsel des Untergangs der varianischen Legionen zu

---

[131] Koch: *Frühe Straßen in der ostwestfälischen Bucht*, S. 178
[132] Koch: *Frühe Straßen in der ostwestfälischen Bucht*, S. 151

lösen. Es dauerte eine Weile, bis wir uns aus beruflichen Gründen endlich die Zeit nehmen konnten, die beschriebenen Kreuzungspunkte der Wasserscheidenstraßen in der ostwestfälischen Bucht aufzusuchen. Wir beschlossen, zunächst die Südnordroute zu nehmen, verließen deshalb die Kasseler Autobahn in Richtung Scherfede, nahmen die B 68 nach Lichtenau und bogen hinter dem Ort nach Ebbinghausen ab. Wir erreichten so die von Süden über Atteln kommende Wasserscheidenstraße und wunderten uns, dass in früherer Zeit die Fuhrwerke den steilen Anstieg hinter Ebbinghausen genommen haben sollten, wo doch die Wege von Dahlheim über Lichtenau nach Willebadessen oder von Herbram nach Neuenheerse viel einfacher zu bezwingen waren. Nach Erreichen der Höhe hatten wir eine herrliche Aussicht über die Paderborner Bucht, fuhren weiter über Busch, Dörenhagen, Dahl, überquerten die B 64 am Hengberg und folgten der Straße bis nach Neuenbeken. Der Kreuzungspunkt der Wasserscheidenstraßen bei Dahl sowie der Schnittpunkt der Ostwest- mit der Nordsüdroute am Driburger Hellweg erschienen uns bei näherer Betrachtung ungeeignet als Standort für ein römisches Lager. Der Boden war steinig und nur mit einer dünnen Schicht Mutterboden bedeckt, außerdem trocken und es fehlte an Wasser. Auch Neuenbeken war, im Gegensatz zu den Darstellungen auf den Karten, inzwischen vollständig bebaut, ohne dass bei dieser Bautätigkeit vermehrt römische Spuren entdeckt worden waren. Zudem sprechen die Flussnamen Dur- oder Steinbeke nicht für ständigen Wasserreichtum. Wir setzten deswegen unsere Suche fort und folgten dem Horner Hellweg, bis er als Forststraße im Lippspringer Wald verschwand, und nahmen den Hildesheimer Hellweg (L 755) ostwärts in Richtung Altenbeken. Dann bogen wir auf die L 828 nach Veldrom ab. Auch dort wurden wir nicht fündig, etwas fehlte immer. Entsprach die Größe eines Areals in etwa der Grundfläche des gesuchten Lagers von etwa 50 – 70 ha, lag dieser Ort entweder an einer strategisch ungünstigen Stelle oder es war kein Wasser vorhanden. Nirgendwo auf der Fahrt fanden wir einen Platz, der den von uns geforderten Bedingungen entsprochen hätte. Enttäuscht kehrten wir zurück, zwar wieder um eine Hoffnung ärmer, doch jetzt waren wir zumindest sicher, dass das Sommerlager nicht südlich des Lippelaufes gelegen haben konnte.

Trotzdem, allmählich dämmerte es uns, dass unser „varianisches Projekt" erneut zu scheitern drohte. Zu Hause angekommen, gingen wir in Gedanken nochmals all unsere Schritte durch. Wo lag der Fehler? Was hatten wir übersehen? Wir kannten fast alle Quellen auswendig, trotzdem begannen wir wieder bei Tacitus. Was war mit den „heiligen Hainen"? Diesen Hinweis hatten wir zwar immer gelesen, aber bisher nicht ausreichend beachtet. Tacitus hat in den *Annalen* immer genau berichtet, wir konnten ihm jedenfalls noch keinen wesentlichen Fehler nachweisen. Warum also sollte er sich gerade in diesem Punkt irren? Tacitus beschrieb in seinem Bericht über die Auffindung des Lagers durch Germanicus, dass in der unmittelbaren Nachbarschaft dieses Lagers die heiligen Haine lagen:

„In den benachbarten Hainen standen die Altäre der Barbaren, an denen sie die Tribunen und Centurionen ersten Ranges geschlachtet hatten."[133]

Bei dieser Schilderung hat man den Eindruck, dass dem Germanicus direkt vom Lager aus, die Altäre der Barbaren und die an den Bäumen befestigten Pferdeschädel gezeigt wurden. Die heiligen Haine müssen deshalb in unmittelbarer Nähe des Varuslagers gelegen haben. Dieser wichtige Hinweis, das hatten wir übersehen, sprach gegen die Ansetzung der Schlacht bei Kalkriese, denn germanische Kultstätten waren in diesem Bereich bisher nicht nachgewiesen worden. An diesem Punkt angekommen, fassten wir nochmals die Bedingungen zusammen, die der Schlachtort erfüllen musste:

1. Der Schlachtort sollte an einer wichtigen Wasserscheidenstraße, Ostwest- oder Nordsüdroute oder zumindest an einer Passstraße über das Gebirge liegen.
2. Die Wasserversorgung musste durch einen Fluss oder Quellen gesichert sein.
3. In unmittelbarer Nachbarschaft dieser Stelle mussten germanische Heiligtümer zu finden sein.

---

[133] Tacitus: *Annalen* I/61

4. Der Ort sollte bis heute wenig besiedelt, kaum durch Ackerbau bewirtschaftet und möglichst bewaldet sein.

5. Das Lager musste diesseits, zumindest aber im Bereich des Teutoburger Waldes und höchstens 20 – 25 Kilometer von Paderborn/Aliso oder der Lippe entfernt liegen.

6. Germanicus und Caecina durften dieses Gebiet bei ihren Zügen 14 und im Frühjahr 15 n. Chr. nicht berührt haben.

Damit auch dieser Versuch, das Lager zu finden, nicht wieder vorzeitig scheiterte, beschlossen wir, uns zunächst mit den germanischen Religionen, ihren „kultischen Feiern" und ihren Heiligtümern, insbesondere im ostwestfälischen Raum, zu befassen. Die Entstehung der Kultstätten unserer Vorfahren erklärt Gisela Graichen folgendermaßen:

„Der mythisch gedachte Anfang der Welt offenbarte sich unseren Ahnen in ihren Naturheiligtümern, die nicht gegründet, sondern gefunden wurden. Auffällige Erscheinungen wie eine brodelnde Quelle, eine Bergkuppe, ein plötzlich aus dem Walddunkel herausragender Fels oder ein alter Baum, in den der Blitz eingeschlagen hatte, ließen die Nähe des Göttlichen erahnen. Hier waren die ›natürlichen‹ heiligen Stätten, bei denen man eher in Verbindung mit den jenseitigen Mächten trat, als an anderen Plätzen."[134]

Auch Tacitus befasst sich in seiner *Germania* mit den Göttern der Germanen:

„Im Übrigen halten sie es mit der Erhabenheit der Himmlischen für unvereinbar, Götter in Wände einzuschließen und sie irgendwie menschenähnlich darzustellen. Nur Lichtungen und Haine weihten sie ihnen."[135]

Selbst E. Nack beschäftigt sich eingehend in seinem Buch *Germanien* mit den Religionen der Germanen und schreibt über die Heiligtümer:

„Opferstätte der Germanen war ein geweihter Wald, ein heiliger Berg oder eine andere Örtlichkeit, wo sie sich ihren Göttern näher fühlten. Daher haben die Völker auch noch in christlicher Zeit das Bedürfnis gehabt, draußen unter freiem Himmel zu beten, [...]. In

---

[134] Graichen Gisela: *Das Kultplatzbuch*, S. 38
[135] Tacitus: *Germania* Kapitel 9

den heiligen Hainen stand der Opferstein. Dort fanden auch Volksversammlungen statt und wurde Gericht gehalten, denn Thing und Rechtsspruch standen unter göttlichem Schutz und erhielten durch den Bannkreis der heiligen Stätte ihre höhere Weihe. Bei den großen Feiern der jahreszeitlichen Feste im Herbst, zu Neujahr und im Frühling war eine größere Aufmachung üblich. Man opferte vor allem Tiere [...]. Das Opfermahl, bei dem die Gottheit ursprünglich gegenwärtig gedacht war, sollte die Verbindung noch inniger machen [...]. Das hochgestimmte Beisammensein der festlich geschmückten Teilnehmer schloss das innere Band noch enger, bot den Angehörigen verschiedener Stämme Gelegenheit, ihre wechselseitigen Beziehungen zu vertiefen. Die großen Hauptfeiern beschränkten sich nicht auf einzelne Stämme, sondern es fanden sich alljährlich Abordnungen verschiedener Zweigvölker zu einer großen, eindrucksvollen Kultgemeinschaft zusammen. Man versammelte sich an bestimmten Orten wie z.B. im Bundesheiligtum an den Externsteinen bei Detmold."[136]

Nun war zwar gerade dort archäologisch durch Ausgrabungsfunde bisher nichts bewiesen, aber es war vorstellbar, dass die Stämme der Germanen an einem solchen Ort zusammenkamen, um ihre großen Kultfeste zu feiern. Wir entschlossen uns deshalb, die im Bereich des Teutoburger Waldes und des Eggegebirges heute noch als ehemalige Kultplätze anzusprechenden Orte, wie den Opferstein bei Leopoldstal, die Umgebung der Externsteine, die Bergkuppe Velmerstot und den Feldrömer Berg näher in Augenschein zu nehmen. Nach wiederholter Besichtigung dieser „heiligen Stätten" hielten wir es für durchaus möglich, dass die drei Felsen im Tal der Wimbeke (Externsteine) sowie die felsigen Bergkuppen oberhalb von Veldrom in früherer Zeit den Germanen als Opferstätten gedient haben könnten. Auch heute hat man vom Plateau des Eberberges, westlich von Veldrom, eine gute Sicht auf die wahrscheinlich schon in der Vergangenheit unbewaldete Bergkuppe Velmerstot. Ein ähnlicher Ort in der Nähe germanischer Heiligtümer, auf jeden Fall westlich des Gebirges, muss es jedoch gewesen

---

[136] Nack E.: *Germanien*, S. 121

sein, denn man kann sicher davon ausgehen, dass Arminius, als Germanicus im Jahre 15 n. Chr. in Germanien einmarschierte, alle bekannten Heerwege und Passstraßen permanent überwachen ließ. Germanicus musste deshalb, wollte er unbehelligt das Schlachtfeld aufsuchen, den schwierigen Weg durch die für unpassierbar geltende Senne wählen. Nur auf diesem Weg konnte er die Germanen überraschen, ohne Störung den Grabhügel für die gefallenen Soldaten errichten und den Altar für seinen Vater wiederherstellen. Bei dieser Gelegenheit, ohne dass dies von Tacitus besonders erwähnt wurde, besetzte Germanicus wieder das Lager Aliso. Bei nochmaligem Studium dieser Stelle fiel uns auf, dass Tacitus im Jahre 15 n. Chr. den Weg der Römer zum Sommerlager des Varus ausführlich beschrieb. Während der Leichenfeier erscheint Arminius, die römische Reiterei folgte den Germanen in unwegsame Gegenden und wurde dabei in einen Sumpf gedrängt. Ein großer Teil des römischen Heeres stand Germanicus zu diesem Zeitpunkt nicht zur Verfügung, weil er gleichzeitig das Lager Aliso wiederherstellen ließ. Jedenfalls führte der Kriegszug des Jahres 15 n. Chr. von der Ems durch die Senne zum Schlachtfeld und erst später nach Aliso, bevor Germanicus, nach unentschiedenem Kampf, den Rückzug zur Ems befahl. Im Frühjahr 16 n. Chr. zog Germanicus wahrscheinlich über den Haarweg südlich der Lippe in Richtung des an der Lippe liegenden Kastells (Aliso), das erneut von den Germanen belagert wurde. Nach Tacitus suchten die Römer anschließend nochmals den Bereich des Sommerlagers auf, um den Drususaltar wiederherzustellen. Danach kehrte Germanicus zunächst an den Rhein zurück, schiffte sich ein, um dann von der Emsmündung aus in die östlich gelegenen Gebiete zur Weser zu marschieren. Welche Schlussfolgerungen konnten wir aus dem bisher Gesagten ziehen?

1. Im Norden oder Nordwesten des Schlachtfeldes müssen Sümpfe und Moorwiesen liegen, und von der Ems aus müssen, um an diesen Ort zu gelangen, mehrere Bäche überquert werden.

2. Auf dem Weg von der Ems aus kommt man zunächst auf das Schlachtfeld und erst später nach Aliso.

3. Auf der südlichen Lipperoute berührt man zunächst Aliso und gelangt danach erst auf das Schlachtfeld.

4. Im Bereich der Quellgebiete der Ems und der Lippe muss ein Gebirge mit Schluchten zu finden sein.

5. Das Schlachtfeld muss diesseits des Teutoburger Waldes oder mindestens im Bereich dieses Gebirges liegen.

Um unseren Kritikern ihre Zweifel, gerade an dieser letzten Bedingung zur Lage des Schlachtfeldes zu nehmen, wollen wir gleich begründen, wie wir insbesondere zu dieser letzten Annahme kommen. Warum, fragten wir uns, marschierte Germanicus, wie Tacitus in *Annalen* II/7 und 8 berichtet, im Jahre 16 n. Chr. nach Aufsuchen des Schlachtfeldes und Wiederherstellung des Drususaltars erst wieder zum Rhein, um dann mit der Flotte zur Emsmündung zu fahren und sich anschließend mit dem Heer zur Weser zu begeben? Dies ergibt doch keinen Sinn, wenn das Sommerlager des Varus jenseits der Gebirgskette des Teutoburger Waldes gelegen hat. Dies ist unserer Ansicht nach ein weiteres Hauptargument gegen die Ansetzung des Sommerlagers bei Minden an der Weser, weil von hier aus, an der Grenze des Stammlandes der Cherusker, Germanicus mit seinem Heer den Feldzug gegen die Cherusker hätte fortsetzen müssen, anstatt zum Rhein zurückzukehren. Im Sommer des Jahres 15 n. Chr. waren jedoch die Ziele des Heereszuges zunächst die Niederwerfung der Brukterer und das Aufsuchen des Schlachtfeldes. Trotzdem kam es bei dieser Gelegenheit bereits zu einer Auseinandersetzung mit den Cheruskern, denn Tacitus berichtet:

„Germanicus folgte nun dem in unwegsame Gegenden zurückweichenden Arminius, befiehlt seiner Reiterei, bei der ersten Gelegenheit vor zu sprengen und das Feld zu nehmen, auf dem sich der Feind festgesetzt hatte. Arminius, der seinen Leuten Weisung gegeben hatte, sich zu sammeln und näher an die Waldungen heranzurücken, ließ plötzlich schwenken und gab dann auch denen das Zeichen zum Hervorbrechen, die er in einer Schlucht versteckt hatte. Da wurde die römische Reiterei durch die neu auftauchende Front in Verwirrung gebracht; die zu ihrer Unterstützung nachgesandten Reservekohorten, die in den Zug der Fliehenden gerieten, vergrößerten noch die Unordnung. Sie alle wären in einen Sumpf gedrängt worden, der den Siegern bekannt, den Unkundigen gefährlich war, hätte der

Caesar nicht die Legionen vorgeführt und in Schlachtordnung entwickelt. Das erfüllte die Feinde mit Schrecken."[137]
Mit dem „unwegsamen Gelände", dem „näher an die Waldungen Heranrücken", dem „Hervorbrechen, die er in einer Schlucht versteckt hatte" kann nur die Gegend diesseits des Gebirges (Senne, Sümpfe, Wald und Schluchten) gemeint sein, denn jenseits des Teutoburger Waldes befindet sich eine ebene Heidefläche, die frei von Sümpfen ist. Auch der Hinweis, dass die „nachgesandten Reservekohorten", die im Rücken der Reiterei stationiert waren und die fliehende Reiterei in Unordnung brachten, spricht ebenfalls dafür, dass dieser Kampf diesseits und nicht jenseits des Gebirges stattfand. Betrachtet man nach diesen Ausführungen erneut die Skizze von der Paderborner Bucht, muss das Sommerlager des Varus innerhalb des um Paderborn gezogenen Kreisbogens liegen. Weil aber germanische Heiligtümer heute nur noch im Bereich zwischen Kempen, den Externsteinen und Heidenoldendorf aufzufinden sind, mussten wir unsere Suche auf diese Orte und ihr westliches Umfeld konzentrieren. Zum wiederholten Mal überprüften wir nochmal, ob alle für das Schlachtfeld geforderten Voraussetzungen zutreffend waren. Wir zogen deshalb in die Skizze der Paderborner Bucht 2 zwei Tangenten zum Verlauf der Flüsse Ems und Lippe und beschlossen, uns bei der weiteren Suche auf den schraffierten Bereich dieses Kreissektors zu beschränken.

1. Alle Orte in dem schraffierten Sektor sind höchstens einen Tagesmarsch von Paderborn/Aliso entfernt.
2. Auf dem Weg von der Ems hierher passiert man Schluchten, Wälder und Sümpfe, gelangt zuerst zum Schlachtfeld (Sommerlager) und dann nach Paderborn/Aliso.
3. Auf dem Weg südlich der Lippe kommt man zuerst nach Paderborn/Aliso und erreicht dann das Sommerlager.
4. Vom Sommerlager aus kann man, wenn man zum Rhein will, sowohl nach Paderborn/Aliso als auch in Richtung der im Bereich der Lippe angelegten Römerstraßen fliehen.

---

[137] Tacitus: *Annalen* I/63

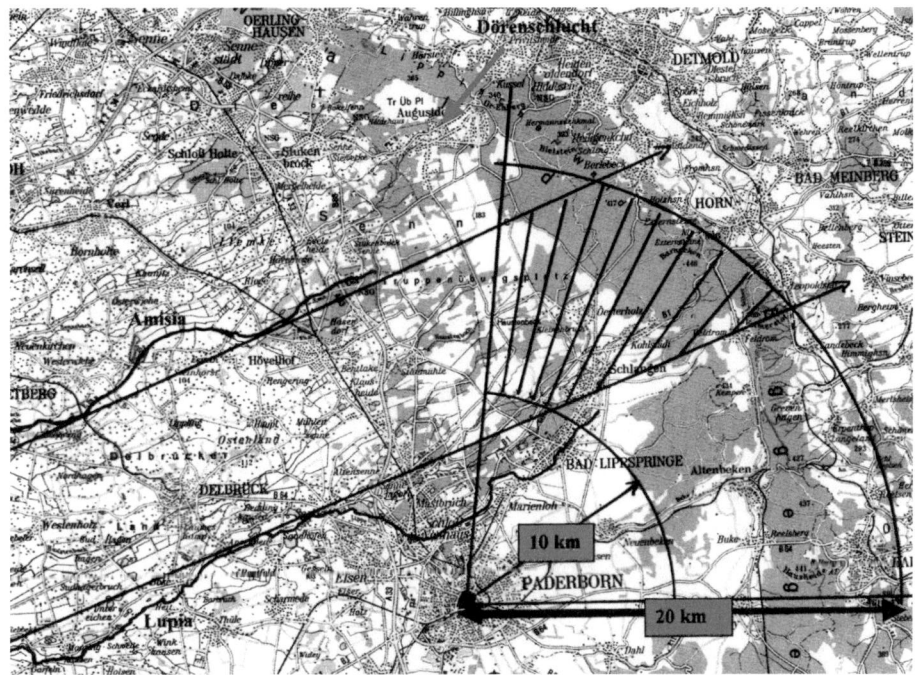

Abb. 8:
Skizze der Paderborner Bucht 2: Die Suche nach dem Schlachtfeld haben wir zunächst auf den schraffierten Sektor dieser Skizze begrenzt.

5. Dieses Gebiet entspricht genau der Beschreibung des Tacitus, wonach der Heereszug des Germanicus im Jahre 15 n. Chr. „ad ultimos Brukterorum" führte, wo die Reste der Legionen und ihres Führers Varus „haud procul Teutoburgiensi saltu" noch unbestattet lagen.
6. Nur in diesem Bereich gibt es überall, teilweise heute noch erhaltene heidnische Kultstätten. Wir wollen in diesem Zusammenhang besonders die Externsteine, den Opferstein bei Leopoldstal und den Altarstein in der Nähe der Grotenburg erwähnen. Auch die Bergkuppe Velmerstot, der Feldrömer Berg und das Hügelheiligtum bei Oesterholz sind als heidnische Kultstätten denkbar. Wir müssen allerdings zugeben, dass viele dieser Stätten in Beziehung zu dem gesuchten Areal nicht gerade mit dem Ausdruck „nahe gelegen, benachbart" bezeichnet

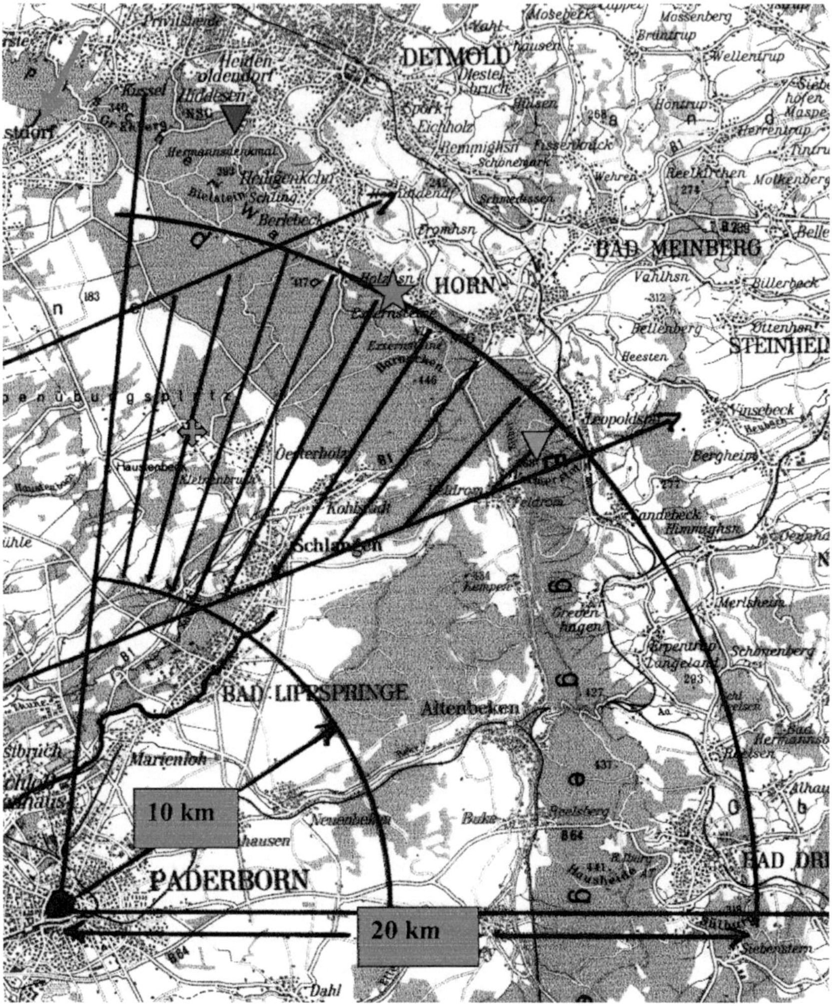

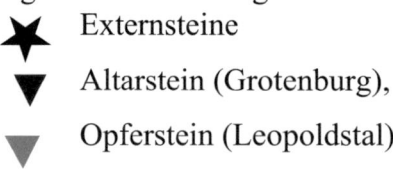
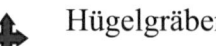

Abb. 9:

Bekannte germanische Heiligtümer in der Paderborner Bucht 3:

✶ Externsteine

▼ Altarstein (Grotenburg),

▽ Opferstein (Leopoldstal)

✛ Hügelgräber

werden können. Trotzdem wollen wir auf die sonst nirgends anzutreffende Häufung solcher Kultstätten hinweisen und gleichzeitig die Möglichkeit andeuten, dass es hier in der Ebene ebenfalls heidnische Heiligtümer (Moore, Sümpfe, Haine, Quellen) gegeben haben mag.

7. Eine ausreichende Wasserversorgung war unbedingte Voraussetzung für die Anlage eines jeden römischen Lagers. Diese gibt es, wie auf der Karte (siehe Abb. 7, Seite 101) dargestellt, in diesem Sektor zwar in der Zone der Erosionstäler (2) und auch im Grenzbereich zur Zone (3), jedoch scheint uns dieses Gelände zu feucht, zu sumpfig und in vielen Bereichen zu uneben für die Anlage eines Drei-Legionen-Lagers. Fast überall in der quellen- und bachfreien Trockenzone (1) ist es dagegen zu trocken. Nur im Bereich der Quellgebiete des Menckebaches, der Ems (Ölbach), des Furlbaches und der Strothe war deshalb die Anlage eines so großen Lagers schon wegen der günstigen Wasserversorgung und des ebenen, sandigen Bodens möglich. Oberhalb dieses Gebietes, das hatten wir selbst bei der Begehung des lippischen Waldes festgestellt, wird die Landschaft durch Taleinschnitte und bergige Erhebungen so uneben, dass nirgends eine einigermaßen ebene Fläche von etwa 50 ha zu finden ist, auf die zusätzlich die Beschreibung des Tacitus „mitten auf dem Feld" gepasst hätte. Ferner waren wir seit jeher der Ansicht, dass die Römer, vielleicht mit Ausnahme der Notlage in der das Lager Aliso geschanzt wurde, ihre Sommerlager damals vor allem in Ebenen anlegten, denn Germanien galt zum damaligen Zeitpunkt fast schon als römische Provinz. Warum also hätten die Römer gerade dieses Sommerlager auf einem Berg schanzen sollen? Warum hätten sie sich der Mühe unterziehen sollen, täglich ihr Wasser aus der Ebene ins Lager zu schleppen? Die Anlage eines solch großen Hauptquartiers, in dem Varus den ganzen Sommer Recht sprach, erfolgte unserer Ansicht nach schon aus diesem Grund eher auf einer quellreichen, ebenen Fläche. Zudem hielten wir es für sehr wahrscheinlich, dass, wenn Drusus dieses Lager nicht an einer so günstigen Stelle geschanzt hätte, vom bequemen Varus sicher ein neues Lager mit eben diesen Voraussetzungen angelegt worden wäre. Um bei unserer Suche weiterzukommen, zogen wir deshalb nochmals den Velleius Paterculus zurate, dem wir in dieser Hinsicht besonders trauten, weil er als einziger Autor sowohl

Zeitgenosse der Ereignisse war als auch aus eigener Anschauung den Ort der Katastrophe genau kannte. Wenn der „Schlachtort" also wirklich mit dem Sommerlager des Varus gleichzusetzen war, musste es in der Tat, wie Velleius Paterculus in seiner *Historia romana* sagt: „inclusus silvis, paludibus"[138] auch von Wäldern und Sümpfen umgeben gewesen sein. Auch Florus scheint das zu bestätigen, weil er schreibt, dass diese Schlacht an einem Ort, der von „Sümpfen und Wäldern umgeben[139] war, stattfand.

8. Das Sommerlager/Schlachtfeld musste äußerst verkehrsgünstig angelegt sein, und gerade in diesem schraffierten Sektor befanden sich seit jeher die wichtigsten Straßen zu den Pässen über den Teutoburger Wald.

Nach all unseren Interpretationen, Untersuchungen und bisherigen Erwägungen waren wir jetzt der Ansicht, dass alle diese geforderten Voraussetzungen nur in dem Gebiet, das von den Lippequellen und von den Orten Schlangen, Oerlinghausen und Stukenbrock begrenzt wird, gegeben waren und die Suche nach dem Schlachtort hier fortgesetzt werden musste. Diese Doppelanlage zwei benachbarter Legionslager (Aliso, Sommerlager) durch Drusus (er war in diesem Sommerlager gestorben) muss aus militärstrategischer Sicht für die Römer so wichtig gewesen sein, dass Tiberius, nach dem Tod des Drusus und nach der Umsiedlung der Sugambrer auf die andere Rheinseite, den Weg vom Rhein bis Aliso durch einen Grenzwall sichern ließ. Die Anlage einer so aufwendigen Fortifikation spricht für uns dafür, dass der Weg südlich der Lippe in Kriegszeiten äußerst unsicher und gefährlich war. Nur im Schutz dieses Grenzwalles konnte man schnell und gefahrlos bis nach Aliso gelangen. Nach seiner Zerstörung durch die Germanen im Anschluss an die Varusniederlage haben deswegen sowohl Tiberius im Jahre 10 n. Chr. als auch Germanicus im Jahre 14 n. Chr. vergeblich versucht, auf dem Lippeweg nach Aliso und zum Schlachtfeld zu gelangen. Beide waren deshalb gezwungen, Tiberius im Jahre 11 n. Chr.

---

[138] Velleius Paterculus: *Historia Romana* II/19.2
[139] Florus: *Abriss der römischen Geschichte,* II/30.38

114

und Germanicus im Jahre 15 n. Chr., den Umweg über die Nordsee zu nehmen. Jetzt verstanden wir auch, warum Germanicus im Jahre 16 n. Chr. besonderen Wert darauf legte „das ganze Gebiet zwischen dem Kastell Aliso und dem Rhein durch neue Grenzwälle und Erdwerke zu befestigen"[140] Selbst, wenn alle unsere Vermutungen zutreffen und in diesem Gebiet der Ort der Varusschlacht lag, warum hat man bisher keine römischen Spuren in diesem Bezirk gefunden? Wir waren erneut ratlos. Intensiv suchten wir deswegen in allen Texten und Veröffentlichungen nach Mitteilungen über römische Funde in der Paderborner Bucht. Von F. Berger gibt es zwar eine Kartierung über römische Fundmünzen bis 14 n. Chr., aber auf dieser Karte[141] ist nur eine Fundhäufung im Teutoburger Wald zwischen Horn und Detmold sowie an der Lippe bei Anreppen festzustellen. Merkwürdigerweise sind auf dieser Darstellung weder bei Neuhaus noch bei Paderborn Hinweise auf römische Fundmünzen eingezeichnet. Schon W. Schlüter zieht deswegen aus den Angaben Bergers in der Einleitung zu seinem Buch *Kalkriese – Römer im Osnabrücker Land* den Schluss, dass die Häufung von Münzfunden in Regionen, wie im Bereich des Teutoburger Waldes, die nicht so viele (germanische) Siedlungsspuren geliefert haben, nichts mit der Varusschlacht zu tun haben, sondern lediglich in Beziehung zu dem von den Römern genutzten Wegenetz stehen. Da wir aber der Auffassung waren, dass die Römer beziehungsweise germanische oder römische Händler mit römischem Geld auch nach der Niederlage des Varus noch diese Straßen genutzt haben müssen, versuchten wir, alle römischen Funde der Kaiserzeit (Sigillatascherben, Münzen, Pilumspitzen) im Gebiet der Paderborner Bucht zu berücksichtigen, um so vielleicht die Strukturen der römischen Okkupation in diesem Bereich deutlicher zum Vorschein zu bringen. Glücklicherweise lasen wir in der Dortmunder Landesbibliothek eine Abhandlung über *Die Fundmünzen der römischen Zeit in Deutschland*, Abteilung 6 Nordrhein-Westfalen. Nach dem Studium dieses Buches zeichnete sich für uns folgendes Bild ab:

---

[140] Tacitus: *Annalen* II/7
[141] Berger Frank: *Kalkriese - Römer im Osnabrücker Land*, S. 43

Neben der von Berger beschriebenen Fundhäufung im Teutoburger Wald gibt es nach dieser Darstellung auch zahlreiche römische Funde bei Paderborn und zum ersten Mal auch Hinweise auf römische Spuren im Gebiet um Oesterholz. Nur hier irgendwo konnte das Sommerlager des Varus liegen. Hier sollte und mussten wir weitersuchen. Bevor wir wieder in die Paderborner Bucht fuhren, besorgten wir uns vorsorglich vom Landesvermessungsamt Nordrhein-Westfalen in Bonn das digitale Geländemodell DGM 25. Wir wollten sichergehen, dass wir auf unseren Wanderungen durch den lippischen Wald sowie im Bereich der frühen Verkehrsstraßen und der Pässe durch den Teutoburger Wald keine ebene Fläche von mindestens 50 ha übersehen würden. Nach dem Studium der dreidimensionalen Karte waren wir überzeugt: In der Ebene um Oesterholz, bevor die Passstraßen nach Horn und Detmold zu den Höhen des Teutoburger Waldes ansteigen, war, aus militärstrategischer Sicht, ein idealer Platz für die Anlage eines großen Legionslagers. Leider war uns spätestens beim Betrachten der topographischen Karte dieser Gegend auch klar, dass wir im Bereich des Truppenübungsplatzes Augustdorf, des Naturschutzgebietes Lippischer Wald und der Kulturdenkmäler am archäologischen Lehrpfad in Oesterholz niemals die Erlaubnis bekommen würden, unsere Suche mit dem Spaten fortzusetzen. Ein Anruf im Amt für Bodendenkmalpflege in Münster bestätigte uns diese Annahme. Zwar könnten wir, teilte man uns freundlich mit, „überall in Deutschland mit einem Metallsuchgerät herumfuchteln, aber nachgraben, um den tongebenden Gegenstand zu bergen, sei überall unter strenger Strafe verboten". Das war's. Jetzt konnte uns nur noch der Zufall helfen. Wir haben seitdem versucht, unsere Zweifel an der bisherigen wissenschaftlichen Auswertung der Bodenfunde bei Kalkriese zu artikulieren und uns außerdem bemüht, unsere Thesen wiederholt zu diskutieren. Vergebens! Wir predigten tauben Ohren. Verständlicherweise hatten alle die vielen Theorien satt. Nur ja nicht noch eine neue These. Insgeheim, so schien es uns, war man allerorten froh über die bisherigen Funde bei Kalkriese, mochte Varus hier gestorben sein oder nicht, endlich war das Problem gelöst, endlich würden die vielen Hobbyarchäologen und Heimatforscher Ruhe geben. Frustriert legten wir unser „varianisches Projekt" in die Schublade, wir hatten Zeit, so glaubten wir, weil wir fest davon überzeugt waren, dass die Erde die Überreste der Varusschlacht, wo immer sie auch liegen mochten, wie in einem Tresor auf Dauer konservierte. Als sich jedoch die Klagen der Forscher häuften, dass durch sauren Regen und Überdüngung des Bodens fast alle frühgeschichtlichen Überreste im Boden zerstört würden, schreckte uns das auf. Wenn jetzt selbst Eisenteile vorzeitig zerfielen, musste auch wir uns sputen.

Im Januar oder Februar 2001 lasen wir im Internet zufällig den vorläufigen Grundentwurf eines Artikels von Dr. Kühlborn über die Ausgrabungen in Anreppen, der im Delbrüker Stadtanzeiger erscheinen sollte: „Daran, dass der spätere Kaiser Tiberius in Anreppen lebte, hat der Grabungsleiter Dr. Sebastian Kühlborn keinen Zweifel. Der ansonsten in seinem Urteil sehr vorsichtige Archäologe schließt dies aus der ungewöhnlichen Größe eines Gebäudekomplexes im Zentrum des Lagers. Es erfüllte höhere Wohnansprüche und war für eine bedeutende Persönlichkeit bestimmt. ‚Nach Lage der Dinge‘ kann es nur für den Oberkommandierenden der römischen Streitkräfte in Germanien gebaut worden sein. Und das war zu dem Zeitpunkt, als das Lager gebaut wurde, der Adoptivsohn des Kaisers Augustus, Tiberius.‘ [...] In der jüngsten Grabungsperiode, die am 15. November endete, stand aber nicht das Zentrum des Lagers im Mittelpunkt des Interesses. Die Grabung konzentrierte sich auf den östlichen Teil des Lagers. Hier hat einst ein riesiges Speichergebäude gestanden. [...] Das Lager hatte die Form eines Ovals mit ca. 750 m Länge und 330 m Breite und beanspruchte eine Fläche von 23 ha. Die Umwehrung bestand aus einer etwa 3 m breiten Holz-Erde-Mauer und einem 6 m breiten und über 2 m tiefen Spitzgraben. Man ist sich heute sicher, dass es im 1. Jahrzehnt unserer Zeitrechnung entstanden ist und vermutlich im Zusammenhang mit der Varusschlacht aufgegeben wurde. [...] Aus der Anlage und Struktur des Lagers kann als sicher geschlossen werden, dass in Anreppen eine römische Legion stationiert war. [...] Die Lippe spielte als Versorgungsweg sicher eine wichtige Rolle. Ein Großteil der Transporte wird aber über eine breite Römerstraße erfolgt sein. Sie führte im Süden am Lager

vorbei. Da inzwischen deutlich geworden ist, dass sich diese Römerstraße im Osten fortsetzt, ist sich Kühlborn sicher, dass Anreppen
nicht das östlichste Lager war. Es muss noch mindestens ein weiteres Lager gegeben haben."
Wir waren überzeugt, dass diese Hafenanlage in Anreppen mit so großen Magazinen nur dann einen Sinn ergab, wenn weiter östlich noch
ein römisches Lager zu versorgen war. Bernd Rehfuß und mir war sofort klar, dass wir im Bereich der Senne im Umfeld von Augustdorf
weitersuchen mussten. Nur hier konnte das Schlachtfeld liegen. Das
nahe Aliso/Paderborn, die Pässe des Teutoburger Waldes, die Sümpfe
an den Quellen der Ems und der Lippe und nicht zuletzt die Funde aus
der Römischen Kaiserzeit im Bereich des Teutoburger Waldes –, alle
Angaben in den Quellen deuteten auf diesen Bereich der Paderborner
Bucht hin. Hier irgendwo musste das Sommerlager, in dem Drusus gestorben war, zu suchen sein und hier irgendwo war Varus mit seinen
Legionen untergegangen.

VI. Der Standort der heiligen Haine

In der Nähe des Schlachtfeldes liegen die heiligen Haine, heißt es bei
Tacitus, deswegen überprüften wir zunächst, was bei ihm über die Götter der Germanen zu lesen ist.
Tacitus schreibt:
"Tuistonem deum terra editum. ei filium Mannum, originem gentis
conditoremque, Manno tris filios assignant, e quorum nominibus
proximi Ozeanos Ingaevones, medii Herminones, ceteri Istaevones
vocentur."[142]
„Sie preisen in alten Liedern, [...], Tuisto, einen der Erde entspros-
senen Gott. Ihm schreiben sie einen Sohn Mannus als Ursprung und
Gründer ihres Volkes, dem Mannus wiederum drei Söhne zu, nach
deren Namen sich die dem Ozean am nächsten Wohnenden Ingävo-
nen, die in der Mitte Herminonen, die übrigen Istäwonen nennen."

---

[142] Tacitus: *Germania* 2

118

Nach Plinius d.Ä. gehören zu den in der Mitte Wohnenden Herminonen die Sueben, Hermunduren, Chatten und Cherusker.

„Mediterranei Hermiones, quorum Suebi, Hermunduri, Chatti, Cherusci."[143]

Auch Döbler zählt, wie Plinius und Tacitus, zu den „im Binnenland Wohnenden die Herminonen (Irminonen) zu denen die Sueben, Hermunduren, Chatten und Cherusker gehören."[144]

Da wir jetzt sicher waren, dass die Cherusker als ihren höchsten Gott, Irmin, ansahen, können wir davon ausgehen, dass ihre Nachfolger, die Sachsen, ebenfalls diesen Gott anbeteten und ihr Heiligtum deswegen nach ihm benannt haben. Wir machten uns deshalb Gedanken, wo und nach welchen Gesichtspunkten wir jetzt suchen und auf welche landschaftlichen Gegebenheiten wir besonders achten sollten, um den genauen Standort dieses Heiligtums mit seinen heiligen Hainen zu finden.

1. Aus den Quellen wussten wir, dass dieses Heiligtum bereits zum Zeitpunkt, als die Cherusker hier noch lebten, bestanden haben muss. An diesem Ort sollten deswegen bauliche Veränderungen vor 50 v. Chr. nachzuweisen sein.

2. Außerdem gingen wir davon aus, da Arminius nach Tacitus damit prahlte, dass man

„noch heute in den Hainen der Barbaren die römischen Feldzeichen sehen könne, die er den heimischen Göttern geweiht habe,"[145]

und Tacitus dazu noch berichtete, dass

„in den benachbarten Hainen die Altäre der Barbaren standen, an denen sie die Tribunen und Centurionen ersten Ranges geschlachtet hatten,"[ii146]

die Römer in ihrer Wut an diesem Ort nicht nur ihre Soldaten begraben haben, sondern mit Sicherheit auch diese heilige Stätte der Germanen,

[143] Plinius: *Naturalis Historia* 4,100.
[144] Nack E.: *Germanien,* Abstammung, Indoeuropäer und Germanen
[145] Tacitus: *Annalen* I/59
[146] Tacitus: *Annalen* I/61

wie schon die Tamfana der Marser und auch Mattium der Chatten, komplett zerstört haben.

3. Gleichzeitig waren wir überzeugt, dass die Cherusker, nach dem Ende der römischen Germanenkriege im Jahre 16 n. Chr., diese Stätte wiederaufgebaut haben, um an diesem heiligen Ort ihre Opferriten zu verrichten und ihres großen Sieges zu gedenken.

4. Zusätzlich musste, da die Sachsen von Norden später in das Gebiet der Cherusker eingewandert waren, wie in Gamla Uppsala in Schweden und an allen Opferstätten der Nordgermanen, im Bereich ihres Heiligtums wenigstens eine Quelle zu finden sein. Nach den karolingischen Berichten möglicherweise sogar zwei, weil der Mönch Theodrad in der *Translatio sancti Viti*, als man über den geeigneten Ort für den Bau eines karolingischen Klosters im Sachsenland berät, vorschlägt:

„Ich weiß, dass sich auf dem Besitztum meines Vaters ein Ort befindet, wo an beiden Seiten je eine lebendige Quelle entspringt."[147] Wie war dieser Hinweis zu verstehen? Schon W. Matthes weist in seinem Buch *Corvey und die Externsteine* darauf hin, dass diese Formulierung nur bedeuten kann, dass diese Quellen im Bereich eines Bergrückens entspringen, sodass Quellwasser an dieser Wasserscheide zu beiden Seiten in gegensätzlicher Richtung abfließt.[148]

Da wir wussten, dass christliche Kirchen- oder Klostergründungen in der Regel immer auf heidnischen Kultplätzen angelegt wurden, sodass man an solchen Stellen von vorbestehenden Heiligtümern ausgehen kann, galt unser besonderes Interesse der ersten Gründung eines Klosters in Sachsen. Adalhard 1., der Bischof von Corbie und Vetter Karls des Großen, setzte sich nach der Niederlage der Sachsen intensiv für den Bau eines Klosters ein, damit der sächsische Adel in den Lehren des christlichen Glaubens dort unterrichtet werden konnte. Nach der Genehmigung Karls wurde der Mönch Theodrad beauftragt, seine Eltern um die Erlaubnis zu bitten, damit man auf deren Grundstück das

---

[147] Translatio Sancti Viti Hrsg. von F.Stentrup, In: Philippi, Abhandlungen zur Corveyer Geschichtsschreibung. S. 75–100, zitiert auch in W. Matthes, Corvey und die Externsteine, S. 115

[148] Matthes W.: *Corvey und die Externsteine*, S.186 ff.

Kloster erbauen könne. Kurz danach wurde Adlahard I. zur Unterstützung des Sohnes von Karl, Pippin (vorher Karlmann), nach Italien versetzt und nach dessen Tod (810) blieb Adalhard I. als Berater des jungen Königs von Italien, Bernhard, noch dort bis er 814 das Land verlassen musste, weil er nach dem Tod von Karl von Ludwig I. auf die Insel Herium verbannt wurde. Ein zweiter Adalhard begann dann, an dem Ort (816) zu bauen, der **Hethis** genannt wurde.[149] Als Ludwig 821 die Verbannung von Adalhard I. aufhob, besuchte dieser den Ort des Klosterbaus in Sachsen und stellte dabei fest, dass das Kloster an dem Ort des ehemaligen sächsischen Heiligtums erbaut worden war und die sächsischen Mönche dort nach wie vor zu ihren heidnischen Göttern beteten. Adalhard I. war entsetzt, weil das gegen den Willen Karls geschehen war. Was dann passierte, wird in der *Egloga* des Radbert, die dieser Mönch später in seiner Trauer über das Ableben dieses großen Abtes geschrieben hat, berichtet:

> „Denn wo damals der Götze wütete, wo die feindlich gesinnte Macht und die Verehrung des heidnischen Heiligtums das ganze bebaute Land in Unehre gebracht hatte, hat er die Altäre zerstört und zu Schafställen der Herde Christi geweiht. Darauf errichtete er, nachdem der heidnische Hain bis auf die Wurzel beseitigt worden war, für die Mönche weitab von diesem Orte von Grund auf und in vollkommener Weise die geheiligten Klostergebäude.“[150] (Das Kloster Corvey nova im Bereich der Villa Huxori in Höxter)

5. Zu guter Letzt mussten an diesem Ort, wenn germanische Spuren (Punkt 1 und 2) nicht mehr nachzuweisen waren, wenigstens die Verwüstungen der karolingischen Zeit, seien es die von Karl dem Großen oder die etwas späteren vom Corbeyer Abt Adalhard, zu finden sein. Um das Gebiet, auf das sich unsere Suche konzentrieren musste, noch etwas weiter einzuschränken, suchten wir zunächst auf den Karten 1:25000 von Lichtenau, Altenbeken, Horn, Lage und Brackwede nach

---

[149] W. Mathes: Corvey und die Externsteine S.114/115, Philippi: Abhandlung zur Corveyer Geschichtsschreibung S.75 -100
[150] Monumenta Germaniae historica, Pocta Latini aevicarolini III/ S.45-71, Vers 50, W, Mathes: Corvey und die Externsteine, S. 159

Quellen, die auf Bergen entspringen. An folgenden Stellen fanden wir auf den Bergrücken des Eggegebirges, des Osnings und des Teutoburger Waldes Quellbereiche, die jeweils in entgegengesetzter Richtung von den Berghängen abfließen:

1. bei Altenbeken: die Max und Moritz Quelle (Bullerborn),
2. bei Veldrom: die Quelle des Silberbaches, die sowohl nach Veldrom als auch nach Vinsebeck abfließt,
3. an den Externsteinen: die Quellen der Wimbeke und des Zangenbaches sowie die Jakobsquelle,
4. bei Berlebeck: der Wiggenbach und die Berlebecke,
5. an der Dörenschlucht: die Rethlager Quellen und der Hasselbach, beide Quellen fließen allerdings nach Nordosten ab,
6. am Tönsberg im Bereich der Wistinghauser Schlucht: der Snakenbach (Ems) und die Quelle des Haferbaches (Werre),
7. bei Oerlinghausen: der Menkhauser Bach und der Holzkampbach beziehungsweise der Schopkebach.

Weil wir Altenbeken, Veldrom, die Externsteine, Berlebeck und die Dörenschlucht schon mehrfach inspiziert hatten, ohne fündig zu werden, wandten wir diesmal unsere Aufmerksamkeit der Stapelager- und der Wistinghauser Schlucht zu. Wir fuhren also zunächst in Richtung Augustdorf, bogen hinter dem Ort, kurz nachdem die Straße in Richtung Pivitsheide ansteigt, links ab in Richtung Hörste, um dort in Richtung Oerlinghausen und etwas später in die Sackgasse nach Ückenpohl einzubiegen. Von hier aus durchwanderten wir zuerst den relativ breiten Stapelager Pass, wandten uns dann auf dem Hermannsweg zur Wistinghauser Schlucht und marschierten anschließend auf den Tönsberg zum auf den Karten eingezeichneten Sachsenlager. Das Wetter war miserabel, es war kalt, mal schneite, mal hagelte, mal regnete es, und die ganze Bergkuppe war in Nebel eingehüllt. Umso erstaunter waren wir, dort oben noch so gut erhaltene, teilweise doppelt angelegte Wall- und Grabenanlagen zu sehen. Schon beim ersten Anblick fiel uns sofort auf, dass im Gegensatz zu den uns bekannten sächsischen Fluchtburgen die Bergkuppe des Tönsberges von Wällen umkränzt wurde und der gesamte Raum innerhalb dieser Wallanlage nicht eben oder vertieft war, um somit zahlreiche Verteidiger aufnehmen zu können. In der Südwest-ecke befand sich zudem, etwas tiefer am Hang gelegen, eine Quelle, die durch besondere Baumaßnahmen vom Hauptwall eingefasst wurde und in der östlichen Ecke stand die Ruine einer Hünenkapelle. Die Erklä-rungen auf den Hinweisschildern machten deutlich, dass hier bis ins 16. Jahrhundert regelmäßig Wallfahrten stattgefunden hatten, weitere In-formationen könnte man im archäologischen Museum in Oerlinghau-sen bekommen. Wir fuhren direkt dorthin, doch leider war das Museum erst ab April wieder geöffnet. Weil jedoch die Tür des Verkaufsraumes offenstand, gingen wir hinein, besahen uns die dort ausgelegten Bro-schüren und bemerkten, dass wir wohl in eine nicht öffentliche Sitzung des Vorstandes des archäologischen Museums geplatzt waren. Beim Hinausgehen begleitete uns ein freundlicher Herr, der uns auf unsere Fragen mitteilte, dass die archäologischen Grabungen auf dem Töns-berg in den siebziger Jahren von Friedrich Hohenschwert durchgeführt worden waren. Zuhause angekommen besorgten wir uns gleich den *Führer zu archäologischen Denkmälern in Deutschland* Band 10/11 mit dem Beitrag von Hohenschwert über das *Tönsberglager bei Oer-linghausen*, aus dem wir die Passagen über die Grabungen auf dem Tönsberg wegen ihrer Bedeutung für unsere Thesen im Folgenden et-was ausführlicher zitieren:

„Das Tönsberglager, in den meisten Karten als Sachsenlager be-zeichnet, ist eine ältereisenzeitliche Höhenbefestigung, die in säch-sisch-fränkischer Zeit erneut ausgebaut wurde.[151] Man erreicht durch die Wistinghauser Schlucht über den Hauptwanderweg des Teutoburger Waldes, den Hermannsweg, das Lager. Beim Anstieg in der südlichen Flanke des Tönsberges erkennt man am oberen Hang sehr bald die äußeren Sicherungslinien, die im Wechsel aus kleinen Wällen, Gräben und künstlichen Austeilungen mit darüber-liegenden Terrassen bestehen. Nach ca. 230 m laufen diese Linien in der Nähe des Wanderweges, der auf der Trasse der alten

---

[151] Das Tönsberglager bei Oerlinghausen von F. Hohenschwert aus: Führer zu archäologischen Denkmälern in Deutschland, Bd. 11 Der Kreis Lippe II, Kapitel 21. Konrad Theiss Verlag Stuttgart 1985

Zuwegung verläuft, zusammen. Hier setzt, hangabwärts ausschwingend, ein weiteres Wall- und Terrassensystem an. Es läuft in der Südwestecke zusammen, wo eine ergiebige Quelle einbezogen ist. Ein wesentlicher Unterschied zu dem Wall- und Terrassensystem nordöstlich des Weges, der unter dem Waldhumus in steinigem Hangschutt ausgebildet ist, besteht darin, dass auf diesen Terrassen teilweise tiefgründiger Boden mit künstlicher Aufhöhung vorhanden ist.

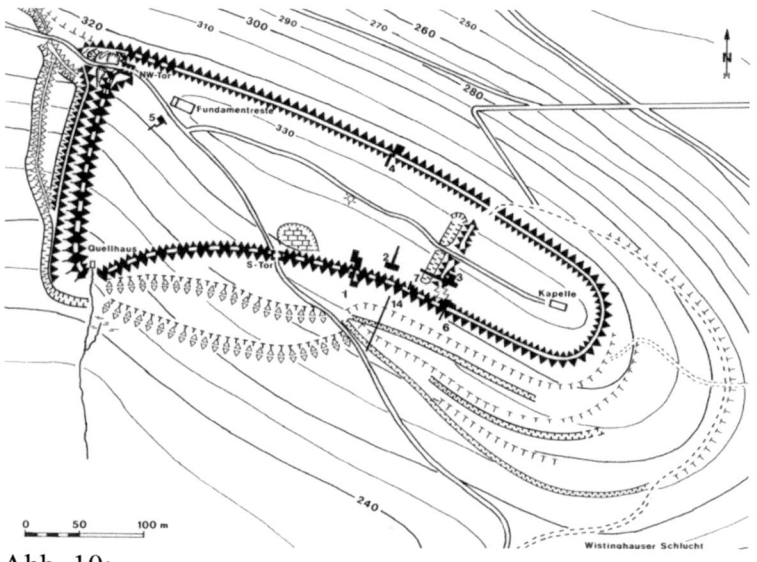

Abb. 10:
Planskizze zum Tönsberglager bei Oerlinghausen[152]

Die Linien sind auf dieser Seite kräftiger ausgebildet und bestehen aus Wall mit Innengraben. An der Nahtstelle dieser beiden Systeme am Weg ist eine alte Torsituation anzunehmen. Nach weiteren 80 m Anstieg ist der Hauptwall erreicht. Hier ergrub Schuchhardt 1892 und 1897 ein einfaches Kammertor mit Mauerstärken von 60–75 cm. Die Durchlassbreite betrug 2,6–2,7 m. Der Innenraum hatte eine

---

[152] Hohenschwert F.: *Der Kreis Lippe II*, Kapitel 21, S. 93,

Breite von 4,5 m und eine Länge von 4,95 m. Entsprechend waren die Torwangen in Längen von 0,75–1 m ausgebildet. Da er auch in der Krone des westlichen Hauptwalles eine bis zu 2,1 m starke Mörtelmauer feststellte, nahm er an, dass es sich beim Tönsberg um eine einheitliche, in frühfränkischer Zeit errichtete sächsische Volksburg handele. In der Nordwestecke legte Schuchhardt ein weiteres Kammertor mit ähnlichen Ausmaßen frei, dass jedoch als Doppeltor ausgebildet zwei zusätzliche Torwangen im Innenraum besaß. Die nach Westen zum langgestreckten Tönsbergrücken hin besonders stark ausgebaute Verteidigungslinie mit mehreren Vorwällen und Gräben verglich er mit den bastionsähnlichen Anlagen an der Herlingsburg. Die schon von L. Hölzermann in der Mitte des 19. Jahrhunderts vertretene Auffassung von einer Mehrperiodigkeit dieser Anlage konnte erst durch Ausgrabungen des Verfassers 1968 und 1972 – 1974 nachgewiesen werden. Dabei wurden im Schnitt 1 und 7 des südlichen Hauptwalles drei Bauperioden ermittelt, zwei latènezeitliche, davon die erste mit einer Holzbohlenwand mit dahinterliegendem Erdwall, eine zweite, in der über dem Brandschutt der Periode 1 ein stärkerer Steinwall aufgeschüttet wurde. Der Sandsteinhangschutt wurde aus einem Materialgraben auf der Innenseite gewonnen. Die Außenfront war durch eine nach innen geneigte Trockenmauer gesichert. Auf der Wallkrone waren die Brandspuren einer Brustwehr erkennbar, die man sich als Flechtzaun vorzustellen hat. Nach der Zerstörung dieser Befestigung wurde der Platz über viele Jahrhunderte wüst. Erst im frühen Mittelalter wurde über einem in der Wallschüttung ausgebildeten schwachen Bodenprofil eine mittelalterliche Doppelschalenmauer in Mörtelbauweise mit 1,6 m Breite errichtet. Durch den breiten Querwall mit tiefem Außengraben wurde Schnitt 3 angelegt. Dabei wurde festgestellt, dass dieser Wall stufenförmig mit nach außen durch Trockenmauerwerk gesicherter Front errichtet war. Zwischen Außenfront und tiefem Graben lag eine ausgeprägte, fast 3 m breite Berme. Unter der 9 m breiten Wallschüttung war die alte latènezeitliche Kulturschicht mit Herdstellen und Pfostenreihen kleiner Hausgrundrisse vorzüglich erhalten. Weiter war hier besonders gut die künstliche Terrassierung

125

des Südhanges mit 6–8 m breiten Streifen als Wohnpodien zu beobachten. Da solche Terrassierungen auch im Schnitt 4 außerhalb des südlichen Hauptwalles und im Schnitt 1 unter dem Wall beobachtet und in den Schnitten 2 und 5 auf den Innenflächen bestätigt wurden, ist davon auszugehen, dass auch wesentliche Teile der Außenanlage den latènezeitlichen Bauperioden zuzurechnen sind. Erst in einer späteren Phase wurde auf zurückgenommener Linie die Befestigung der Hauptwehrlinie errichtet. Im Schnitt 3 durch den Querwall zeigte die an der Basis liegende latènezeitliche Kulturschicht einen Auswaschungs- und Anreicherungshorizont. Damit wurde klar, dass auch dieser Wall erst Jahrhunderte später erbaut wurde. Da die Stellung des Querwalles zum Hauptwall durch den über die Nahtstelle geführten Waldweg nicht mehr klar erkennbar war, wurde hier Schnitt 6 angelegt. Er machte deutlich, dass hier über den zwei latènezeitlichen Bauphasen unter der frühmittelalterlichen Doppelschalenmauer die aus groben Bruchsteinen bestehende frühgeschichtliche Wallschüttung liegt. Damit ist geklärt, warum der südliche Hauptwall von hier weiter nach Osten deutlich stärker ausgeprägt ist. Andererseits hört einige Meter weiter die mittelalterliche Doppelschalenmauer auf. Daraus darf geschlossen werden, dass die in sächsischer Zeit entstandene Verstärkung des Außenwalles der Kernburg noch ausreichte. Die auch im Schnitt 6 zu beobachtende Bodenentwicklung über der latènezeitlichen Wallschüttung einerseits und das vollständige Fehlen einer solchen über der groben Wallschüttung des hier einmündenden Querwalles andererseits, über den sich direkt die Mörtelmauer lagert, lässt erkennen, dass die 3. und 4. Bauperiode kurz aufeinander folgten. Damit sind Anhaltspunkte für eine Datierung des Querwalles, der das Kernwerk abtrennt, in sächsische Zeit gegeben, während der Ausbau in Mörtelbauweise in fränkischer Zeit erfolgte. Auch die Untersuchung der bis dahin durch ältere Raubgrabungen und Steinentnahme stark gestörten Fundamentreste eines gemörtelten Steinbaues in der Nähe des Nordwesttores lassen sich durch Keramikfunde in karolingische Zeit datieren. Gesichert ist bereits, dass es sich um einen in den Außenmaßen 21,60 m langen und 8 m breiten hallenähnlichen Bau mit

80 cm starkem Mauerwerk handelt. Er ist durch eine Innenmauer in einen großen Saal nach Osten mit lichten Maßen von 6,4 x 15 m und eine kleine Vorhalle nach Westen in gleicher Breite bei einer Tiefe von 4,2 m gegliedert. Fundamente auf der Ostseite oder Einbauten im östlichen Teil der Halle, die auf eine Sakralfunktion hingewiesen hätten, konnten seinerzeit leider nicht festgestellt werden. [Wir sind überzeugt, hierfür spricht auch die Geschichte des Tönsberges, dass hier sehr wohl von einer eine Sakralfunktion dieser Hallenkirche ausgegangen werden kann.] Wegen einer auf der Fläche stehenden wertvollen jungen Lärchenkultur mussten die Ausgrabungen abgebrochen und die Befunde zugedeckt werden. Leider hatte der Verfasser und Ausgräber nicht die Gelegenheit, diese Untersuchung zu Ende zu führen, die für die Funktion und Bedeutung des Tönsberges in karolingischer Zeit wichtige Erkenntnisse erwarten ließ.

Abschließend sei noch der ganz anders beschaffene Hauptwall auf der Nordseite beschrieben. Die geologischen Gegebenheiten sind hier andere. Die Nordflanke des Berges ist sehr steil ausgebildet und mit Flugsand bedeckt, der bei vorherrschenden Westwinden in vegetationslosen Zeiten von der Senne herangetragen wurde und den Hangschutt des Osningsandsteins bis zu 1 m mächtig überdeckt. So besteht dieser Wall im Wesentlichen aus einer Schüttung von Sand im Gemenge mit Hangschutt des Osningsandsteins. In dem an einem Wasserriss angelegten Schnitt waren Holzeinbauten nicht zu erkennen. Ungeklärt ist noch die Frage, warum der Querwall mit Graben des abgeteilten Kernwerks im Norden nicht bis zum Hauptwall durchgeführt wurde. Der steilere und für die Besiedlung ungeeignete kalte Nordhang weist keine künstlichen Terrassierungen auf. Der verstärkte Ausbau der Stirnseite des Tönsberges zur Wistinghauser Schlucht hin, die besonders starke Flankensicherung zu dem auf längerer Strecke parallel zum Tönsberg verlaufenden Gebirgsdurchlass auf der Südseite und die starke Sicherung der westlichen Front und des Torbereiches zum Tönsbergrücken hin lassen die strategische Funktion der Burganlage recht deutlich werden. Die Fernsicht in die Münsterländische Bucht, die Kontrolle des oberhalb des Quellhorizontes der Senne verlaufenden alten Hellweges, die Beherrschung

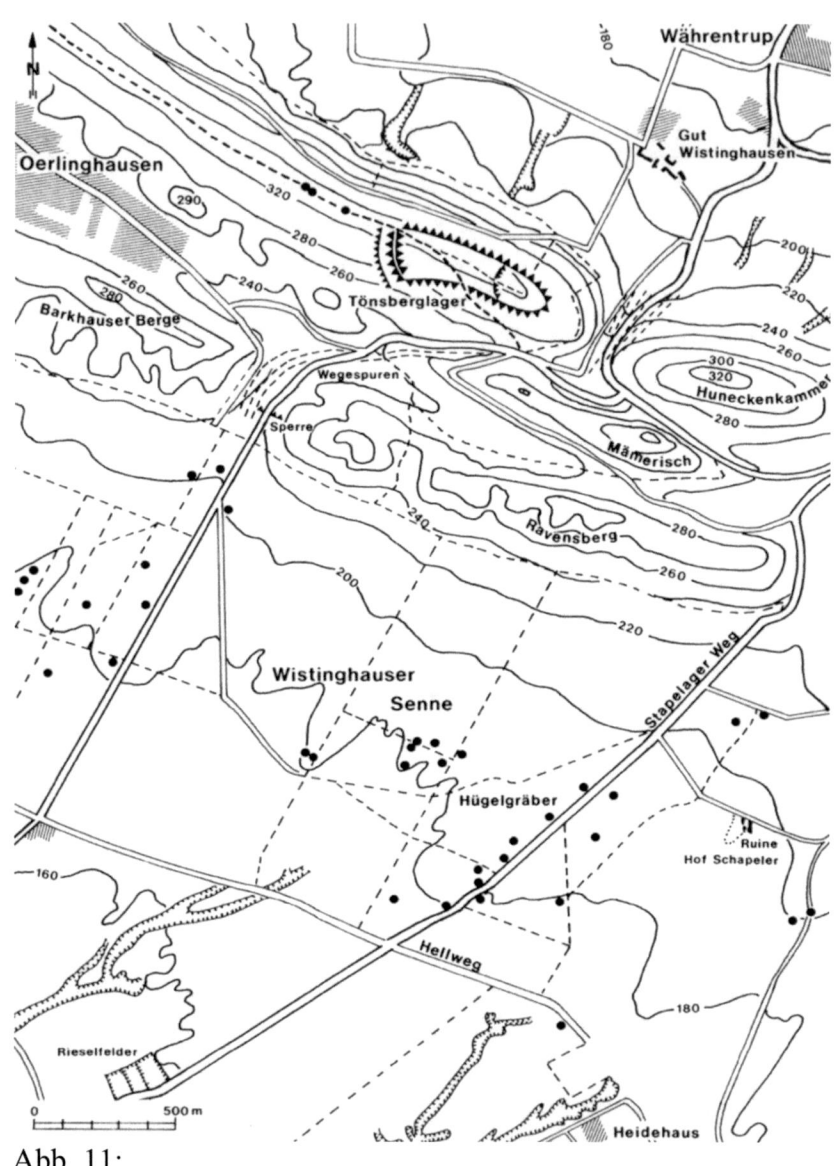

Abb. 11:
Übersichtsplan der Wistinghauser Senne[153]

---

[153] Hohenschwert F.: *Der Kreis Lippe II*, Kapitel 21, S. 101.

der Wistinghauser Schlucht, durch die man vom Senner-Hellweg kommend in die Siedlungskammer beiderseits des Haferbaches bis zur Werre gelangte, und der durch das Lager führende, von bronzezeitlichen Hügelgräbern markierte alte Höhenweg, der hier an den Passweg anschließt, zeigen deutlich, dass für die Anlage der Burg und ihre Wiederbenutzung in frühgeschichtlicher und karolingischer Zeit verkehrsgeographische und strategische Gesichtspunkte entscheidend waren. Der Übersichtsplan macht die Gesamtsituation deutlich und ermöglicht zugleich die Auffindung der am Senne-Hellweg und zum Pass hin orientierten Hügelgräbergruppen der Wistinghauser Senne sowie alter Wege im Pass. Die im Gebiet der Wistinghauser Senne noch in eindrucksvollen Gruppen erhaltenen Grabhügel lassen die Aufreihung entlang des uralten Fernweges oberhalb des Quellhorizontes in nordwestlicher Richtung gut erkennen. Die zugehörigen Siedlungen sind an den Quellen der Emszuflüsse zu suchen. Das wird noch deutlicher, wenn man Hügel im Bereich des Segelflugplatzes Oerlinghausen und der nach Westen hin angrenzenden Südstadt bis hin zum Menkhauser Bach an der Kreisgrenze in diese Betrachtung mit einbezieht. Das gleiche gilt für die etwa 40 noch in den dreißiger Jahren im Bereich des Truppenübungsplatzes Stapelager Senne kartierten Gruppen großer Hügel. Diese Reihung an der Südflanke des Teutoburger Waldes im Gebiet der trockenen, hohen Senne oberhalb des Quellhorizontes setzten sich ursprünglich über Augustdorf in der Kammersenne bis in das Gebiet des Quellhorizontes der Lippezuflüsse bei Schlangen/Oesterholz fort. Die Zuordnung zur alten Wegeführung wird besonders deutlich durch die von der Hauptlinie aus jeweils in Richtung auf die Pässe des Teutoburger Waldes angelegten kleineren Gruppen und Einzelhügel. Das traf in besonderer Weise für die Dörenschlucht zu, wo die Gruppierung leider durch den Bau der Militärstraßen stark gestört wurde. Aber auch vor und in der Stapelager Schlucht und vor der uns hier beschäftigenden Wistinghauser Schlucht ist diese Anordnung der Grabhügel erkennbar. Hinzu kommen noch die drei Hügel auf dem Tönsbergrücken, die den alten Höhenweg markieren.

Abb. 12 a:
Ruine der Antoniuskapelle auf dem Tönsberg

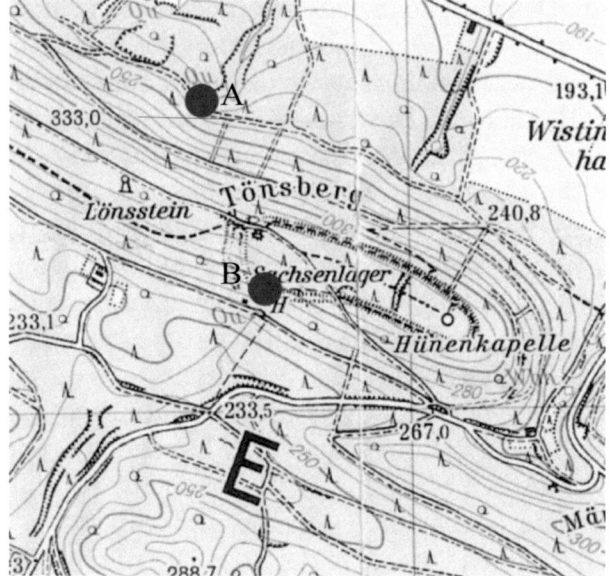

Abb. 12 b:
Quellen, die vom Tönsberg abfließen.
(A Haferbach und B Snakenbach)
Topographische Karte 4018 Lage 1:25000

Grabungsbefunde liegen aus dem Bereich der Wistinghauser Senne leider nicht vor, obwohl einige Hügel Störungen durch ältere Grabungen aufweisen. Insgesamt kann man für die Grabhügel der Senne sagen, dass sie zum großen Teil durch den Einsatz des Dampfpfluges nach der Jahrhundertwende beschädigt worden sind. Diese Beschädigung trifft aber in der Regel nur für die obere Hügelschüttung zu, während die Basisbefunde auch bei gestörten Hügeln oft gut erhalten sind. Weitere Störungen entstanden durch Pflanzfurchen für Forstkulturen und Eingrabung von Schützenlöchern in Manöverzeiten. Zahlreiche Lesefunde aus der Zeit des Dampfpflugeinsatzes in den zwanziger und dreißiger Jahren, aber auch neuere Grabungsergebnisse von bereits gestörten Hügeln lassen erkennen, dass während der vorrömischen Eisenzeit Nachbestattungen von Urnen in großer Zahl in diesen Hügeln vorgenommen wurden. Zur Wistinghauser Schlucht sei noch erwähnt, dass sich im südlichen Abschnitt zwischen den Bergen der westlichen Kalksteinkette (Plänerkalk der Oberkreide) und dem Längstal zwischen dieser und der mittleren Kette des Osningsandsteins (Unterkreide) deutliche Wegespuren erhalten haben, die in den Sandablagerungen der Pässe ausgebildet sind. Am südlichen Ausgang der Schlucht ist noch ein etwa 20 m langer Wall mit Graben quer zur Wegeführung erhalten, der als mittelalterliche Landwehr zu deuten ist. Auch am nördlichen Ausgang der Wistinghauser Schlucht sind ähnliche Reste zu beobachten. Noch in spätkarolingischer Zeit verlor die Wistinghauser Schlucht ihre Bedeutung als wichtiger Pass für den Fernverkehr zugunsten des Oerlinghauser Passes, der offensichtlich in Verbindung mit dem intensiven Landausbau in karolingischer Zeit für die Wegeführung zu den neuen Höfen besser lag. Vor diesem Pass erfolgte der Ausbau des schon erwähnten Haupthofes Barkhausen mit verschiedenen Vorwerken. Auch die Stapelager Schlucht gewann vorübergehend größere Bedeutung, als die Werdener Mönche ihren Haupthof in Stapelage als Station auf ihrer Reise nach Helmstedt benutzten. Die Erinnerung an die Bedeutung, die das Tönsberglager in der Zeit der Christianisierung während der Auseinandersetzungen zwischen Sachsen und Franken hatte, mag im späten Mittelalter einen

Klausner dazu veranlasst haben, die Antoniuskapelle, die dem Berg später den Namen gab, zu errichten. Leider ist diese Kapelle in ihrer Bausubstanz durch unsachgemäße Restaurierung in den dreißiger Jahren stark verändert worden. Ursprünglich waren an der Ruine im Westteil ein zweigeschossiger Wohnbereich und im Ostteil der Sakralraum deutlich erkennbar. Bei Nachuntersuchungen im Zuge der Ausgrabungen 1972–1974 wurde festgestellt, dass die Kapelle an dieser Stelle keinen Vorläuferbau hatte. Die Fundamente, zum großen Teil auf dem anstehenden Fels gegründet, standen z. T. auf Resten der latènezeitlichcn Kulturschicht. Frühgeschichtliche oder früh- bis hochmittelalterliche Funde wurden bei der Untersuchung nicht geborgen."[154]

Was wir hier lasen, konnten wir kaum glauben, aber Hohenschwerts archäologischer Befund war ziemlich eindeutig. Uns wunderte nur, warum niemand daraus bisher die richtigen Schlüsse gezogen hatte. Hohenschwert stellte bei seinen Grabungen auf dem Tönsberg vier Bauphasen fest: Die erste Bauperiode war ein **latènezeitlicher Erdwall.** Zur Latènezeit rechnet man in der Regel den Zeitabschnitt von 500 vor Chr. bis zur Zeitenwende.[155] Über dem Brandschutt der Periode 1 fand Hohenschwert eine **latènezeitliche Wallaufschüttung der Periode 2.** Wir folgerten daraus, dass, weil die Cherusker zum Stamm der Irminonen gehörten, diese um 500 v. Chr. aus Skandinavien eingewandert waren und hier ihren Opferplatz ähnlich wie in Gamla Uppsala aufgebaut hatten. Die Römer haben dann möglicherweise unter Germanicus 15 n. Chr. diese Stätte weitgehend zerstört. Wir waren uns sicher, dass die Cherusker, wenn es so gewesen ist, diesen Platz, der gleichzeitig an ihren größten Triumph über die Römer erinnerte, nach dem Abzug des Germanicus wiederaufgebaut haben. Die Anlage musste später erneut durch Feuer beschädigt worden sein und lag dann über viele Jahrhunderte wüst. Nach dem Bericht des Tacitus' in den *Annalen* ist es möglich, dass die zweite Zerstörung durch den König der Cherusker, Italicus, erfolgte:

---

[154] Hohenschwert F.: *Der Kreis Lippe II*, Kapitel 21, S. 91,
[155] Der Große Brockhaus 1978

„Im gleichen Jahr erbaten die Cherusker von Rom einen König, da sie in inneren Wirren ihre Edlen verloren hatten und nur noch einer von königlichem Stamm übrig war, der in Rom lebte und Italicus hieß. Sein Vater war Flavus, der Bruder des Arminius; mütterlicherseits stammte er vom Cheruskerfürsten Actumerus ab. [...] Habe aber Italicus die Gesinnung seines Vaters, so habe niemand mit so viel Erbitterung gegen sein Vaterland und gegen seine Stammesgötter gekämpft als eben dieser Vater!"[156]

Italicus wurde bald danach, wie Tacitus weiter berichtet, vertrieben: „In einer für die Verhältnisse der Barbaren großen Schlacht blieb der König Sieger. Dann ließ er sich aber durch sein Glück zum Übermut verleiten, wurde vertrieben und kehrte mit Hilfe langobardischer Truppen wieder zurück. So zerrüttete er durch seine Erfolge ebenso wie durch seine Misserfolge den Staat der Cherusker."[157]

Hohenschwert stellte dann **eine dritte und vierte Bauperiode** fest, die in **sächsischer beziehungsweise in fränkischer Zeit** erfolgte.

Wir halten es deshalb für wahrscheinlich, dass die Sachsen, die etwa seit dem 7. Jahrhundert in diesem Bereich siedelten, diesen Opferplatz erneut ausbauten und zusätzlich die Wälle ihres Hauptheiligtums verstärkten. Der erneuten Zerstörung durch Karl den Großen folgte die vierte Bauperiode. Diese kann eigentlich nur die Corveyer Erstgründung unter Adalhard um 816 gewesen sein. In diese Phase gehören auch die „stark zerstörten Fundamentreste eines gemörtelten Steinbaues". Es handelt bei diesen Fundamentresten um einen hallenähnlichen Bau, der in einen größeren Saal nach Osten und eine Vorhalle nach Westen gegliedert ist, den Hohenschwert durch Keramikfunde in die karolingische Zeit datierte.

Nochmals wiederholten und überprüften wir alle Punkte, die dafürsprachen, dass dies der Standort des Hauptheiligtums der Sachsen war:
1. Dieser Ort lag in der Diözese Paderborn und im Grenzbereich der germanischen Stämme der Brukterer, der Marser und der Cherusker.

---

[156] Tacius: *Annalen* XI/16 und 17
[157] Tacius: *Annalen* XI/17

2. Diese Anlage lag in einem Geländebereich, in dessen Umfeld heute noch viele Orte den Namen Heide (Hethis) in sich tragen.

3. Hier gab es zwei Quellen, deren eine, wie es Hohenschwert beschreibt, eine ergiebige Quelle darstellt, was durchaus dem Begriff der „lebendigen Quelle" aus dem Vitusbericht entsprechen könnte. Wobei diese Quellen, die eine in südwestlicher Richtung (Snakenbach) und die andere in nordöstlicher Richtung (Haferbach), vom Bergrücken des Tönsberges abfließen.

4. Die erste Bauphase fing am Beginn in der Latènezeit an (ca. 500 v.Chr.).

5. Die Anlage wurde wahrscheinlich durch die Römer am Ende der Latènezeit zerstört (15 n. Chr. durch Germanicus).

6. Der Wiederaufbau erfolgte kurz darauf am Ende der Latènezeit (nach 17 n. Chr.).

7. Kurze Zeit später folgte die Zerstörung durch Italicus.

8. Jahrhundertelang lag diese Stelle dann wüst.

9. Die dritte Bauphase erfolgte in sächsischer Zeit.

10. Darauf schließt sich eine vierte Bauphase in fränkischer Zeit an.

11. Die Anlage von zwei Querwällen am südlichen und nördlichen Ausgang der Wistinghauser Schlucht, sollen nach Hohenschwert zwar mittelalterliche Landwehren sein, auffallend ist jedoch, dass dieser Pass nach seinen Aussagen bereits in karolingischer Zeit nicht mehr benutzt wurde. Wir halten es deswegen für möglich, dass diese Querwälle, die praktisch einem Durchfahrverbot entsprachen, schon in karolingischer Zeit geschanzt wurden, weil dadurch der Zuweg zu diesem Heiligtum gesperrt und deshalb dieser Pass seine Bedeutung als wichtige Trasse für den Fernverkehr zugunsten des Oerlinghauser Passes verlor. Für die Richtigkeit unserer Interpretation der Geschichte des Tönsberges spricht auch, dass bei der geophysikalischen Prospektion 2005 auf dem Tönsberg[158] unter dem karolingischen Hallenbau (siehe Abbildung 13 a) die Fundamente eines sächsischen Vorläuferbaus (siehe Abbildung 13 b) gefunden wurden.

---

[158] Geophysikalische Prospektion durch die Fa. Posselt & Zickgraf

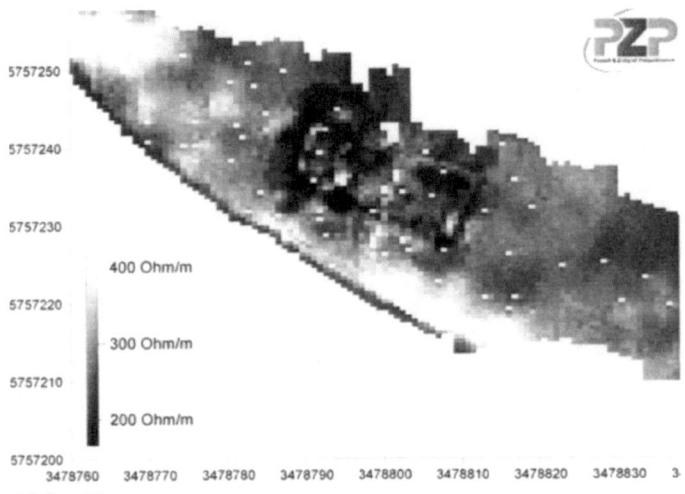

Abb. 13 a:
Fundamente eines karolingischen Hallenbaus

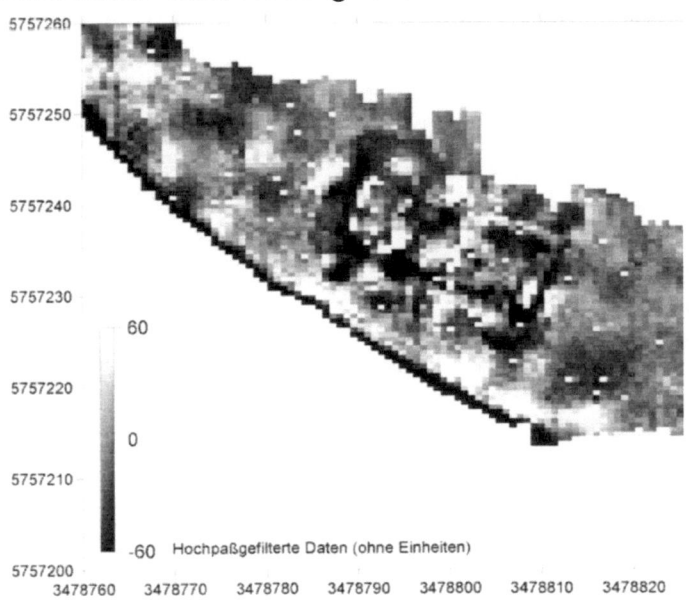

Abb. 13 b:
Fundamente eines sächsischen Vorläuferbaus

Wir waren überzeugt, hier passte vieles zusammen. Dies musste der Standort des gesuchten Heiligtums gewesen sein. Denn zusätzlich finden sich in dieser Gegend viele Orte, die auf –lau oder –loh (Eckelau, Langelau, Lindelau, Krähenlau, Königslau) enden, was dafürspricht, dass hier die heiligen Haine der Cherusker sowie der Sachsen zu suchen waren. Hier irgendwo, im westlichen Vorgebirge des Teutoburger Waldes, möglicherweise im Bereich der Wistinghauser Senne und des Truppenübungsplatzes Stapelager Senne musste das Varusschlachtfeld liegen, zumal gerade hier – nach Hohenschwert – einer der ältesten Fernwege in Richtung Weser, der Senne-Hellweg, verlief, der außerdem der Fortsetzung der östlich an Paderborn vorbeiführenden Wasserscheidentrasse entsprach. Hohenschwert schreibt dazu in seinem Beitrag *Die Befestigungen der vorrömischen Eisenzeit:*

„Zu den ältesten Fernwegen gehört der Senne-Hellweg westlich des Teutoburger Waldes oberhalb des Quellhorizontes von Lippe und Ems, in nordwestlicher Richtung verlaufend. [...] Ein wichtiger Weg für den Verkehr aus der südlichen westfälischen Bucht nach Norden zur Unterweser führte vom Senne-Hellweg durch die Wistinghauser Schlucht unter der Flanke des Tönsberges durch das zum Tönsberg gehörige Altsiedelgebiet, entlang des Haferbaches über eine Furt an seiner Einmündung in die Werre, durch das Werre-Bega-Dreieck über Salzuflen nach Norden zum Weserknie vor der Porta Westfalica."[159]

Ein weiterer Hinweis auf den mutmaßlichen Standort des germanischen Hauptheiligtums könnte in einer alten germanischen Sage enthalten sein. In der auf Island im 13. Jahrhundert niedergeschriebenen sogenannten *Lieder-Edda*, die bis ins 9. Jahrhundert zurückreicht und vermutlich viel älter ist, findet sich das Kapitel: *König Gylfi und die Geheimnisse der Urzeit*[160]. Hierin raten die weisen Zwerge dem König Gylfi, der den Olymp der Götter, Asgard, aufsuchen will, wie er die

---

[159] Hohenschwert F.: *Der Kreis Lippe I*, S.192/193,
[160] Ritter Gustav A.: *Walhalla und Olymp*, Götter- und Heldensagen der Germanen, Griechen und Römer, S. 2- 8

Nordsee passieren soll:

„Von da geht eure Fahrt weiter hinab nach Mittag bis zum Strand der Friesenvölker. [...] Hier beginnt nun erst deine eigentliche Wanderfahrt. Durch das Land der Friesen strömt ein großer Fluss ins Meer, den nennen sie Emiso [Ems]. Dieser Fluss gibt dir die Richtschnur. Von ihm darfst du nicht weichen, ihn musst du als deinen Wegweiser betrachten, bis du dahin kommst, wo er als kleines Bächlein aus den Bergen heraussprudelt. Er führt dich von den Friesen zu den Batavern, von diesen zu den Cannifaten, dann zu den Chattuariern, bis in das Land der Cherusker, immer durch eine von dichtem Walde bedeckte Ebene. Aber je näher du dem Ursprung des Wassers kommst, desto mehr beginnt das Land anzusteigen, bis du endlich von Bergen umgeben bist. Auch hier musst du noch weiter durch den Wald dringen, über die Berge hinweg. Dann gelangst du auf die Gnitaheide, und wenn du dich nun umwendest, mit Gesicht nach dem Untergang der Sonne, dann hast du die Höhen von Asgard vor dir, und nur der ungeheure Wald, der sie bedeckt, verbirgt dir noch das Ziel deiner Fahrt."

König Gylfi folgte dem Rat der Zwerge und erreichte nach vielen Abenteuern die Gnitaheide im Land der Cherusker, wendete seinen Blick gegen Sonnenuntergang, wie es die Zwerge ihm geraten hatten.

„Jetzt stand er auf der Gnitaheide, einer weiten öden Heidefläche, auf der nichts wuchs als Heidekraut, verkrüppelte Birken und saures Riedgras. Nach Sonnenuntergang hin wurde die Heide von dem Waldgebirge eingefasst, durch das er gekommen war, und düstere Tannenwälder bedeckten diese Berge," [...]. In Bezug auf Asgard machten die Asen mit ihm keine Ausnahme, auch er sollte Asgard sowie die Asen selbst so wenig schauen, wie irgendein lebender Mensch. „Stattdessen sollte ihm ein Blendwerk vorgemacht werden [...]."[161]

---

[161] wie [160] Seite 8-12, Das Blendwerk der Asen.

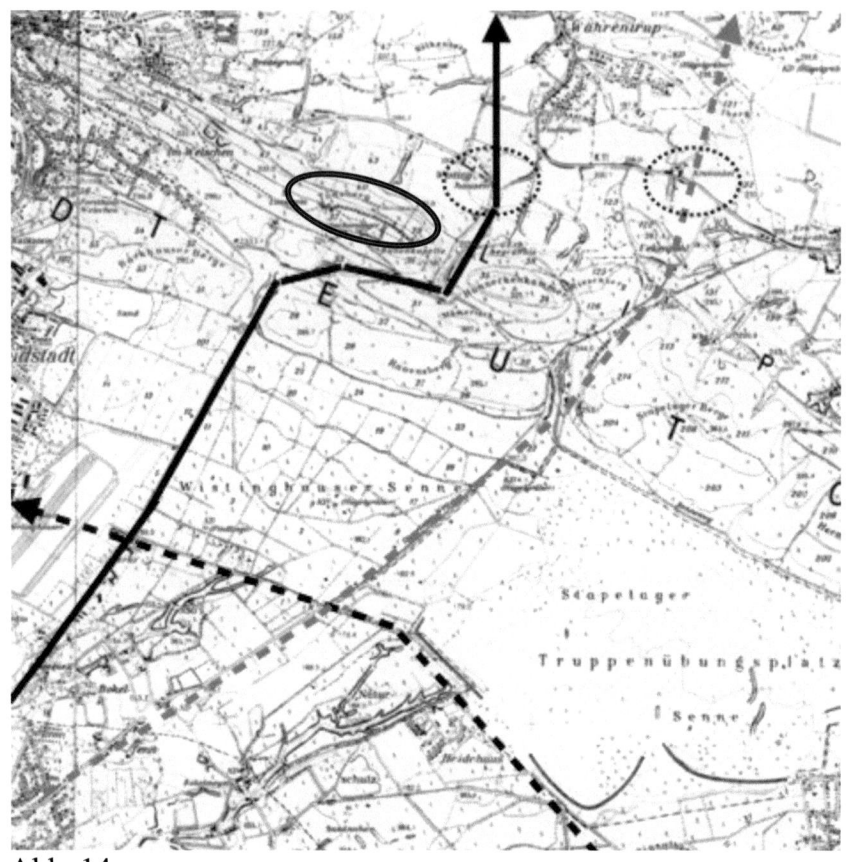

Abb. 14:
Älteste Fernwege zur Weser nach F. Hohenschwert:

◀——— Wistinghauser Passweg

◀— — Stapelager Passweg ⬭ Tönsberg

◀— — Senne-Hellweg in Richtung Bielefeld

⬭ möglicher Bereich augusteischer Münzfunde[162]

---

[162] Oberstleutnant Schmid n. Höfer in *Die Varusschlacht* von Bökemeyer S.59

Zusätzlich scheinen der Name Tönsberg und die aus dem Mittelalter stammende Antoniuskapelle mit der Erstgründung des Klosers Corvey und dem Standort eines germanischen Heiligtums in Verbindung zu stehen, denn Abt Adalhard, auf dessen Vorschlag die Erstgründung des Klosters Corvey auf dem Tönsberg durchgeführt wurde, wirkte am Hof Kaiser Karls unter dem Pseudonym Antonius und wird auch in der Grabrede des Radbertus mehrfach Antonius genannt. Hier, im Umfeld des Tönsberges, müssen die heiligen Haine der Germanen gelegen haben, und beim Blick vom Tönsberg über die Senne waren wir überzeugt, dass insbesondere die Stapelager Senne in Sichtweite dieses Bergrückens und direkt am Zugang zur breiten Stapelager Schlucht geschanzt, aus militärstrategischer Sicht ein idealer Platz für die Anlage eines großen römischen Lagers gewesen sein muss.

VII. Untersuchungen vor Ort

Trotz all unserer Bemühungen, die Darstellung der römisch-germanischen Auseinandersetzung im Jahre 9 endlich richtig zu stellen, gab es kaum Reaktionen, denn für die meisten Archäologen und Historiker, sowie für die Presse und für die Laien blieb es weiterhin erwiesen, dass mit Kalkriese der Schlachtort der römischen Niederlage im Jahr 9 n. Chr. bereits gefunden war. Unsere vielen Briefe und fundierten Beiträge, dass dieser Ort nach kritischer Analyse der vorliegenden Quellen, den örtlichen Gegebenheiten und vor allem aufgrund der Fundkonstellation bei Kalkriese nichts mit der Varusschlacht zu tun haben könne, sondern eher den Schluss zulasse, dass hier Tiberius im Jahre 11 n. Chr. beim Versuch, Flotte und Heer zu vereinen, scheiterte, wurden vom Spiegel kommentarlos archiviert, blieben von archäologisch ausgerichteten Fachzeitschriften und Magazinen unbeantwortet oder wurden von mehreren Verlagen mit Bedauern abgelehnt. Ganz frustriert, ruhte unser „varianisches Projekt" wiederum mehrere Jahre, und auch die Einladung vom Unnaer Heimatpfleger Dr. Peter Kracht im Jahre 2004, bei einer Tagung des Landschaftsverbandes Westfalen/Lippe im

Augustinum in Hiddesen einen Vortrag über unsere Thesen zu halten, brachte keinen Durchbruch. Da wir in der folgenden Zeit kaum Gelegenheit hatten, diesem zeitintensiven Projekt weiter nachzugehen, blieb das „varianisches Projekt" in der Schublade und setzte Staub an. Irgendwann rief mich Rehfuß an und fragte, ob wir nicht wieder mit der Suche nach dem Schlachtort fortfahren sollten. Er erwähnte in diesem Gespräch, ganz nebenbei, dass er sich in der Zwischenzeit der geomantischen und radiästhetischen Beurteilung römischer Militärlager verschrieben und sämtliche Lager von Xanten, Holsterhausen, Haltern, Oberaden und Anreppen geomantisch untersucht habe. Ich wurde hellhörig und war sofort bereit wieder mitzumachen, denn ich wusste aufgrund meines Quellenstudiums über germanische Kultplätze, dass an solchen Orten besondere Kräfte wirken sollten und Radiästhesisten von sich behaupteten, diese Kräfte heute noch aufspüren zu können. Endlich ergab sich für uns die Gelegenheit, auf dem Tönsberg zu überprüfen, ob an diesem Ort, den wir ja als den Standort eines germanischen Heiligtums ansprachen, vom radiästhetischen Gesichtspunkt aus, wirklich besondere Kräfte nachzuweisen waren, die diesen Platz als Standort eines herausragenden heidnischen Kultplatzes bestätigen konnten. Seit Anfang September 2004 fuhren wir deshalb wieder regelmäßig in die Senne und auf den Tönsberg. Östlich der Ruine der Antoniuskapelle, innerhalb der sächsischen Wallanlage, fand Rehfuß tatsächlich einen besonderen Kraftort, der durch eine so genannte Leylinedoppelkreuzung markiert war. An der Hünenkapelle wies er zudem eine der Längs- und Breitenmaße entsprechende sogenannte „Benkerkreuzung" nach. Das 1937 ergrabene „Loch" im Boden der Kapelle lag für ihn exakt auf einer unterirdisch fließenden Wasserkreuzung. Alle zusätzlichen radiästhetischen Besonderheiten, die diesen Ort ausmachen, an dieser Stelle zu beschreiben, würde den Umfang dieses Buches übersteigen. Ich war von seiner Demonstration allerdings stark beeindruckt, zeigte sie doch, dass der Tönsberg alle Voraussetzungen für einen heidnischen Kultplatz erfüllte. Zu meiner großen Verwunderung behauptete Rehfuß außerdem, weil er sich in der Zwischenzeit intensiv mit römischen Lagern in Nordrheinwestfalen und insbesondere mit Gräben und Lagerwällen beschäftigt hätte, könne er solche Strukturen auch im

Gelände radiästhetisch auffinden, selbst dann, wenn oberirdisch davon nichts mehr zu sehen sei. Wir fuhren deshalb das nächste Mal zum Truppenübungsplatz Stapelager Senne, und Rehfuß suchte das Gelände des Truppenübungsplatzes mit seiner Methode bis zum Stapelager Pass und den Stapelager Bergen ab. Schon bei der Begehung waren wir sehr erstaunt, im westlichen Bereich des Hofes Schapeler, verdeckt von einer Reihe alter Eichen, eine angedeutete Wall-Graben-Wall-Situation vorzufinden. Rehfuß glaubte, dass dies aufgrund seiner radiästhetischen Mutung als Teil einer römischen Lagerumwallung anzusehen sei. Eine ähnliche Mutung bekam er auch im südlichen Bereich des Hofes, sodass hier, obwohl dort oberflächlich kaum etwas zu sehen war, seiner Meinung nach die südliche Lagerbegrenzung verlaufen müsse. Wir verfolgten den in 37 ° von der Nordsüdausrichtung verlaufenden westlichen Graben und erreichten nach etwa 500 Metern, den heute zur Ruine des Hofes Schapeler führenden Weg. Genau hier mutete Rehfuß eine Torsituation, die wir später als unser „Westtor" ansprachen. Denn nur im Bereich der westlichen Lagerumwallung konnte er in einer Breite von etwa zehn Metern keinen Ausschlag auf Wall und Graben feststellen. Oberhalb dieses von ihm gemuteten Tores fand sich ein weitaus tieferer Graben, der jedoch nicht in genauer Fortsetzung des unterhalb des Weges beschriebenen Grabens lag und schon nach etwa 250 Metern in östlicher Richtung einen scharfen Bogen machte. Warum gerade hier ein noch sehr gut erhaltener Graben erkennbar ist, war uns unerklärlich. Jedoch fand Rehfuß nördlich dieses abknickenden Grabens genau in Fortsetzung des ersten Grabens, wieder eine Mutung auf römischen Wall und Graben, der wir fast bis zum Senneweg folgten, um hier die nordwestliche Lagerecke zu lokalisieren. Wir gingen parallel zur nördlichen Lagerbegrenzung in östlicher Richtung und waren völlig überrascht, versteckt unter dichtem Gestrüpp, eine deutliche Geländesituation aus mehreren Wällen und Gräben feststellen zu können. Nach etwa 400 Metern mutete er dann, ähnlich wie beim Westtor, das Nordtor. Auf dem Rückweg zum Parkplatz ging er, mehr zufällig mit seiner speziell kalibrierten Sonde über das freie Feld der Stapelager Senne, als er plötzlich etwa 240 Meter unterhalb des Westtores erneut einen Hinweis auf einen römischen Wall fand. Er untersuchte diese Stelle genauer und fand eine Graben- und Wallsituation von deutlich geringerer Breite als an der westlichen Lagerumwehrung, die direkt am Westwall begann, sich in östlicher Richtung parallel zum Südwall fortsetzte und nach etwa 125 Metern rechtwinklig nach Süden abknickte, um dann direkt an der südlichen Lagerbegrenzung zu enden. Durch diese Graben- und Wallformation entstand innerhalb dieser südwestlichen Lagerecke ein neues Lager mit einer Fläche von rund vier Hektar, und es war besonders auffallend, dass im Gegensatz zur äußeren Lagerbegrenzung in diesem sogenannten Innenlager, sowohl im Norden als auch im Osten, dieser Graben innen vor einem schmalen Wall lag. Diese Konstellation war für uns so überraschend und kam so unerwartet, dass wir zunächst keine Erklärung dafür finden konnten. Weil wir beide diese Ergebnisse nicht recht glauben konnten, überprüften wir zu Hause zunächst einmal die uns bekannten Kriterien für römische Lager in Bezug auf die Lagerwinkel, die Maße ihrer Lagerbegrenzungen und die Wasserversorgung. In Ermangelung eigener Erkenntnisse zogen wir hierfür das Buch von A. Hausmann *Aachen zur Zeit der Römer* zurate:

„Der Grundriss des Standlagers der Legio XVI in Neuss wurde etwa 43 n. Chr. nach dem Goldenen Schnitt geplant. Die Via Principalis teilt die Seitenlänge von 377 römischen Schritten im Verhältnis von 144 / 233 römischen Schritten. Der Winkel zwischen der Lagerbegrenzung und der Hypothenuse (Diagonale), beträgt 37 °. Die Orientierung der Straßenachsen verläuft unter einem Winkel von 27° zur Nordsüdrichtung. Dieser Winkel hatte ebenso kultische Bedeutung wie die 37° von Aachen. Der Unterschied besteht darin, dass in Neuss, wie auch bei vielen anderen Lagern, zur Festlegung der Hauptstraßen kein pythagoreisches Dreieck, sondern eins des Göttlichen Schnittes mit Seitenverhältnissen von 2:1 für die kürzeren Seiten verwendet wurde. Damit beträgt dann der Winkel zwischen der Via Praetoria und der Sonnenrichtung genau 26,6 °."[163]

---

[163] Hausmann Axel: *Aachen zur Zeit der Römer*, S. 117/118

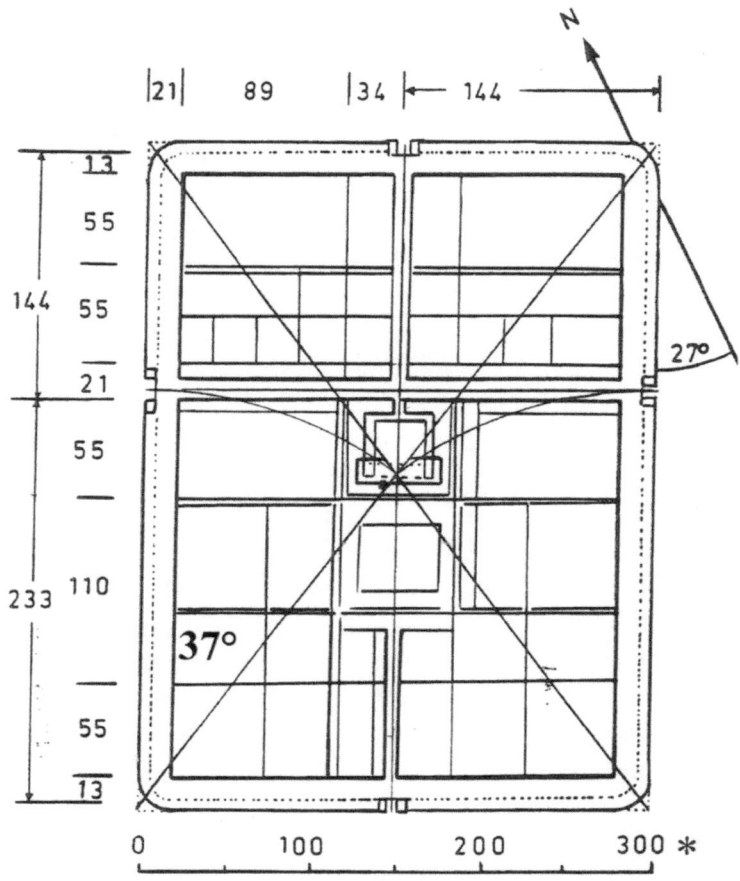

Abb. 15:
Standlager Neuss

Als Erstes orientierten wir uns an der westlichen Lagerbegrenzung, die noch sichtbar und damit vorgegeben war. Der Winkel zwischen West-wall und der Nordsüdausrichtung betrug, wie wir bereits festgestellt hatten, 37 ° und stimmte mit den Lagerwinkeln[164] der Legionslager

---

[164] Hausmann Axel: *Aachen zur Zeit der Römer*, S. 58

Mainz und Augst überein, denn in der Regel richteten die Römer, vor allem in der frühen Römischen Kaiserzeit, die Hauptlagerachse ihrer Lager entweder mit 37 ° oder 27 ° in Nordsüdrichtung aus. Die Länge der Westseite der Lagerbegrenzung betrug nach der Mutung von Rehfuß etwa 1118 Meter. Wir waren sicher, dass diese Längenangabe richtig sein musste, weil sich auf dem Luftbild des Vermessungsamtes Nordrhein-Westfalen, das in den 90er Jahren aufgenommen worden war, die Verlängerung des sichtbaren Grabens in einer geraden Linie erhöht wachsender Bäume fortsetzte, die nach weiteren etwa 560 Metern rechtwinklig ostwärts abknickte und so wahrscheinlich die nordwestliche Lagerecke (Abb.16) markierte. Weil diese Bäume auf den Luftbildaufnahmen des Zweitem Weltkrieg noch nicht zu sehen waren, konnten sie erst in den 50er Jahren dort angepflanzt worden sein, deshalb war anzunehmen, dass einige Bäume zufällig auf einem verfüllten Graben standen und dadurch höher gewachsen waren als ihr Umfeld. Das Westtor befand sich bei 550 Meter, von der Südwestecke des Lagers gemessen. Rechnet man die Maßangaben von Meter in römische Schritte um (1,48 Meter = 1 römischer Schritt), betrug die westliche Lagerbegrenzung 755 römische Schritte und das Westtor lag bei 377 römischen Schritten. (1118 : 1,48 = 755 = 2 x 377 bzw. = 4 x 144 + 2 x 89) Das war erstaunlich, denn 377, 144 und 89 gehören zu den sogenannten **guten Zahlen**, die früher in der Antike oft und besonders von den Römern gerne genutzt wurden.

Hausmann erklärt sie folgendermaßen:
„Die Folge dieser **Göttlichen Zahlen** lautet
1; 2; 3; 5; 8; 13; 21; 34; 55; 89; 144; 233; 377; 610.......
Wie man leicht erkennt, entsteht jedes Glied der Zahlenfolge als Summe der beiden vorhergehenden Zahlen. In der modernen Zahlentheorie trägt diese Folge den Namen eines toskanischen Mathematikers. Sie ist nach Leonardo Pisano benannt, der mit anderem Namen auch Fibonacci hieß. Fibonacci lebte gegen Ende des zwölften Jahrhunderts in Pisa. Er machte unter anderem die arabischen Ziffern im christlichen Europa bekannt. Diese Göttlichen Zahlen gewährleisten durch ihre Benutzung, dass Strecken, die mit diesen Zahlenwerten gemessen sind, immer im Verhältnis von „g"

zueinanderstehen. Die irrationale Größe „g" spiegelte im Denken der Antike das Wirken der Götter wider, das für den rationalen, das heißt mit Vernunft begabten Menschen, nicht fassbar, sondern nur annäherbar war. Aus diesem Grunde drückte die Anwendung des Göttlichen Schnittes immer ein bestimmtes menschliches Verhalten aus. Es beschwor den wechselseitigen Bezug zwischen Menschen und Göttern, indem es sich der irrationalen Welt der Götter anzunähern versuchte."[165]

Noch überraschter waren wir, dass nach der Mutung von Rehfuß die Länge der nördlichen Lagerbegrenzung dieses Lagers etwa 852 Meter ergab. Das waren 852 : 1,48 = 576 römische Schritte (574 : 2 = 288 bzw. 4 x 144), und das Nordtor lag bei 344 Meter : 1,48 = 233 römischer Schritte von der Nordwestecke aus gemessen. Genau gegenüber mutete Rehfuß am Südwall das Südtor bei etwa 350 Meter, was ebenfalls fast annähernd 233 römischen Schritten entspricht, und gegenüber vom Westtor bei etwa 560 Meter (558 : 1,48 = 377 römische Schritte) von der Nordostecke aus gemessen das Osttor. Zum Vergleich misst die gesamte Lagerfläche von Vetera I 576 (4 x 144) x 377 und die von Neuss 377 x 288 (2 x 144) römische Schritte. Wenn dies tatsächlich das gesuchte Sommerlager war, dann ist dem Tacitus zuzustimmen, der dieses Lager bereits mit „castra lato ambitu et dimensis principiis"[iii] beschrieben hatte, denn, wenn unsere Berechnungen stimmig waren, bedeckte es eine Fläche von über 90 ha und war damit wesentlich größer als alle bisher bekannten römischen Militärlager nördlich der Alpen. Jetzt wurde uns ebenfalls klar, was diese innere Wallanlage in der südwestlichen Lagerecke für eine Bedeutung haben musste: Dies konnte nur das von Tacitus bereits beschriebene Restlager sein, in dem sich „die geschwächten Reste" der römischen Legionen nach dem Überfall mit dem verwundeten Varus erneut verschanzt hatten.

„Weiterhin erkannte man an dem halbverfallenen Wall und flachen Graben, dass sich dort die schon zusammengeschmolzenen Reste gelagert hatten."[166]

---

[165] Hausmann Axel: *Aachen zur Zeit der Römer*, S. 62
[166] Tacitus: *Annalen I/61*

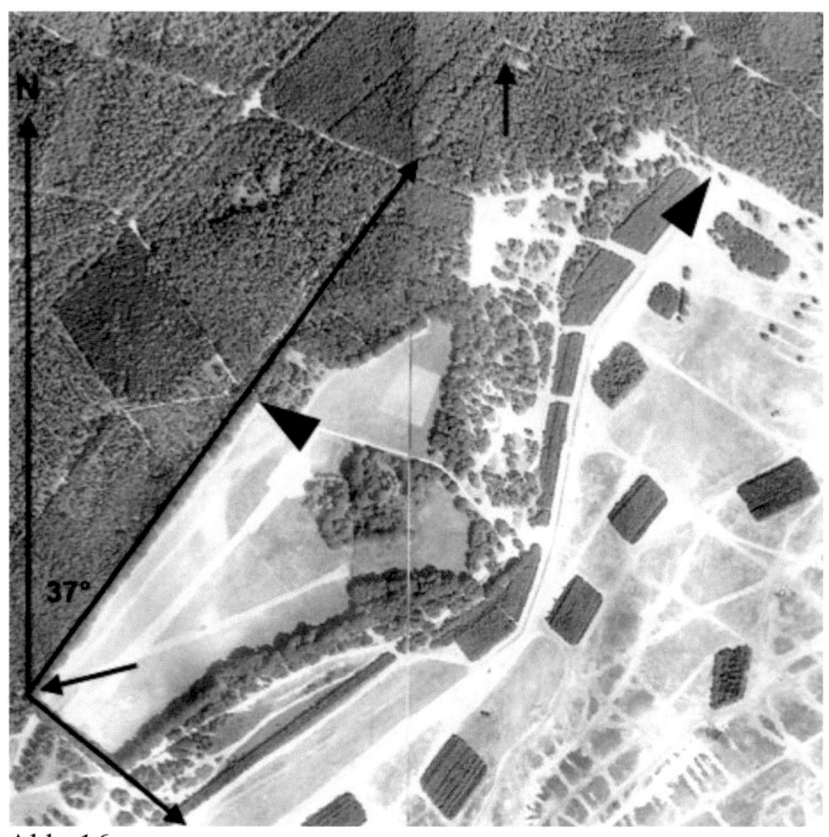

Abb. 16:
Lage der westlichen Begrenzung des vermuteten Lagers.
◄ West- und Nordtor ← Lagerecken

Aber wie, fragten wir uns, konnte dieses Lager in der trockenen Senne mit ausreichend Wasser versorgt worden sein? Im Bereich der Ruine des Hofes Schapeler findet sich heute lediglich noch ein kleiner Teich ohne erkennbaren oberflächlichen Zufluss. Auch ein Abfluss war nicht sicher festzustellen, und der Ölbach mit seinen tiefen Kastentälern führte erst viel weiter südlich Wasser. Als Nächstes versuchten wir deshalb, unterirdische Quellflüsse in der Stapelager Senne aufzufinden, und durchstreiften, weil Wasseradern oder sogar „ehemals fließendes

Wasser" radiästhetisch gut zu orten sind, in den nächsten Wochen mit der Sonde die Hanglagen der Stapelager Berge. In der Nähe der Nordostecke des Lagers fanden wir einen unterirdischen Wasserzufluss, den wir durch das ganze Lager verfolgen konnten, bis dieser im südlichen Lagerbereich auf der höchsten Stelle, vermutlich in einem Wasserspeicher, endete. Zusätzlich mutete Bernd einen Zufluss im Bereich der Nordwestecke, der uns im Lager bis zum Schapeler Teich führte. Dass diese Mutung richtig zu sein scheint, zeigt neben einer Karte Hölzermanns, der in der Stapelager Schlucht zwei Bachläufe[167] eingezeichnet hat, die sich im südlichen Verlauf in Höhe der Lagerecke vereinen, auch eine Skizze aus dem Tagebuch des Friedrich von Brenken von 1821.

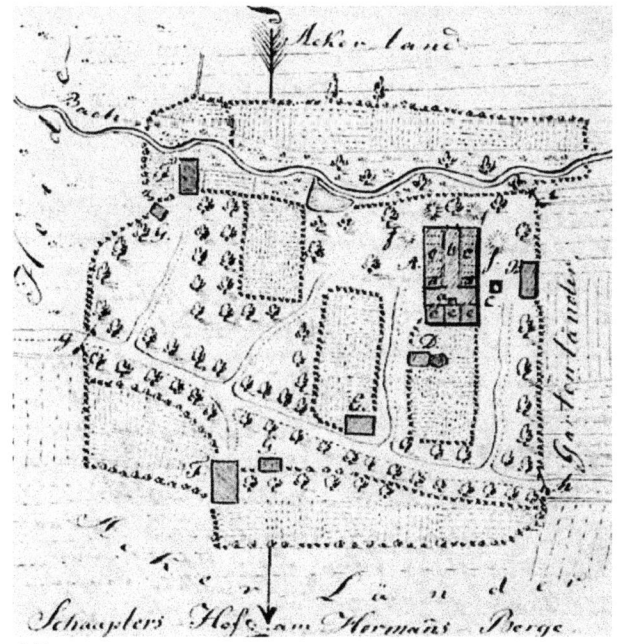

Abb. 17a
Skizze F. von Brenken: Darstellung eines Bachlaufes aus der Stapelager Schlucht nach Süden in Richtung Sommerlager.

---

[167] Hölzermann L.: *Kriege der Römer und Franken*, Die Kämpfe der Römer und Franken auf Tafel XI

Abb. 17b:
Ausschnitt der Donoper Karte von 1692

Selbst die Darstellung auf der Donoper Karte von 1692 zeigt in Höhe des Hofes Schapeler zwei Quellflüsse, die aus den Stapelager Bergen kommen und sich am *Hof Schafeler* zu einem Bach vereinen. Wenn man davon ausgeht, dass dieses Lager von mehreren Quellzuflüssen aus dem Nordwesten und Nordosten versorgt wurde und zusätzlich Wasserspeicher (Zisternen) regelmäßig das Regenwasser auffingen, musste unserer Ansicht nach in römischer Zeit ausreichend Wasser zur Versorgung von drei Legionen und den dazugehörigen Tieren vorhanden gewesen sein. Trotz aller von uns festgestellten Übereinstimmungen mit römischen Militärlagern konnten wir immer noch nicht sicher ausschließen, dass diese Wall-Graben-Situationen die Reste von mittelalterlichen Landwehren waren, weil sich in dieser Gegend auch die Schweden im Dreißigjährigen Krieg aufgehalten hatten. Der Vortrag von C. Kneppe über Stadtlandwehre im östlichen Münsterland zeigte uns jedoch, dass mittelalterliche Landwehren in der Regel aus zwei Wällen bestanden und von drei Gräben begleitet wurden. Es befand sich somit sowohl an der Innen- als auch an der Außenseite aller Landwehren je ein Graben.

Hier in der Stapelager Senne fand sich im Gegensatz dazu eine, wenn auch oberflächlich nur wenig ausgeprägte Graben-Wall-Graben-Wall Konstellation. Eine mittelalterliche Grenzziehung schied hier ebenfalls aus, und der Passweg, den eine solche Landwehr hätte begleiten müssen, war viel zu weit entfernt. Was und wen hätte hier eine Landwehr schützen sollen? Bis auf den Hof Schapeler war und ist dieser Bereich unbewohnt, und Schafherden werden von Hunden überwacht und benötigen in der Regel weder Landwehren noch Zäune. Wir waren überzeugt, dass hier vieles zusammenpasste. Es gab die heiligen Haine, ein bedeutendes Kultheiligtum, einen wichtigen Pass über den Teutoburger Wald, eine wichtige frühgeschichtliche Fernstraße und hier stimmte sogar die für römische Militärlager so wichtige Nordsüdausrichtung, auf die Axel Hausmann in seinem Buch *Aachen zur Zeit der Römer* hinweist:

(Lagerbauten stammen aus der augusteischen Lagerbauphase bis zum 4. Jahrhundert.)

Name	Abmessung		Belegung
Mainz	610 x 610	35 °	18.000
CUT	610 x 610	26 °	
Holsterhausen	610 x 377	25 °	12.000
Neuss	377 x 233	26 °	6.000
Augst	377 x 233	37 °	6.000
Neuss (Ala)	110 x 110	26,5 °	500
Dormagen	110 x 110	26,5 °	500
Saalburg II	55 x 55	26 °	200
Neuss II	34 x 34	26,5 °	
Godesberg	13 x 8	36 °	
Swistal	86 x 55	36 °	

„Erstaunlich ist nur auf den ersten Blick, dass die in der zweiten Spalte angegebenen Winkel zwischen der Hauptlagerstraße (Via Principalis) und der Nordsüdrichtung bei vielen Lagern entweder rund 37 ° oder 26 ° betragen. Die Erklärung ist einfach, wenn man sich klar macht, dass der kleinere Winkel in einem Dreieck mit dem Seitenverhältnis 1:2 gerade α = arctan (1/2) = 26,6 °, der in einem rechtwinkligen pythagoreischen Dreieck mit Seitenlängen von drei, vier und fünf Einheiten aber α tan (3/4) = 36,9 ° beträgt. Nach römischer Vorstellung war die Sonne das Zeichen des Sieges. Daher wurde bei der Festlegung der Lagerstraßen so vorgegangen, dass die Hypothenuse der Dreiecke genau auf die Sonne in ihrem mittäglichen Höchststand, also in die Südrichtung wies. Die Richtung der Katheten gab dann die Lagerachsen vor. Durch diese Festlegung beschwor man gleichsam den Sieg der Legionäre in den kommenden Schlachten.[168]

Ähnlichkeiten mit dem Umfeld des vermuteten Militärlagers in der Stapelager Senne finden sich nach Hausmanns Darstellung auch in der Umgebung der Militärdomäne von Aachen, die er folgendermaßen beschreibt:

„Daher waren die Römer gezwungen, eine künstliche Barriere gegen das umliegende Siedlungsgebiet der keltogermanischen Bevölkerung zu errichten. Das geschah durch große Brandrodungsflächen, die deutlich machten, dass an dieser Stelle das Militärterritorium begann. Auf diesen Flächen fand kein Ackerbau statt, nur Schafe und Ziegen wurden im Sommer dorthin zum Weiden getrieben. Als Ergebnis dieser Bewirtschaftung entstand ein **Ödland** (loca inculta), das in späterer fränkischer Zeit den Namen Heide erhielt. Außer als Weideland dienten diese unbebauten Flächen einer intensiven Bienenhaltung. Honig war nämlich das einzige Nahrungsmittel zum Süßen des sauren Weines und des Getreidebreies. Auch heutzutage bewahrt eine Reihe von Ortsnamen die Erinnerung an diese Heideflächen. Wie auf einer Schnur aufgereiht liegen Baneheide,

---

[168] Hausmann Axel: *Aachen zur Zeit der Römer*, S. 188

Bocholtzerheide, Spekholzerheide, Bleierheide, Pannesheide, Forsterheide, Mevenheide, Klinkheide und Forstheide am Nordwestrand des ehemaligen Militärterritoriums von Aachen."[169]

In der Stapelager Senne finden sich ebenfalls innerhalb eines Kreises von einem Radius von zehn Kilometern, sowohl im nördlichen Umfeld des von uns vermuteten Militärlagers zwischen Oerlinghausen, Leopoldshöhe und Lage, heute noch viele Ortsnamen, die die Endung -heide in ihrem Namen tragen (Milser Heide, Kachtenhauserheide, Osterheide, Pivitsheide, Breitenheide, Hachheide, Wellenheide, Sülterheide, Waldheide, Pansheide, Billinghauserheide, Helmingsheide, Pottenhauser Heide, Hakenheide, Bechterdissenheide, Sichterheide) sowie ähnliche Ortsnamen auch im südlichen Umfeld der Stapelager Senne zwischen Oerlinghausen, Augustdorf und Hövelhof (Mergelheide, Moosheide, Neuenrieger Heide, Eselheide, Senner Heide, Kattenheide, Brandheide, Heidehaus, Heidequelle, Klausheide, Heide Grund, Große Heide). Um sicher zu gehen, ob Heideflächen im Umfeld römischer Militärdomänen die Regel waren, untersuchten wir unter diesem Gesichtspunkt die Militärlager Xanten, Holsterhausen, Haltern, Beckinghausen, Oberaden und Anreppen. Auffallend war, dass es sowohl linksrheinisch um das Lager Castra Vetera als auch rechtsrheinisch zwischen Hamminkeln bis Schermbeck und Dinslaken, Östrich bis Holsterhausen viele Heidenamen gibt und diese Namen sich in einem breiten Streifen um die Orte Haltern, Beckinghausen, Oberaden, Kamen/Unna, Werl, Hamm/ Soest, Lippstadt und Anreppen fortsetzen. Im weiteren Verlauf finden sich diese Heidenamen nicht mehr südlich der Lippe in Richtung Paderborn, sondern vornehmlich in Richtung Nordwesten von Anreppen bis zum Umfeld von Hövelhof und Stukenbrock sowie zur Stapelager Senne. Es könnte deshalb in Zukunft lohnenswerter sein, die Suche nach römischen Militärstraßen nicht unbedingt nur südlich der Lippe, sondern auch oberhalb des Flusses in nordöstlicher Richtung fortzusetzen.

---

[169] Hausmann Axel: *Aachen zur Zeit der Römer*, S. 110/111

Der Vollständigkeit halber sollen hier noch die Arbeiten von Leopold Möller erwähnt werden, der sich in den Lippischen Mitteilungen mit der Geschichte von Stapelage beschäftigte:

„Bei der Übergabe der Kirche und des Hofes zu Stapellage an das Zisterzienserkloster Marienfeld im Jahr 1185 heißt es in der Urkunde des Bischofs Hermann von Münster: ‚ecclesiam in stapellagen et curtim ibidim sitam‘, also, dass an das Kloster ‚Kirche und Curtis‘ übergeben wurden. Dies ist die früheste Erwähnung der ‚Curtis Stapellagen‘ in einer Urkunde. Später ist meist von einer ‚Grangie‘, einem Haupthof oder Fronhof, die Rede. Ausgrabungen haben schließlich eine Datierung der ersten Stapellager Kirche in die karolingische Zeit, also um 800 ergeben. [...] Während in den Städten die Gerichtssitzungen in ‚Gerichtslauben‘, die an die Rathäuser angebaut wurden, tagten, wurden in ländlichen Bezirken die Sitzungen der ‚Grafengerichte‘ unter Gerichtseichen an Gerichtstischen, sogenannten ‚Stapel‘, gehalten. Dabei tagten diese Gerichte immer außerhalb der ‚Freihöfe‘, die normalerweise in einer Größenordnung von ‚60 exleiastici‘ als geweihter Raum, ‚locus sacer‘ mit besonderem Recht, die Gotteshäuser umgaben. Von den ‚Stapel‘, den Gerichtstischen, hat Stapellage (bis 1900 mit zwei ‚ll‘) seinen Namen. Wir haben in Westfalen-Lippe eine größere Anzahl von Orten, deren Namen sich von solch einem Gerichtstandort herleitet. Durch die lange Tradition dieser Stapelgerichte muss man davon ausgehen, dass die Eichen, unter denen diese Gerichte tagten, besonders geschont und geachtet waren. So ist es auch zu erklären, dass mancherorts in der Nähe alter Kirchen sehr dicke Eichen oder Linden standen und erhalten geblieben sind; so in Elbrinxen, Reelkirchen, Heiden und in Stapellage.“[170]

Es ist eine mehr als kuriose Übereinstimmung, dass der Ort Stapelage bereits um 1185 als „Curtis Stapellagen" beurkundet wurde, dass General v. Peucker 1893 schreibt, der Stapelager Berg hätte früher „**tom**

---

[170] Möller Leopold: Lippische Mitteilungen 37 1967

Stapel" zum Gerichtstribunal"[171] geheißen und dass sich das Wort Stapel somit von den Gerichtstischen herleiten soll, wenn man bedenkt, was Velleius Paterculus in seiner *Historia Romana* über den Untergang der römischen Legionen im Jahre 9 n. Chr. berichtet:

> „Er (Varus) brachte die Zeit des Sommerfeldzuges damit zu, von seinem Richterstuhl aus Recht zu sprechen und Prozessformalitäten abzuhandeln."[172]

Auch Florus beschreibt in seinem *Abriss der römischen Geschichte* dieselbe Situation folgendermaßen:

> „So griffen sie ihn, der an nichts dachte und nichts der Art fürchtete, unversehens an, während er [Varus] sie – welche Sorglosigkeit! – vor seinen Richterstuhl rief;"[173]

Hier, in der Stapelager Senne, stimmten die römischen Maße der Lagerbegrenzung, die winkelmäßige Ausrichtung des Lagers, hier gibt es ausreichend Wasser, ein germanisches Heiligtum, früher auch heilige Haine, einen wichtigen Pass über das Gebirge und hier verlief schon in frühester Zeit der, als Fernstraße zur Weser genutzte, Senne-Hellweg. Dies musste der Bereich des gesuchten Sommerlager des Varus sein, aber wie sollten und wie konnten wir das beweisen?

Weil Metallsuchgeräte wegen des oberflächlichen Metallschrotts von Patronenhülsen, Geschossresten und Granatsplittern ohne einen Bodenabhub von mindestens 20–40 cm hier nicht mit Erfolg einsetzbar waren und wir eine Grabungserlaubnis in diesem Bereich des Truppenübungsplatzes, vor allem im geplanten Naturschutzgebiet Senne, ohne eindeutige Beweise mit Sicherheit nicht bekommen würden, dachten wir über weitere Untersuchungsmöglichkeiten nach. Der Kauf eines Georadars beziehungsweise eines Gerätes für sensible geoelektrische Messungen schied insbesondere wegen des horrenden Preises aus. Die Angebote

---

[171] v. Peucker: *Wanderungen über die Schlachtfelder der Urzeiten* S. 81/82
[172] Velleius Paterculus: *Historia Romana* II/117
[173] Florus: *Abriss der Römischen Geschichte*, Buch II/30

verschiedener Firmen, die professionell Bodenuntersuchungen mit diesen Geräten durchführten, lagen ebenfalls mit rund 4.000 EUR für vier Stunden in einem für uns indiskutablen Preisgefüge und waren uns vor allem auch deshalb zu riskant, weil in dieser Zeit nur flächenmäßig wenig Gelände untersucht werden konnte und uns dadurch das Risiko eines erneuten Fehlschlages zu hoch erschien. Als wir gar nicht mehr damit rechneten, bekamen wir endlich nach langer Wartefrist eine Grabungserlaubnis, die allerdings stark eingeschränkt war und nur für Teilbereiche der Wistinghauser Senne galt. Unseren weitergehenden Antrag für den Bereich der Stapelager Senne hatte der seinerzeit zuständige Archäologe in Bielefeld mit der Begründung abgelehnt, dass die Gefahr für uns, in diesem Gebiet auf explodierende Blindgänger aus dem Zweiten Weltkrieg zu stoßen, viel zu groß sei. Man muss sich das einmal vorstellen: In der Stapelager Senne übten seit Jahrzehnten sowohl die Bundeswehr als auch englische Panzereinheiten und gruben bei jeder Übung zahllose Schützengräben in den Sennesand, ohne dass es jemals eine Explosion gegeben hat. Diese Begründung war natürlich nur vorgeschoben, bestätigte uns aber erneut, dass unsere Bemühungen nicht nur nicht erwünscht waren, sondern auch, wie weitere Begegnungen zeigten, von zuständiger Seite ständig beeinträchtigt wurden. Wir waren deshalb gezwungen, uns mit archäologisch, zerstörungsfrei anwendbaren, sogenannten geophysikalischen Messverfahren zu beschäftigen.

Diese beruhen alle auf dem Prinzip, eine bestimmte physikalische Größe über der Erdoberfläche zu messen und aus Veränderungen dieser Messwerte Informationen über verdeckte archäologische Befunde abzuleiten. Die Anlage z.B. von Wällen und Gräben zerstört notwendigerweise das natürliche Bodenprofil und die geologische Schichtung. Häufig beeinflussen solche Erdbewegungen auch die mineralische Struktur des Bodens, wodurch eine unterschiedliche Porosität verschiedener Bodenzonen entsteht. Entscheidend ist nun, dass die veränderte Porosität der Erde auch die elektrische Bodenleitfähigkeit und das Magnetfeld der Erdoberfläche über Fundstätten beeinflussen kann.

Fotos von Geräten, die uns bei unserer Suche nach dem Schlachtfeld unterstützt haben.

Foto 1:
Fa. eastern atlas Berlin
Geomagnetometer

Foto 2:
Fa. eastern atlas Berlin
Georadar

Foto 3:
Fa. Bardenz/Bock Bochum
Georadar

Foto 4:
Ingenieurbüro EnAirGeo-Unna
Messung mit der EMFAD-
VFL-Technik
EMFAD® Gerät

Fotos über das Areal des von uns vermuteten Sommerlagers
(Truppenübungsplatz Stapelager Senne)

Foto 5: Blick auf die Stapelager Schlucht und den Stapelager Berg

Foto 6: Blick über den Truppenübungsplatz in Richtung Nord-Ost

Foto 7: Blick auf die Stelle des vermuteten Westtores

Foto 8: Blick auf die vermutliche Lage des Westwalls

Foto 9: Blick auf die vermutliche Lage des Südwalls

Foto 10: Balkenlöcher in einer Kellermauer am Hof Schapeler

Foto 11: Blick auf den Teich des Schapeler Hofes

Foto 12:
Blick auf einen quadratischen Brunnen im Hof Schapeler
(heute verfüllt)

Fotos von der amtlich genehmigten Probegrabung auf dem Truppenübungsplatz Stapelager Senne am 04.08.2007

Foto 13: Blick auf das Grabungs-
feld mit beschädigtem Bagger

Foto 14: Pfostenspur mit unterlegten Querbalken

Foto 15: parallele Pfostenspuren
und ein mit schwarzem Material
verfüllter Graben

Skizze von Pfostenstümpfen
einer Holz-Erde-Mauer mit
unterlegten Querbalken[174]

---

[174] nach einem Foto: W. Schöwel, LWL-Archäologie für Westfalen (Oberaden)

Auf der Messgraphik zeigt sich, dass der elektrische Widerstand über Gräben abnimmt, über Mauern aber ansteigt. Umgekehrt ist das magnetische Feld über Gräben stärker, über Mauern schwächer und die elektrische Leitfähigkeit über Gräben höher und über Wällen niedriger.

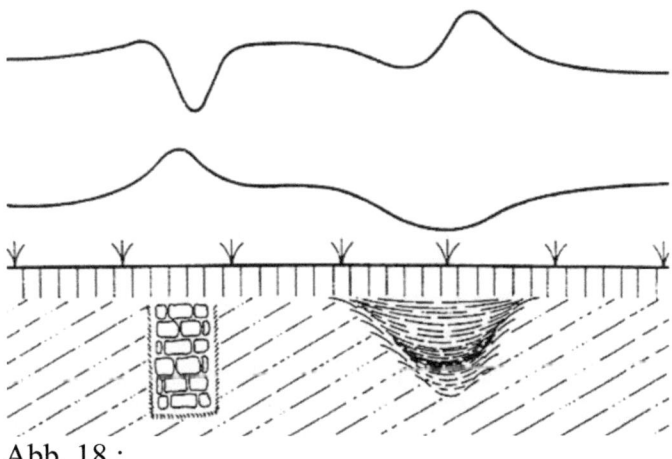

Abb. 18 :
Geophysikalische Messkurven: Veränderungen von Bodenwiderstand (unten) und Magnetfeldstärke (oben) über verschütteten Mauern und Gräben

Rehfuß ließ sich von der Firma Geophysik Mersmann, die solche Geräte zur Erfassung geologischer Störungen im Boden herstellt, einen Prospekt schicken und verabredete einen Termin, um ein solches Gerät vor Ort zu überprüfen. Am 22. März 2005 trafen wir uns mit Vertretern dieser Firma vor dem Ort Stukenbrock und untersuchten gemeinsam auf dem Truppenübungsplatz Stapelager Senne die südliche, westliche und nördliche Lagerbegrenzung, sowie die Stelle der mutmaßlichen Principia, der Lagermitte und des Südtores. Während dieser Untersuchungen wurden wir von einem Hubschrauber gesichtet, und kurz darauf erschienen zwei motorisierte Militärpolizisten, um uns zu überprüfen und uns mitzuteilen, dass das Betreten dieses Geländes strengstens verboten sei. Nachdem wir ihnen unsere offizielle Grabungserlaubnis für Teilbereiche der Wistinghauser Senne, unterzeichnet vom Landrat des Kreises Lippe, gezeigt und ihnen mitgeteilt hatten, dass wir zusätzlich unseren Besuch beim zuständigen Standort in Augustdorf angemeldet und von dort telefonisch die Erlaubnis für diese Untersuchung bekommen hätten, ließen sie uns ohne Kommentar weitermachen. Auf dem Rückweg zum Auto fanden wir zufällig in einem Schützengraben des vermuteten Westwalles eine graue Verfärbung im Sand (Abb. 19 a und 19 b), die wie ein eingedrücktes Bleirohr aussah und in etwa 40 cm Tiefe am Übergang des Walles zum Graben zu sehen war. Weil im Sand bei oberflächlicher Betrachtung und Untersuchung keinerlei Metallspuren festzustellen waren, nahmen wir Bodenproben, um diese analysieren zu lassen. Die Analyse des Labors Dr. Eberhard in Dortmund ergab, dass der Bleigehalt dieser Bodenprobe im Vergleich zu einer Referenzprobe um das etwa Siebenfache, der Zink- und Kupfergehalt um das Zweifache erhöht waren. Nach Auskunft der Chemiker löst sich Blei nur bei Anwesenheit von ausreichend Huminsäuren. Diese entstehen aus Abbauprozessen von pflanzlichem Material sowie bei Vorhandensein von weichem Wasser in Verbindung mit Sauerstoff und durch Kontakt mit Essigsäure, die in der Regel zum Färben von Stoffen benötigt wird, vollkommen auf. Die uns eine Woche später zugesandten Ergebnisse unserer geomagnetischen Felduntersuchung in der Stapelager Senne waren leider enttäuschend. Das lag unserer Meinung nach vor allem daran, weil das Computerprogramm der Firma Mersmann in dem Bereich der Y-Achse viel zu grob ausgelegt war. Obwohl sich dies auch nach Rücksprache mit den Herstellern nicht ändern ließ, entschloss sich Rehfuß, das Magnetometer Typ BPM 2010 zu kaufen. Wir fuhren damit zunächst nach Oberaden, um dort am Wall und Graben des bekannten Römerlagers das Gerät auszuprobieren.

Nachdem es uns endlich gelungen war, die y-Achse deutlich zu strecken, erhielten wir eine Kurve, die mit ihren Höhen und Tiefen genau mit der oberflächlich sichtbaren Graben- und Wallsituation übereinstimmte. Voller Hoffnung fuhren wir am Sonntag (3. April 2005) wieder zur Stapelager Senne. Mit dem Bandmaß steckten wir in der Südwestecke eine etwa 30 Meter lange Teststrecke ab und nahmen alle 25 cm drei punktförmige, exakt senkrecht ausgerichtete Messungen (Abb. 20) vor.

Abb. 19 a:
Spuren eines eingedrückten Bleirohres (Bildmitte rechts) in einem Schützengraben am vermuteten Westwall.

Abb. 19 b:
Vergrößerung des Abdrucks des aufgelösten Bleirohres im Sand am Westwall in 0,40 Metern Tiefe am Übergang vom sichtbaren Wall zum Graben.

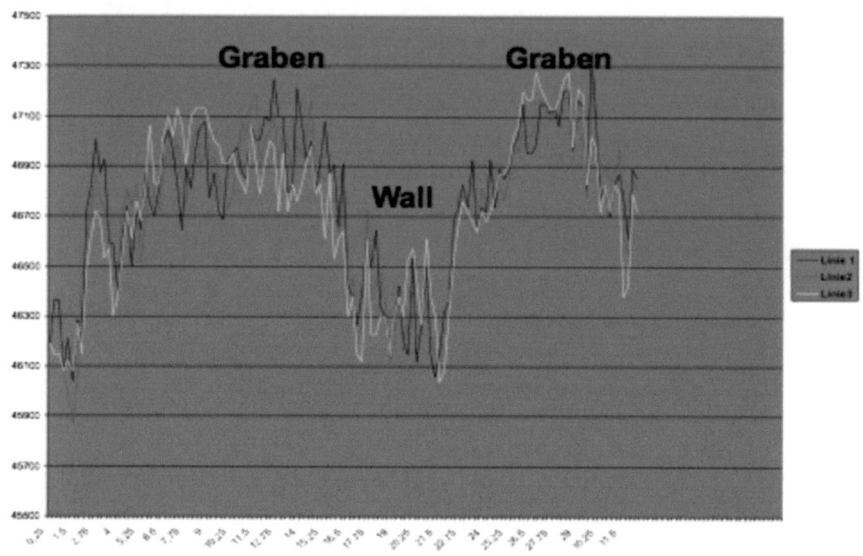

Abb. 20:
Südwall: Messungen mit dem Geomagnetometer. Die tiefsten Werte lagen im Schnitt bei 46.200 nT und die höchsten bei 46.750 nT

Anschließend wiederholten wir diesen Vorgang im Bereich des Westwalls. Die messtechnische Überprüfung der Lagermitte, dem mutmaßlichen Ort der Principia, zeigte leider kein sichtbares Ergebnis, was wir darauf zurückführten, dass dieses Gerät zum Aufspüren von eventuellen Fundamentspuren im Boden nicht empfindlich genug war. Bei der Auswertung unserer Messungen sind wir so vorgegangen, dass wir zunächst die zwei am nächsten liegenden Werte gemittelt (Linie 1), dann alle drei Werte gedrittelt (Linie 2) und schließlich bei den Absenkungen die niedrigsten und bei den Erhöhungen die jeweils höchsten Werte (Linie 3) eingetragen haben. Das Ergebnis dieser Auswertung übertraf zwar unsere Erwartungen, denn sowohl im Bereich der südlichen als auch der westlichen (Abb. 21) Lagerbegrenzung waren im Kurvenverlauf deutliche Höhen und Tiefen zu sehen. Diese Kurven entsprachen allerdings nicht den oberflächlich sichtbaren Geländesituationen, sodass unterirdisch sowohl am vermuteten Südwall (Abb. 20) wie auch am vermuteten Westwall (Abb. 21) ein Graben- Wall-Graben-Profil vorzuliegen scheint.

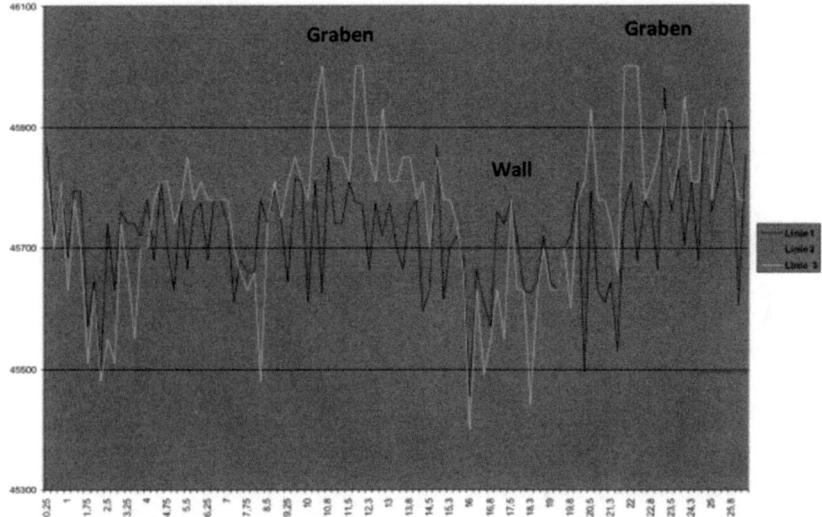

Abb. 21:
Westwall in der Südwestecke: Messungen mit dem Geomagnetometer BPM 2010. Die tiefsten Werte lagen im Durchschnitt bei 45.600 nT und die höchsten bei 45.850 nT

Somit konnte dieses Ergebnis für uns immer noch nicht als ein sicherer, unwiderlegbarer Beweis unserer Thesen gelten. Wir hatten keine andere Wahl, denn alle unsere Bemühungen und Ergebnisse beruhten im Wesentlichen auf Vermutungen. Damit war klar, dass wir professionelle Hilfe brauchten. Wir nahmen deshalb Kontakt mit Herrn Ullrich von der Berliner Firma *eastern atlas* auf und schickten ihm alle unsere bisherigen Ergebnisse, sowie Fotos und Karten mit entsprechenden Erklärungen. Herr Ullrich war sehr interessiert und vereinbarte, weil er gerade in Spanien und anschließend in Syrien archäologische Prospektionen durchführte, einen Termin mit uns am 21. Mai 2005. Herr

Ullrich kam mit seinen Mitarbeitern spät am Nachmittag des 20. Mai in Unna an. Beim Abendessen erklärten wir ihm unsere Thesen und wir besprachen das weitere Vorgehen. Am nächsten Morgen fuhren wir gemeinsam in Richtung Truppenübungsplatz Stapelager Senne. Nach ausführlicher Absteckung des Messbereiches erfolgten zunächst die Messungen mit dem Geomagnetometer (Foto 1) und anschließend mit dem Georadar (Foto 2).

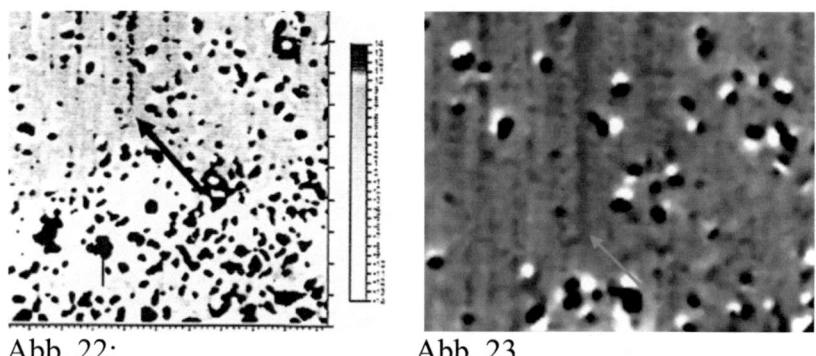

Abb. 22:   Abb. 23

Geomagnetikmessung der Firma eastern atlas Berlin: Es findet sich eine schwache positive, lineare Anomalie bei Rechtswert 118–119 m und Hochwert 35 –52 m. Sie kann mit einem Graben erklärt werden.

Die zahlreichen fleckförmigen Strukturen in der Umgebung dieser Anomalie sind Ausdruck der massiven Einlagerung von Metallschrott im Boden der Stapelager Senne. Weil aber in einem geomagnetischen Profil ein senkrecht auf den Südwall zulaufender Graben (Abb. 22) und gleichfalls bei der Georadar Messung (Abb. 23) nur schwach darstellbar war, ließen wir diesen Befund durch eine erneute Georadar Untersuchung von der Firma Bardenz-Bock Bochum (Foto 3, Seite 155) überprüfen. Das Ergebnis bestätigte die Andeutung eines senkrecht auf die Eichenbäume zulaufenden Grabens (Abb. 24), wobei bei dieser Messung auffiel, dass der Graben innen vor einem angedeuteten Wall nachzuweisen war. Das Preis-Ergebnis Verhältnis der geophysikalischen Testmessungen durch qualifizierte Firmen (eastern atlas, Bardenz-Bock) war auf Dauer für uns ein zu großes finanzielles Risiko, weil erstens durch weite Anfahrwege, zweitens durch viel notwendiges Personal und drittens durch jedes Mal erneutes Einmessen der verschiedenen Messfelder die Untersuchungen sehr teuer wurden und dabei so viel Zeit verging, dass für die eigentlichen Testmessungen flächenmäßig nur wenig Raum blieb.

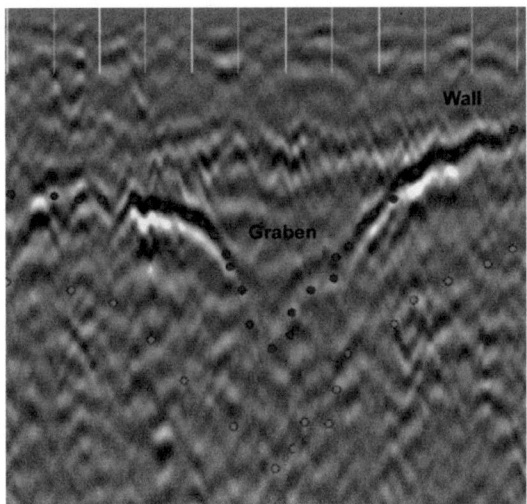

Abb. 24:
Senkrecht auf den Südwall scheint, in etwa 120 Metern Entfernung von der Westbegrenzung des Lagers, eine Graben-Wall-Situation zuzulaufen, von der oberirdisch nichts zu sehen ist. Merkwürdigerweise befindet sich hier der Graben innen und der Wall außen. Der Graben ist 4 m breit und 1,30 m tief. Möglich ist, dass es sich hier um den Graben und den Wall des Restlagers handelt?

Ein weiterer Nachteil war, dass die Geräte in schwierigem Gelände wegen ihrer Abhängigkeit von einer Stromversorgung nicht überall eingesetzt werden konnten und wir zusätzlich immer auch mit negativen Messergebnissen rechnen mussten, weil der Untergrund an vielen Stellen durch Eingriffe in den letzten Jahrhunderten und vor allem durch Panzerspuren in der Neuzeit stark zerfurcht und großflächig zerstört war.

Wir beschlossen deshalb, dass wir unabhängiger wären und es für uns günstiger sei, wenn wir uns selbst ein praktikables und dazu empfindliches Gerät zur Messung der elektrischen Leitfähigkeit anschaffen würden. Bernd Rehfuß, der als Ingenieur stets für die technische Umsetzung unserer Untersuchungen zuständig war, entschied sich für das von der EMFAD® – GmbH entwickelte geophysikalische Erkundungsverfahren. Die Gebrauchsanleitung erklärt dieses Messverfahren (Foto 4, Seite 155) folgendermaßen:

„Dieses Messverfahren beruht auf der Messung von anomalen Veränderungen der Leitfähigkeit des Untergrundes und bedient sich elektromagnetischer Felder (Primärfelder), die von unterschiedlichsten Sendern (z.B. Radiostationen) abgestrahlt werden. Befinden sich im Untergrund Materialien mit unterschiedlicher Leitfähigkeit im Wirkungsbereich des ›Primärfeldes‹, werden in den unterschiedlichen Materialien entsprechend unterschiedliche ‚Sekundärfelder‘ durch Induktion erzeugt. Primär- und Sekundärfelder überlagern sich an der Erdoberfläche und bilden die Grundlage für die EMFAD® - Messung. Messtechnisch werden dann alle Magnetfeld-Komponenten des sekundären elektromagnetischen Feldes herausgefiltert, ausgewertet und zur Anzeige gebracht."[175]

Erstaunlicherweise bestätigten die mit dem EMFAD® – Gerät durchgeführten Messungen (Abb. 25) am wahrscheinlich senkrecht zum Südwall hin verlaufenden Graben in eindrucksvoller Weise die aufwendigen Messungen der Firma Bardenz-Bock (Georadar Abb. 24) und der Firma eastern atlas (Geomagnetik Abb. 22,Georadar Abb.23), obwohl, wie bereits erwähnt, an der Oberfläche nichts mehr auf einen Graben, geschweige denn auf einen Wall hinweist. Bei der Messung mit dem EMFAD® – Gerät quer zum Südwall ergab die graphische Darstellung eine Graben-Wall-Graben-Situation (Abb. 26), die mit der Messung mittels Georadar der Firma eastern atlas übereinstimmte.

---

[175] EMFAD® – Geophysikalische Umweltmesstechnologie, Neuwied 2008 Benutzerhandbuch S. 3

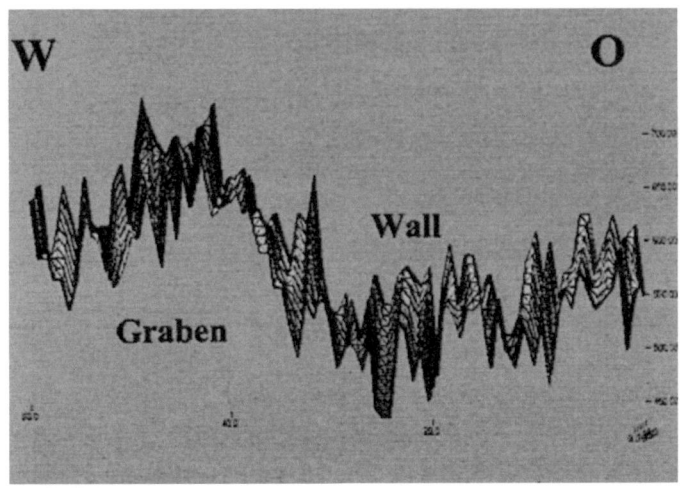

Abb.25:
Messung der Bodenleitfähigkeit längs zum Südwall an derselben Stelle wie Messung Abb. 24 und Abb. 25: Die hohe Leitfähigkeit entspricht einem Graben, die niedrige Leitfähigkeit einem Wall. x-Achse m/y-Achse A m⁻¹

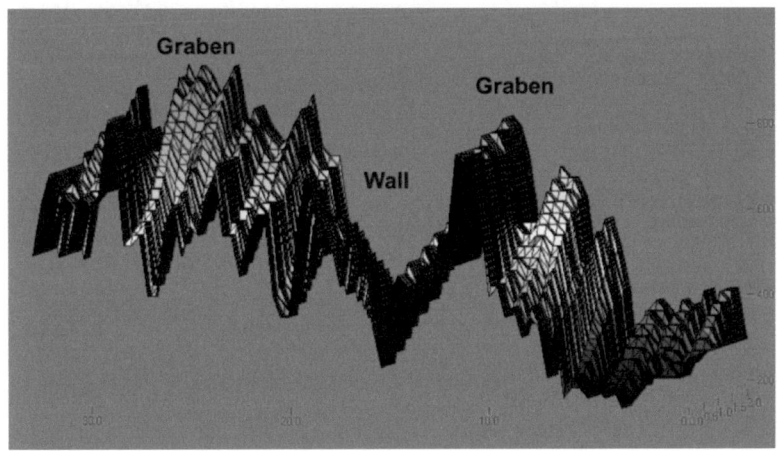

Abb. 26:
Messung der Bodenleitfähigkeit am Südwall: Baumreihe bei 15 Metern, hohe Leitfähigkeit (Graben), niedrige Leitfähigkeit (Wall) x-Achse m/y-Achse A m⁻¹

Weil davon auszugehen war, dass sich die Graben-Wall-Graben Situation auch weiter ostwärts fortsetzen musste, wenn sie Teil einer Lagerumwallung war, untersuchten wir im Osten eine zweite Stelle (im Abstand von etwa 500 Metern), die von Panzerspuren unberührt war, und fanden ein ähnliches Messbild.

Wir haben dann, etwa 20 Meter nördlich der auf dem Foto 9 (Seite 158) abgebildeten Baumreihe quer auf dem vermuteten Südwall, mit Genehmigung der Bundeswehr in Augustdorf, eine kleinräumige, etwa drei Meter breite Probegrabung vorgenommen und waren überrascht im Boden folgende Situation (Abb. 26) vorzufinden:

Abb. 26:
Probegrabung auf dem vermuteten Südwall
— 5 cm ⟵⟶ 25 cm

Die oberflächlichen Bodenschichten sind hier bis 40 cm Tiefe durch die lange landwirtschaftliche Nutzung (Pflügen) zerstört und sind deswegen durch eine Vermischung von Sand und Mutterboden dunkel verfärbt. Darunter findet sich in einer helleren Sandschicht eine etwa 25 Zentimeter breite senkrechte Spur, die beidseits von einem drei bis vier Zentimeter breiten schwarzen Rand umgeben ist. Diese

170

Spur reicht bis über 1,10 Meter in die Tiefe. In einem Winkel von 45 ° fanden wir eine zweite etwa fünf Zentimeter breite Spur, die ebenfalls von einem schwarzen Rand umgeben ist. Wir vermuteten, dass das eine breite Pfostenspur, auf die eine dünnere Pfostenspur zuläuft, sein könnte und hielten es für möglich, den äußeren Pfosten einer Holz-Erde-Mauer mit seiner Bewehrung (Pilum muralium?) angegraben zu haben.

Auch die Messungen im Bereich des vermuteten Westwalles mittels Georadar (Abb. 27) und dem EMFAD® – Gerät mittels der Boden-leitfähigkeit (Abb. 28), zeigten Ergebnisse, die auf eine unterirdi-sche Graben-Wall-Situation hinweisen, die ebenfalls in keiner Weise den oberflächlich sichtbaren Geländeverhältnissen entspre-chen. Die unterschiedlichen Maßangaben der Grabensole erklärt sich dadurch, dass wir bei unserer Messung mit dem EMFAD – Ge-rät den Wegrand als Ausgangspunkt unserer Messung genommen haben, der im Vergleich zum Ausgangspunkt des Georadars zwei Meter kürzer war.

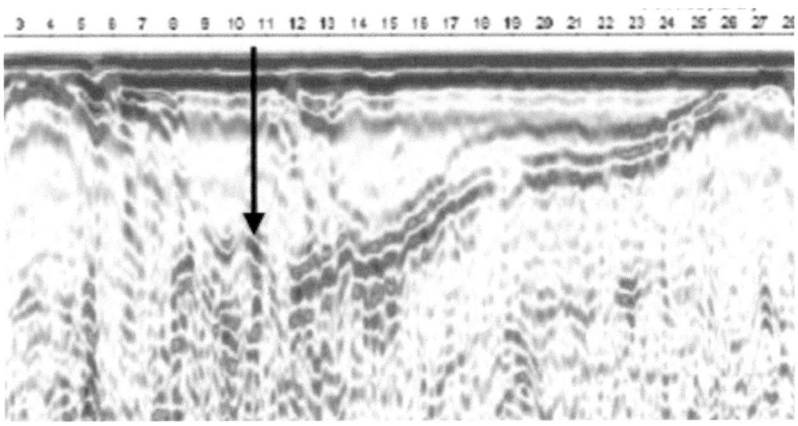

Abb. 27:
Unterirdischer Graben, oberflächlich sichtbare Wallkrone bei 10,50 m.
Georadar Messung Fa. eastern atlas Berlin

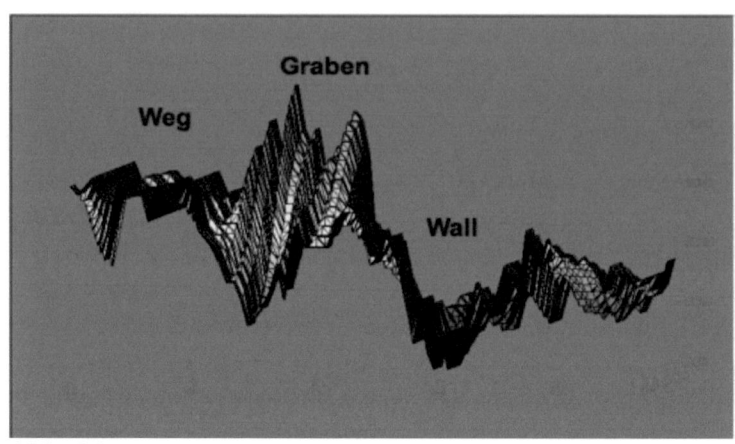

Abb. 28:
Sichtbare Wallkrone bei 8,5 m, unterirdisch findet sich dort ein Graben, niedrige Leitfähigkeit (Wall). Messung der Bodenleitfähigkeit am Westwall (West/Ost): x-Achse m/y-Achse A m^{-1}

Ein endgültiger Beweis unserer Theorie, das ist uns bewusst, kann letztlich nur durch Leitfunde gelingen. Leider ist das gerade in der Senne schwierig, weil sich erstens durch sauren Regen im sandigen Boden fast alle Metall- und Eisenteile (siehe Bleirohr, Ausnahme Edelmetalle) im Laufe der Jahrhunderte fast vollkommen aufgelöst haben, zweitens der zahlreiche Oberflächenschrott (Munitionshülsen, Granatsplitter usw.) auf dem Truppenübungsplatz Stapelager Senne die Suche nach metallischen Bodenfunden mit Metalldetektoren sehr erschwert beziehungsweise unmöglich macht und drittens das Gelände durch Panzerspuren teilweise flächendeckend zerstört wurde. Auf jede Begehung mit Metalldetektoren haben wir bewusst verzichtet, doch es ist uns stattdessen gelungen, mittels verschiedener Messverfahren den Nachweis zumindest von Wall- und Grabenstrukturen in diesem Bereich des Truppenübungsplatzes Stapelager Senne zu erbringen und das Bemerkenswerte an unserem Ergebnis ist: Dass sich durch drei völlig unabhängig voneinander arbeitende geophysikalische Messmethodiken (Geomagnetik, Georadar, Bodenleitfähigkeit) einheitlich an gleicher Stelle signifikante, für Wall und Graben charakteristische Kurvenverläufe abzeichnen, die an keiner Messstelle dem oberflächlichen Bodenprofil entsprechen.

Um weitere Beweise zu bekommen, dass hier das Sommerlager des Varus geschanzt worden war, haben wir im Jahre 2006 erneut einen Grabungsantrag bei der Unteren Denkmalbehörde der Stadt Lemgo gestellt und einen ausführlichen Bericht unserer bisherigen Untersuchungen und Textanalysen beigefügt. Der zuständige Mitarbeiter der Behörde, Herr Gerhard Kroos, war sehr interessiert und ihm gelang es, für uns einen Termin mit dem Kommandeur der Bundeswehr, Brigadegeneral Jürgen Weigt, dem Bürgermeister von Augustdorf, Dr. Zelle vom Archäologischen Museum in Detmold und Vertretern der zuständigen Abteilung der LWL-Archäologie in Bielefeld und einigen uns unbekannten Teilnehmern zu arrangieren, sodass wir im Frühjahr 2007 vor diesem Gremium einen Vortrag halten konnten. Nach der anschließenden Diskussion gab uns, trotz einstimmiger Ablehnung der Vertreter der Archäologie, Brigadegeneral Weigt die Genehmigung an der von uns vorgeschlagenen Stelle zu graben, verlangte allerdings, dass die Grabungsstelle noch am selben Tag wieder verfüllt und alle Spuren der Grabung beseitigt würden.

Am 04. August 2007 war es dann soweit. Es wurde aus Oerlinghausen ein Bagger besorgt, der am Vorabend schon in der Nähe der Grabungsstelle abgestellt wurde. Bernd Rehfuß und ich fuhren schon früh am nächsten Morgen von Unna aus los, um pünktlich um 8.00 Uhr mit der Grabung beginnen zu können. Leider stellten wir fest, dass unser Vorhaben sabotiert wurde, denn in der Nacht hatte jemand alle Fensterscheiben des Baggers zerschossen. Wir meldeten den Vorfall bei der Polizei, die auch bald vor Ort erschien. Bis alle polizeilichen Maßnahmen am Tatort erledigt waren, wurde es Mittag. Jetzt wurde zunächst beratschlagt, ob wir die Grabungsaktion absagen sollten. Einstimmig waren wir der Meinung, dass wir, eingedenk der bisherigen Schwierigkeiten, einen neuen Termin mit großer Wahrscheinlichkeit nicht mehr bekommen würden. Also begannen wir mit deutlicher Verspätung mit dem Bodenaushub.

Trotz des jetzt engen Zeitrahmens der Grabungsaktion konnten wir einen breiten mit schwarzem Material verfüllten Graben, mehrere parallele Bodenspuren und eine Pfostenspur, die in der Tiefe mit Querbalken unterlegt war, nachweisen. Dies war eine Technik, die die Römer stets bei sumpfigen Böden anwandten, um so die schnelle Verrottung der hölzernen Pfosten zu verhindern. (siehe Foto und Skizze Seite 160) Da bis 17.00 Uhr alle Spuren unserer Aktion wieder zu beseitigen waren, mussten wir die Grabung mit diesem Ergebnis leider vorschnell beenden. Allerdings hatten wir jetzt wenigstens den Beweis, dass an dieser Stelle zu irgendeinem Zeitpunkt Römer gelagert hatten.

In der Folgezeit hat sich Bernd Rehfuß bemüht, auf den Luftbildern von Gooogle-Earth zusätzlich den Nachweis des Restlagers zu erbringen:

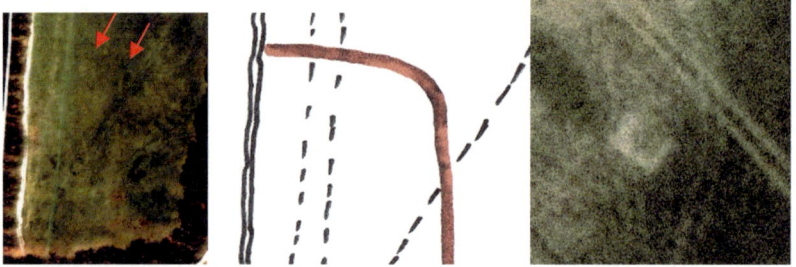

Abb. 29: schwache Grabenstruktur vom Abb. 30 Strukturen im Luftbild vom vermuteten Restlager (April 2021) Hof Schapeler

Das Foto dieser Grabenstruktur, die nur schwach auf dem farbigen Bild zu sehen ist, weil vom Foto zum Druck ca. 30% der Schärfe verloren geht, hat Rehfuß an einen Luftbildarchäologen geschickt, der eine lineare Struktur mit nur einer Rundecke bestätigte.
Da wir diese Struktur als den in der Not geschanzten Graben des Restlagers ansprachen, der im Westen und im Süden direkt an den schon vorhandenen Wällen anschloss, also ein geschanztes Lager in einer vorhandenen Lagerecke darstellte, konnte es natürlich auch nur eine Rundecke geben.

Unabhängig von unseren bisherigen Grabungsspuren zeichnen sich in mehreren Luftbildern noch weitere Bodenspuren ab, deswegen sollte der Ursprung dieser Spuren sowie eine genauere Klärung der von uns gefundenen Besonderheiten in der Stapelager Senne, da sind wir uns sicher, am ehesten durch folgende Maßnahmen erbracht werden:

1. Man sollte einen zumindest 80 Zentimeter tiefen, kleinflächigen Bodenabhub an dem mutmaßlichen Wall im Bereich der südlichen Lagerbegrenzung durchführen, um so eventuelle Pfosten- sowie Wall- und Grabenspuren zu sichern und zu datieren. Erst nach erfolgtem Bodenabhub könnte man in diesem Bereich auch Metallsuchgeräte mit besserem Erfolg einsetzen.
2. Außerdem sollte eine Grabung in Lagermitte veranlasst werden, um eventuelle Gebäudestrukturen von Praetorium und Principia aufzufinden sowie
3. gezielte Prospektionen mittels Georadar beziehungsweise mit hochwertigen Caesium-Magnetometern zum Aufspüren von Pfostenspuren veranlasst werden, die diese Arbeiten begleiten.
4. Im Umfeld der Stapelager Senne ist eine systematische Suche nach römischen Grabstellen zu empfehlen, und
5. eine Überprüfung der Einfassung des Brunnens des Hofes Schapeler und des in ihm befindlichen Abfalls durchzuführen. Leider ist der Brunnen, der vor wenigen Jahren noch 1-2 Meter tief war, heute verfüllt und nicht mehr sichtbar.
6. Auch eine Grabung im Bereich der möglichen nördlichen Begrenzung des vermuteten Lagers, wie unter 1, könnte Erfolg versprechen.

Punkt 1 ließe sich mit wenig Aufwand und geringen Kosten kurzfristig umsetzen, weil allein dadurch schon ein militärisches Lager an dieser Stelle zu beweisen oder auszuschließen wäre. Dies sollte allerdings bald geschehen, weil bei einer weiteren Zerstörung dieses Geländes alle dort möglicherweise noch nachweisbaren Überreste einer römischen Nutzung endgültig verschwunden sind.

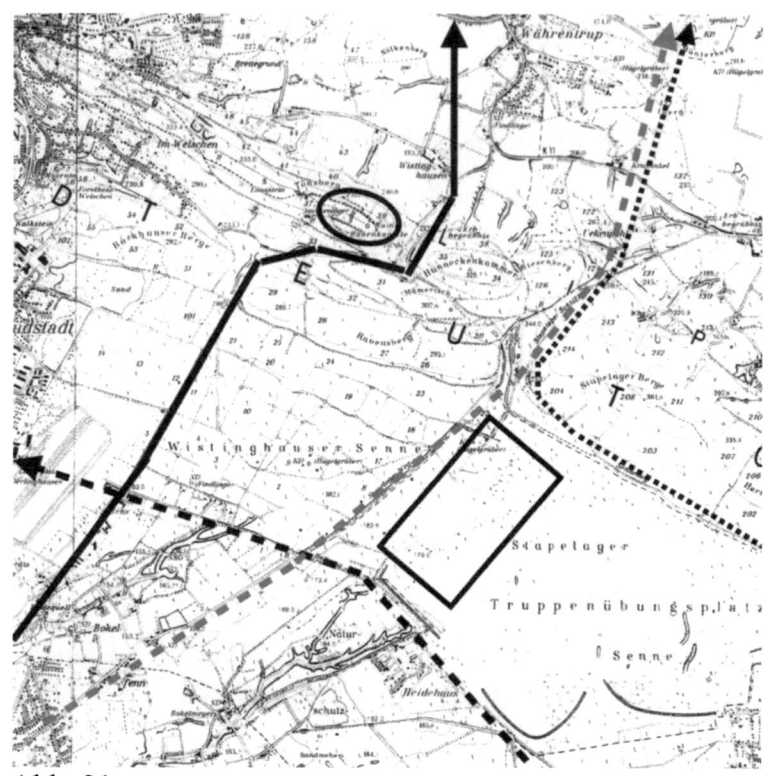

Abb. 31:
Möglicher Standort des Sommerlagers?

——➤	Fernweg durch die Wistinghauser Schlucht zur Weser
– – ➤	Senne-Hellweg von Paderborn in Richtung Bielefeld
– – ➤	Fernweg durch die Stapelager Schlucht zur Weser
·······➤	Senne Randweg
⬭	Standort des germanischen Heiligtums
▭	Mögliche Lage des Varusschlachtfeldes

VIII. Der Überfall auf das Sommerlager des Varus

Der wesentlichste Gesichtspunkt unserer These, der die bisherige Lehrmeinung, dass die Varuslegionen auf einem Marsch durch den germanischen Urwald untergegangen sind, infrage stellt, geht davon aus, dass die Römer in ihrem Sommerlager von den Germanen überfallen wurden. Dies halten Historiker und Militärexperten für einen Mythos, denn für sie war ein erfolgreicher Überfall von Germanen auf ein vollbesetztes römisches Drei-Legionen-Lager im Jahre 9 völlig unmöglich. Unabhängig von allen bisher von uns vorgelegten Beweisen, von den Zweifeln Cassius Dios, von den Berichten der zeitnäheren Autoren (Velleius Paterculus, Florus und Tacitus) sind die meisten Historiker und Archäologen seit Mommsen immer noch überzeugt, dass: „der dionische Bericht, der Einzige *ist*, der diese Katastrophe in einigem Zusammenhang überliefert und den Verlauf derselben in genügender Weise erklärt."[176] Leider lässt sich dieses Festhalten an dieser plumpen augusteischen Geschichtsfälschung heute nur noch aufrecht erhalten, weil seit Mommsen die meisten seiner Nachfolger gleichzeitig die Autoren Florus sowie Velleius Paterculus gering schätzen und sehr negativ beurteilen und selbst dem Tacitus, „Hass", „Parteischriften", „persönlichen Animositäten" unterstellen und ihm außerdem „jegliche Qualitäten als Historiker abgesprochen haben"[177].

    Zum Abschluss dieses Buches möchten wir, um den Ablauf und den Erfolg dieses germanischen Überfalls dem Leser näher zu bringen, nochmal mit unserem Bericht an dem Tag beginnen, als Arminius im Jahre 8 mit seiner Auxiliartruppe nach Beendigung des pannonischen Krieges in seine Heimat zurückkommt und sieht, wie Varus selbst den Cheruskern, die seit dem Vertrag mit Tiberius im Jahre 4 als Bundesgenossen ins Imperium Romanum aufgenommen wurden, trotzdem römisches Recht aufzwingt und sogar Hinrichtungen an seinen Stammesgenossen durchführen lässt. Arminius spürt sofort, dass die Germanen,

---

[176] Mommsen: *Römische Kaisergeschichte*, Augustus S. 128
[177] Millhoff: *Der Tod des Varus und seiner Legionen* S. 495, Besprechung von R. Symes: *Tacitus* U. Weidemann S. 531, Heidelberg 1957

wie Florus berichtet, „begannen, des Varus Quintilius Wollust und Stolz nicht weniger als seine Grausamkeit zu hassen"[178] und dass sie bereit waren, zu den Waffen zu greifen. Arminius, schreibt Velleius Paterculus, hatte sofort einen Plan, wie man die Römer besiegen könnte: „Erst weihte er (Arminius) nur wenige, dann mehrere in seinen Plan ein, die Römer könnten vernichtet werden, das war seine Behauptung, mit der er auch überzeugte."[179]

Ein solcher Plan, die Römer in ihrem Sommerlager zu überfallen, kann die wenigen Eingeweihten nur überzeugt haben, wenn dieses Unternehmen mit einer überschaubaren Anzahl von Kämpfern durchzuführen war und wenn außerdem bei seiner Ausführung die technische Überlegenheit der römischen Waffen keine Rolle spielen durfte. Als unbedingte Voraussetzung musste natürlich Geheimhaltung gelten, Verrat war auf jeden Fall zu vermeiden. Weitere Einzelheiten seines Planes erfährt man von Velleius Paterculus:

„Die tapferste Armee von allen, führend unter den römischen Truppen, was Disziplin, Tapferkeit und Kriegserfahrenheit angeht, wurde durch die Indolenz des Führers, die betrügerische List des Feindes (perfidia hostis = Treulosigkeit, Wortbruch) und die Ungunst des Schicksals in einer Falle gefangen (bedrängt). Weder zum Kämpfen noch zum Ausbrechen bot sich ihnen, so sehnlich sie es sich auch wünschten, ungehindert Gelegenheit, ja einige mussten sogar schwer dafür büßen, dass sie als Römer ihre Waffen und ihren Kampfgeist eingesetzt hatten. Eingeschlossen in Wälder und Sümpfe, in einem feindlichen Hinterhalt, wurden sie Mann für Mann abgeschlachtet,"[180]

Nach Velleius spielte also eine betrügerische List beziehungsweise eine Treulosigkeit die Hauptrolle bei diesem Überfall und die Mitteilung, dass einige Soldaten schwer dafür büßen mussten, weil sie ihre Waffen

---

[178] Florus: *Abriss der Römischen Geschichte* Buch IV Kap. 29 ff
[179] Velleius Paterculus, *Historia Romana* II Buch II/118.3
[180] Velleius Paterculus, *Historia Romana* II Buch II/119.2

eingesetzt hatten, kann sich eigentlich nur auf die Soldaten der Legion des Ceionius beziehen, die, als dieser die Kapitulation und die Übergabe[181] (des Lagers) anbot, nicht bereit waren ihre Waffen niederzulegen. Dann fährt Velleius Paterculus fort: „Eingeschlossen in Wälder und Sümpfe, in einem feindlichen Hinterhalt, wurden sie Mann für Mann abgeschlachtet." Diese Textstelle gibt, wenn der Überfall auf ein Lager stattgefunden hat, eigentlich keinen Sinn. Wir überprüften deswegen die deutschen Übersetzungen und zogen wieder den *Stowasser*[182] zurate. Dort steht unter „*insidiae*:1. Hinterhalt 2. Nachstellung, Hinterlist, Tücke, Verrat, Anschlag." Allerdings wird in der Erläuterung zusätzlich darauf hingewiesen, dass der Ablativ „insidiis circumventus" mit „von Verrat umgeben" zu übersetzen ist. Deshalb könnte die richtige Übersetzung dieser Textstelle auch lauten:

„Eingeschlossen von Wäldern, Sümpfen und Verrat" wurden sie Mann für Mann abgeschlachtet."

Weitere Informationen, wie der Plan des Arminius ausgesehen hat, erfährt man wieder von Velleius:

„Die Leute dort sind aber – wer es nicht erfahren hat, wird es kaum glauben – bei all ihrer Wildheit äußerst verschlagen, ein Volk von geborenen Lügnern. Sie erfanden einen Rechtsstreit nach dem anderen; bald schleppte einer den anderen vor Gericht, bald bedankten sie sich dafür, dass das römische Recht ihren Händeln ein Ende machte, dass ihr ungeschlachtes Wesen durch diese neue und bisher unbekannte Einrichtung allmählich friedsam werde und, was sie nach ihrer Gewohnheit bisher durch Waffengewalt entschieden hätten, nun durch Recht und Gesetz beigelegt würde. Dadurch wiegten sie Quintilius Varus in höchster Sorglosigkeit, ja, er fühlte sich eher als Stadtprätor, der auf dem römischen Forum Recht spricht, denn als Oberbefehlshaber einer Armee im tiefsten Germanien."[183]

Der Plan sah also vor, dass zu den Gerichtstagen des Varus im Jahre 9 langsam immer mehr Kläger und Beklagte kommen sollten. Da aus

---

[181] Velleius Paterculus, *Historia Romana* II Buch II/119.4
[182] Stowassers Lateinisch-Deutsches Schul- und Handwörterbuch
[183] Velleius Paterculus: *Historia Romana* II/118.1

Gründen der Sicherheit die Römer an den Prozesstagen immer nur eine begrenzte Anzahl von Prozessbeteiligten ins Lager einließen und diese selbstverständlich auf Waffen untersucht wurden, sollte diese Maßnahme des Arminius die Germanen nur veranlassen, zu den regelmäßigen Gerichtstagen mit zahlreichen Angehörigen als Kläger und Beklagte zu kommen, damit sich allmählich immer mehr Menschen im Umfeld des Lagers beim Tross aufhielten, ohne dass die Römer Verdacht schöpfen konnten. An einem von Arminius noch zu bestimmenden Tag würden sich dann viele Germanen im Umfeld des Lagers befinden und sich dort beim Tross mit versteckten Waffen bereithalten. Berücksichtigt man dazu, die in diesem Buch beschriebenen weiteren Voraussetzungen dieses Überfalls, wie der günstige Zeitpunkt des letzten Gerichtstages des Varus, der am Geburtstag des Augustus am 23.09.09 stattfand, wie der Umstand, dass an diesem Tag der Tagundnachtgleiche um 0.29 Uhr Vollmond herrschte und die Germanen an diesem Vollmond zwischen September und Oktober gleichzeitig das Neue Jahr[184] beziehungsweise das Mabon Fest (Erntedankfest) an ihrem Bundesheiligtum feierten und beachtet man ferner, dass das Sommerlager (Schlachtfeld) nach Tacitus in der Nähe der heiligen Haine der Germanen[185] lag, scheint uns ein erfolgreicher Überfall auch mit den wenigen Soldaten der Marser, Chatten, Brukterer und Cherusker sowie mit weiteren Besuchern des Bundesheiligtums und den Prozessbeteiligten, die sich an diesem Tag beim Tross aufhielten, durchaus möglich. Betrachtet man dazu, die Skizze des römischen Marschlagers aus dem zweiten Jahrhundert v. Chr. nach Polybios als mögliche Vorlage für ein Drei-Legionen-Lager, verteilten sich darin die Hilfstruppen und Legionen folgendermaßen: Die römischen Legionen waren entlang der *Via praetoria* stets in der Mitte der Lager untergebracht. Die Verbündeten und die Auxiliartruppen lagerten dagegen im Außenbereich in dem verbleibenden Raum zwischen dem Intervallum und den Legionen. In dem Marschlager für drei Legionen und Hilfstruppen nach Pseudo-Hygin aus dem 1. Jahrhundert n. Chr. waren dagegen die Zelte

---

[184] Graichen Gisela: *Das Kultplatzbuch*, S. 113
[185] Tacitus: *Annalen* I/61

der 2. bis 10. Kohorte der drei Legionen, die als Elite galten, direkt entlang der Umwallung untergebracht und umgaben damit alle anderen Lagereinrichtungen. Diese wichtige Änderung im Aufbau der römischen Militärlager seit Polybios, wodurch jetzt nicht mehr die Verbündeten und Hilfstruppen im Außenbereich saßen, sondern hier die römischen Elitelegionen ihre Zelte hatten, ist bisher von der Wissenschaft kaum beachtet worden. Wir vermuten, dass diese Maßnahme als Folge der Varusschlacht eingeführt wurde, um so die Verbündeten im Lager besser kontrollieren und damit eine ähnliche Katastrophe wie im Jahre 9 vermeiden zu können. Wir gehen deshalb davon aus, dass vor der Schlacht die Hilfstruppen der Marser, Chatten, Brukterer und Cherusker noch im Bereich der Lagerwälle lagerten und die Legionen ihren Platz in der Mitte, umgeben von den Zelten der Verbündeten hatten. Einen weiteren Hinweis, dass nach der Varusschlacht vieles in römischen Lagern verändert wurde, erfährt man zusätzlich von Tacitus bei seinem Bericht über den Aufstand der rheinischen Legionen im Jahre 14:

„at si auxilia et socii adversum abscedentis legiones armarentur, civile bellum suscipi."[186]

„Wollte man aber Hilfstruppen und Bundesgenossen gegen abziehende Legionen bewaffnen, so sei der Bürgerkrieg da."

Das bedeutet, dass man nach der Varusschlacht, wenn sich Verbündete und Hilfstruppen gemeinsam mit den Legionen in römischen Lagern aufhielten, diesen alle Waffen abnahm und in den Magazinen lagerte. Da Arminius als römischer Ritter den täglichen und jährlichen Ablauf in römischen Lagern kannte, wusste er genau, wie die Feier des Geburtstages des Kaisers in allen römischen Lagern ablief, und warum gerade dieser Tag für den Erfolg eines Überfalls besonders geeignet war. Tacitus beschreibt dann das letzte Festmahl vor dem Beginn der Schlacht:

„Segestes dagegen hatte Varus schon oft und noch beim letzten Festmahl, nach welchem man zu den Waffen griff, darauf hingewiesen, dass ein Aufruhr vorbereitet werde, und den Rat gegeben, ihn selbst,

---

[186] Tacitus: *Annalen* I/39

den Arminius und die übrigen Häuptlinge zu verhaften. Nach Entfernung der Fürsten werde das Volk nichts wagen und er selbst Zeit gewinnen, um Schuldige und Unschuldige zu unterscheiden."[187]
Er fährt anschließend fort:
„Deshalb habe ich den Arminius, den Räuber meiner Tochter, der das Bündnis mit euch brach, bei Varus, dem damaligen römischen Heerführer, verklagt. Durch des Feldherrn Lässigkeit hingehalten, forderte ich, da die Verträge zu wenig Rückhalt boten, er solle mich, den Arminius und seine Mitverschworenen verhaften. **Zeuge ist jene Nacht** – ich wünschte sie wäre die letzte meines Lebens gewesen! Was dann folgte kann ich nur beklagen, nicht rechtfertigen. Jedenfalls habe ich den Arminius in Ketten legen lassen, musste aber auch die Ketten tragen, die sein Anhang mir anlegte."[188]
Wenn wir noch einmal zusammenfassen, hatten die Legionen bis auf die Wachmannschaften am letzten Gerichtstag des Jahres 9 wegen der Feier des Geburtstages des Kaisers dienstfrei (**tres vacuas legiones**[189]). An diesem Tag gab es, wie jedes Jahr ein Festmahl. Im Lager befanden sich zu diesem Zeitpunkt die Auxiliarkontingente der Marser, Brukterer, Chatten und Cherusker (nach G. Ulbert ca. 3000-4000 Mann). Um das Lager beim Tross lagerten zahlreiche Prozessbeteiligte und in den heiligen Hainen warteten viele Teilnehmer, die an der Feier des neuen Jahres beziehungsweise am Mabon Fest (Erntedankfest) am Bundesheiligtum teilnahmen. Wir vermuten deswegen, dass Arminius den Befehl zum Beginn des Überfalls erst spät in der Nacht oder kurz nach Mitternacht in der Frühe am 24.09.09 gegeben hat. Dieses Vorgehen hatte den Vorteil, dass es noch hell war, weil Vollmond herrschte, dass viele Soldaten zu diesem Zeitpunkt schon betrunken waren, viele noch bei ihren Konkubinen lagen und etliche schon schliefen. Die Auxiliare im Lager töteten zuerst die Wachmannschaften, besetzten das Fahnenheiligtum und öffneten gleichzeitig die Lagertore. Die Germanen drangen dann aus den heiligen Hainen „von allen Seiten" in das

---

[187] Tacitus: *Annalen* I/55
[188] Tacitus: *Annalen* I/58
[189] Tacitus: *Annalen* II/46

Sommerlager ein. Dies würde exakt der Mitteilung des Florus entsprechen („von allen Seiten drangen sie ein und plünderten das Lager.") und auch den Hinweis des Velleius Paterculus erklären:

„Von den beiden Lagerpräfekten aber gab der eine, L. Eggius, ein heldenhaftes, der andere, Ceionius, ein erbärmliches Beispiel. Der letztere bot, nachdem der größte Teil des Heeres schon umgekommen war, die Übergabe an."[190]

Eggius, wahrscheinlich der Lagerkommandant der 17. Legion, war völlig überrascht, wehrte sich vergeblich und starb mit seinen Soldaten nach heftigem Kampf. Ceionius, möglicherweise der Lagerkommandant der 18. Legion, sah das Massaker, streckte bald die Waffen und bot die Übergabe des Lagers an. Caedicius, der Lagerkommandant der 19. Legion, war inzwischen vorbereitet, er ergriff den Varus, verschanzte sich in einer Lagerecke („dein semiruto vallo, humili fossa accisae iam reliquiae consedisse intellegebantur."[191]) und wartete dort bis er von Asprenas befreit wurde. Bei Asprenas Erscheinen zogen sich die Germanen zurück, Asprenas ließ sogleich die wertvollen Stahlschwerter der Gefallenen einsammeln und brachte anschließend Caedicius mit seinen Soldaten nach Aliso, bevor er mit seinen zwei Legionen in Eilmärschen nach Castra Vetera zurückkehrte, um sofort die Rheingrenze zu sichern. Augustus ließ in seinen Senatsberichten dann einen Bericht veröffentlichen, der dem Bericht über den Verlust eines Zwei-Legionen-Lagers von Julius Caesar im Krieg gegen die Eburonen glich und konnte so sein Gesicht in Rom wahren.

Bei der Überprüfung des Ablaufs des Überfalls, schauten wir uns erneut den Bericht über die Besichtigung des Schlachtfeldes durch Germanicus im Sommer 15 n. Chr. an. Tacitus schreibt dazu:

„Mitten auf dem Schlachtfeld lagen die bleichenden Knochen, bald zerstreut, bald haufenweise, je nachdem die Soldaten geflohen waren oder Widerstand geleistet hatten. Daneben lagen Bruchstücke von Wurfwaffen und Pferdegerippe…"[192]

---

[190] Velleius Paterculus, *Historia Romana* II Buch II/119.4
[191] Tacitus, Annalen I/61
[192] Tacitus, *Annalen* I/61

Warum finden sich bei dieser Aufzählung nur Bruchstücke von Wurfwaffen, jedoch keine Relikte römischer Schwerter, keine beschädigten Rüstungen, keine zerbeulten Helme und vor allem keine Bruchstücke germanischer Waffen? Um diese Situation zu klären, lasen wir bei Tacitus nochmal über die Gefangennahme des Segestes nach:

„Herbeigebracht wurden auch Beutestücke aus der Niederlage des Varus, die zumeist den Beuteanteil der Krieger gebildet hatten, die sich jetzt ergaben; zugleich erschien Segestes selbst, mächtig von Aussehen und im Bewusstsein seiner bewährten Bundestreue unerschrocken."[193]

Im lateinischen Text steht allerdings nicht Beutestücke, sondern „ferebantur et spolia (Rüstungen) Varianae cladis." Das bedeutet, dass Segestes und seine Soldaten als Beuteanteil die Rüstungen der römischen Soldaten bekommen haben. Zusätzlich erfährt man von Tacitus beim Kampf der Germanen gegen Marbod im Jahre 17 noch:

„Jetzt besichtigte Arminius zu Pferd alles und wies überall, wohin er ritt, auf die wiedergewonnene Freiheit, die erschlagenen Legionen und auf die den Römern abgenommenen Waffen hin, die immer noch in vieler Hände seien."[194]

Im lateinischen Text steht wiederum nicht Waffen, sondern: „spolia (Rüstungen) adhuc et tela (Wurflanzen) Romanis derepta in manibus multorum ostentabat;" Das bedeutet, dass Segestes die Rüstungen der Römer an sich nahm und dass sich Arminius für seine Soldaten für die Wurfspeere der Römer als Beute entschieden hatte. Wir gehen zusätzlich davon aus, dass Asprenas im Sommerlager erschien, bevor die Germanen das Schlachtfeld plündern konnten, um die Habseligkeiten der toten Soldaten und die Stahlschwerter der Römer einzusammeln, und dass erst später Segestes die Rüstungen und Arminius die Wurfspeere vom Schlachtfeld entfernten. Wenn die Germanen anschließend alle zerbrochenen Waffen und Rüstungen wegen ihres Eisengehaltes eingesammelt haben, warum ließen sie die Bruchstücke der Wurfwaffen auf dem Schlachtfeld liegen? Hier stimmte etwas nicht. Wir vermuten, dass

---

[193] Tacitus: *Annalen* I/57
[194] Tacitus: *Annalen* II/45

sich der plötzliche Überfall auf das Sommerlager anders abgespielt haben muss, denn sicher hat es zu Beginn des Überfalls einen Alarm gegeben. Die Römer versammelten sich dann im Notfall bei den Feldzeichen ihrer Centurien, bei den Standarten oder hinter den Legionsadlern. Da diese im Fahnenheiligtum aufbewahrt wurden und Arminius das wusste, wird er mit einem Teil seiner Rebellen das Fahnenheiligtum als Erstes besetzt haben und es ist deswegen wahrscheinlich, dass die römischen Soldaten bei dem nächtlichen Alarm nicht wussten, wo sie sich versammeln sollten. Das hatte ein Chaos zur Folge. Nicht ausgeschlossen ist auch, dass ein großer Teil der römischen Waffen nachts, zumal in Friedenszeiten und an Feiertagen, nicht in den Zelten der Römer lagerte, sondern im Armamentarium (Zeughaus) oder im Horreum (Magazin) aufbewahrt wurde. Da diese Gebäude von den Germanen ebenfalls sofort eingenommen wurden, wären die Römer in dem herrschenden Chaos nur unzureichend bewaffnet gewesen, hätten sich kaum wehren können und wurden deswegen, wie Velleius Paterculus schreibt, „Mann für Mann abgeschlachtet." Zudem waren wir überzeugt, dass ein gewisser Teil der Legionen an diesem Tag zum Wachdienst auf den ausgedehnten Wällen dieses Drei-Legionen-Lagers eingeteilt war und aus diesem Grund vornehmlich nur Wurfwaffen zur Verfügung hatte. Eggius und seine Soldaten lagerten möglicherweise in der Nähe des Einfallstores der Germanen, waren deswegen völlig überrascht und hatten, da sie nicht ihre Waffen erreichen konnten, trotz ihres „heldenhaften Kampfes" keine Siegeschance. Ceionius kapitulierte, weil seine Soldaten ebenfalls unzureichend bewaffnet waren und er bot die Übergabe (des Lagers) an. Nur Caedicius mit der 19. Legion nutzte die Zeit und verschanzte sich, statt zu kämpfen, sofort hinter einem schnell aufgeschütteten Wall und einem flachen Graben. Wenn es wirklich so gewesen sein sollte, würde das ebenfalls erklären, warum sich den Römern, wie Velleius Paterculus berichtet, „weder zu kämpfen noch zum Ausbrechen (aus dem Lager) ungehindert Gelegenheit bot", wie es Asprenas kurzfristig gelingen konnte, alle römischen Stahlschwerter aus der Waffenkammer mitzunehmen, wie die Germanen später fast komplett die unversehrte Ausrüstung römischer Soldaten an sich nehmen konnten und warum auf dem Schlachtfeld nur die zerbrochenen Wurfwaffen der römischen Wachsoldaten zurückblieben.

Wichtige Argumente gegen die bisherige Darstellung der „Varusschlacht" sind zusätzlich:

1. Dass, unabhängig von dem bisher Gesagten, die Darstellung von Cassius Dio nicht mit dem Bericht des Römerforschers und Leiter des LWL Römermuseums Haltern Dr. Rudolf Aßkamp übereinstimmt, dass der Lagerkommandant (der 19. Legion) L. Caedicius aus der Schlacht gerettet wurde und mit seinen Soldaten später erfolgreich das Lager Aliso gegen die Germanen verteidigte.[195]

2. Dass Tacitus in Annalen I/61 schreibt: „prima Vari castra […] dein semiruto vallo, humili fossa accisae iam reliquiae consedisse intellegebantur." Dieses „dein" wird von den Historikern seit Mommsen als Bericht von einem zweiten Lager aufgefasst. Sie übersehen allerdings, dass Germanicus, als er bei der Besichtigung des Schlachtfeldes im Sommer 15 in eine Lagerecke schaut, zuerst einen „halbverfallenen Wall" und dann erst einen „flachen Graben" sieht. Hätte Germanicus hier vor einem zweiten Lager gestanden, hätte er doch sicher erst einen Graben und dann erst einen Wall gesehen.

3. Hätte Tacitus hier tatsächlich das erste Marschlager des Varus auf dem mehrtägigen Marsch in den Untergang gemeint, hätte er sicher seinen Bericht nach dem „prima Vari castra" mit **„secunda Vari castra"** fortgesetzt. Selbst Mommsen entschied sich nämlich im Wesentlichen, „prima Vari castra" mit „das erste Lager" (von den drei Marschlagern) zu übersetzen, weil das Hauptlager für ihn nicht im germanischen Urwald fern von römischen Heerstraßen liegen konnte[196]. (Außerdem kann nach dem Stowasser „prima" durchaus anders übersetzt werden, wie z. B. in: prima gloriae = Hauptwerk, partes primae = Hauptrolle, sententia prima = Hauptsatz, causa prima = Hauptursache.) Möglich wäre deswegen auch, dass Tacitus sagen wollte, „das Hauptlager des

---

[195] Dr. Aßkamp: Artikel in der Welt am Sonntag vom 23. April 2017.

[196] Mommsen: *Römische Kaisergeschichte, Augustus* S.128, Hrsg. Demandt Beck Verlag

Varus" zeigte durch seinen weiten Umfang und die Absteckung des Feldherrnplatzes, dass drei Legionen daran gearbeitet hatten. Diese Beschreibung passt nicht auf ein Marschlager, das bereits von den Germanen angegriffen wird, sondern deutet in seiner Größe und wegen des Feldherrnplatzes eher auf ein römisches Standlager hin.

4. Da jetzt die Lagerkommandanten der 17., der 18. und der 19. Legion bekannt sind, außerdem der Lagerpräfekt Caedicius die römische Katastrophe in Germanien mit einem großen Teil seiner 19. Legion überlebt hat und er später das Lager Aliso gegen die Germanen erfolgreich verteidigte, ist die Darstellung einer Schlacht im germanischen Urwald (Cassius Dio), die seit Mommsen viele seiner Nachfolger favorisieren, als Schlachtort auszuschließen und somit hat auch der Marsch in Richtung Kalkriese mit Sicherheit nicht stattgefunden.

Trotz aller bisherigen Argumente hatten wir zum jetzigen Zeitpunkt zwar keinen Zweifel, dass die Römer von den Germanen in ihrem Sommerlager überfallen wurden, waren aber immer noch nicht überzeugt, dass ein so komplizierter Plan nach der Verhaftung der germanischen Führer, Arminius und Segestes, ohne Zwischenfälle so problemlos und erfolgreich durchgeführt werden konnte.

„Jedenfalls habe ich den Arminius in Ketten legen lassen, musste aber auch die Ketten tragen, die sein Anhang mir anlegte.[197]

Hatten wir etwas übersehen? Wo lag unser Fehler? In den antiken Quellen zur Varusschlacht waren für uns nur folgende Aussagen sicher: Die römische Auseinandersetzung mit den Germanen erfolgte am 23.09.09 während des letzten Gerichtstages des Varus, an diesem Tag hatte Augustus Geburtstag, es war der Tag der Tagundnachtgleiche, es herrschte Vollmond und gleichzeitig feierten die Germanen an ihrem Bundesheiligtum ihr Erntedankfest. Wir fragten uns allerdings, wie war es möglich, dass die Römer trotz ihrer vielen Spione, trotz ihrer effizienten

---

[197] Tacitus: *Annalen* I/58

Aufklärung, trotz ihrer wesentlich besseren und erfolgreicheren Waffen, trotz ihrer hervorragenden Logistik und militärischen Taktik und trotz der mehrfach geäußerten Warnungen vor einer Revolte gegen zahlenmäßig unterlegende Germanen, so komplett untergehen konnten? Wir mussten deswegen, um das Rätsel dieses erfolgreichen Überfalls endgültig zu klären, noch auf folgende Fragen eine Antwort finden:

1. Wieso fanden sich nach dem Bericht des Tacitus bei der Besichtigung des Schlachtfeldes durch Germanicus im Sommer 15 dort nur noch zerbrochene Wurflanzen neben bleichenden Knochen und Pferdegerippen? Wieso ließen die Germanen diese Metalle dort liegen und wieso gab es nach einer so großen Schlacht keine weiteren Trümmer germanischer Schwerter und Lanzen, keine unbrauchbaren Reste römischer Rüstungen, keine zerstörten Schilde und keine verbeulten römische Helme?

2. Wieso konnte sich Caedicius mit dem größten Teil seiner Legion zusammen mit Varus in einer Lagerecke verschanzen? Wieso verzichtete er darauf, seinen angegriffenen und in Not geratenen Kameraden zu helfen?

3. Wieso kämpfte nur Eggius mit seiner Legion einen heldenhaften Kampf und ging zunächst allein mit all seinen Soldaten unter? Wieso kapitulierte Ceionius mit seinen Soldaten und übergab das Lager, obwohl sich in der Lagerecke noch eine fast komplette Legion kampfbereiter Soldaten unter Caedicius befand?

4. Da in diesem Sommerlager der Römer seit ca. zwanzig Jahren immer bis zu zwanzigtausend Soldaten mehrere Monate versammelt waren, wie war es möglich, dass es dort zur Beschäftigung und zum Vergnügen der Soldaten keine Arena gegeben hat, um zum Beispiel Gladiatorenkämpfe zu veranstalten?

5. Wie und wo wurde die Feier zum Geburtstag des Kaisers abgehalten, denn im Sommerlager zwischen den Zelten war dafür sicher kein Platz?

6. Was bedeutet „vacuas legiones"? Seitdem Nipperdey vor ca. 150 Jahren meinte, das handschriftliche „vacuas" lasse keine

passende Erklärung zu, korrigierte er es in „vagas legiones"[198], und diese Version scheint sich bis heute in den *Annalen* des Tacitus durchgesetzt zu haben.

Zu 1: In den antiken Quellen ist nachzulesen, dass Arminius' Soldaten nach der Schlacht als Beute zahlreiche intakte Wurflanzen der Römer erbeuteten. Sicher ist auch, dass Segestes für seine Soldaten viele komplette, kaum beschädigte römische Rüstungen erhielt und sicher ist ebenfalls, dass die Germanen nach der Schlacht keine römischen Stahlschwerter in Besitz nehmen konnten, weil Asprenas alle einsammeln ließ. Wenn die Germanen zudem unter Eisenmangel gelitten haben, warum haben sie nicht auch das Metall der zerbrochenen Wurflanzen mitgenommen? Dieser Punkt ist für uns nur zu erklären, wenn auf diesem Schlachtfeld zwar ein Massaker (bleichende Knochen) jedoch keine „faire" Schlacht, bei der die Römer das Potential ihrer Waffen nutzen konnten, stattgefunden hat. Gleichzeitig gehen wir davon aus, dass die Germanen nach der Schlacht aus den Magazinen ausreichend viele, komplette Rüstungen und intakte Wurflanzen an sich nehmen konnten, weil diese zumindest in Friedenzeiten an Gerichts- und Feiertagen dort eingelagert wurden und den Römern deswegen in der Nacht des Überfalls nicht zur Verfügung standen.

Zu 2. Dieser Punkt ist nur zu verstehen, wenn Caedicius in seiner Lagerecke statt ausreichend Waffen nur überwiegend Hacken und Spaten zur Hand hatte, weil ihm ebenfalls römische Waffen in der Nacht des Überfalls nicht zur Verfügung standen.

Zu 3: Eggius und seine Soldaten wurden möglicherweise als Erste vom Überfall überrascht und wurden, weil sie nicht zu ihren Waffen greifen konnten, in einem Massaker getötet. Ceionius und seine Soldaten, vielleicht genauso unzureichend bewaffnet, sahen das, kapitulierten und er übergab das Lager.

Zu 4: Um diesen Punkt zu klären, suchten wir, im Umfeld des von uns vermuteten Sommerlagers eine günstige Stelle für eine Theater zu finden. Dieser Versuch blieb lange ergebnislos, bis ich zufällig bei einem

---

[198] Höfer: *Die Varusschlacht* S.226

Urlaub an der lykischen Küste dort in den Bergen ein römisches Theater aufsuchte, das bisher unter den abgerutschten Felshängen komplett verborgen war und damals erst mühsam ausgegraben wurde. Jetzt erst wurde uns klar, wo wir weitersuchen mussten und wir fügen hier zum besseren Verständnis, als ähnliches Beispiel (Abb. 32) das römische Theater aus Mogontiacum (Mainz) an.

Abb. 32: Römisches Theater von Mogontiacum (Mainz) Foto Wikipedia 08.08.24

Abb. 33 Nordtor des vermuteten Lagers mit auffälliger Geländestruktur

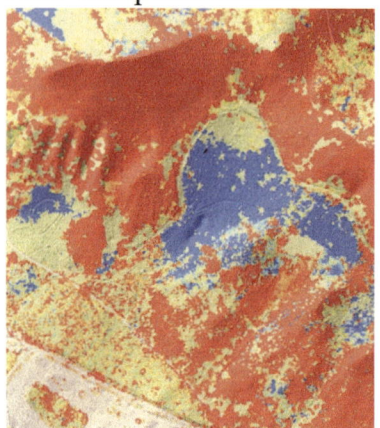

Abb. 34:
Abgerutschte Geländestruktur (Abb.33,34 tim-online NRW)

Abb. 35
Blick von der mutmaßlichen Arena in Richtung Süden zum Sommerlager

Seitdem waren wir sicher, dass es ein ähnliches Theater mit einem Fassungsvermögen für mindestens 15000 Menschen auch im Umfeld des von uns vermuteten Sommerlagers gegeben haben muss. Bei unserer weiteren Suche entdeckten wir, nach erneuten Begehungen vor Ort, oberhalb des von uns vermuteten Nordtores eine auffallende Struktur im Gelände (Abb. 33), die später in den Informationen der Satellitenbilder mit einer Geländeneigung, Geländeschummerung sowie ihren Höhenschichten durchaus einer solchen im Hangschutt des Stapelager Berges verborgenen Anlage entsprechen könnte. Nach weiterer Bildbearbeitung zeigte (Abb. 34) die rote Farbe der Geländestruktur des Stapelager Berges eine Geländeneigung von 40% und die blaue Farbe sprach dafür, dass der Hang zwischen den zwei zeitlichen Messpunkten selbst in den letzten Jahren noch weiter um 6 – 8 Meter abgerutscht ist. Wenn wir also davon ausgehen, was zunächst nur reine Spekulation ist, dass es im Bereich des Sommerlagers ein solches Theater gegeben hat, dann kann es eigentlich nur in diesem Bereich des Berges (Abb. 33) erbaut worden sein. Dafür spricht die Geländesituation und vor allem auch die Lage des Nordtores, das an dieser Stelle am Rande der Stapelager Berge ansonsten keinen Sinn macht. Um festzustellen, ob es in den Quellen nicht doch noch irgendwelche Hinweise auf eine Arena im Bereich von römischen Sommerlagern gab, fanden wir bei unserer weiteren Recherche bei Tacitus Folgendes:

> „quem missum ad vos a Germanico exercitu de communibus commodis nocte proxima iugulavit per gladiatores suos, quos in exitium militum habet atque armat. responde, Blaese, ubi cadaver abieceris: ne hostes quidem sepultura invident."[199]

> „Ihn hat Blaesius in der vergangenen Nacht durch seine Gladiatoren erdrosseln lassen, die er zum Verderben der Soldaten hält und bewaffnet. Antworte, Blaesius, wohin hast du seine Leiche geschafft? Nicht einmal Feinden verweigert man die Bestattung."

Diese Mitteilung bezieht sich auf den Aufstand der pannonischen Legionen im Sommerlager nach dem Tod des Augustus im Jahre 14. Wenn, sagten wir uns, ein Legat wie Blaesius eine Truppe von

---

[199] Tacitus: *Annalen* I/22

Gladiatoren als Leibwächter beschäftigte, dann kann man davon ausgehen, dass für den Oberbefehlshaber in Germanien, Varus, ebenfalls Gladiatoren zu seiner Sicherheit und für geplante Gladiatorenkämpfe im Sommerlager vorhanden waren. Außerdem ist es wichtig, nochmal darauf hinzuweisen, dass „alljährlich das Heer auf den Kaiser (sacramentum) an seinem Geburtstag (natalis Augusti) vereidigt"[200] werden musste und dass bereits diese „Institutionalisierung des Oberkommandos über die Armee im Princeps [...] (Augustus) mit dem Staatsakt vom Jahre 27 v. Chr. erledigt wurde."[201]

Zu 5: Da ein normales Sommerlager schon für die Feier des Geburtstages des Kaisers relativ ungeeignet war und wenn dazu noch jährlich an diesem Tag die feierliche Vereidigung aller Soldaten anstand, gehen wir davon aus, dass schon allein aus diesen Gründen der Bau zumindest eines Theaters mit einer Bühne, die auch als Arena benutzt werden konnte, in der Nähe des Sommerlagers notwendig gewesen wäre. Da Tacitus zudem darüber berichtet, dass „in lucis propinquis barbarae arae"[202] (die grausamen Altäre[203]) standen, spricht für uns alles dafür, dass es wirklich diese Bühne gegeben hat, in der erstens Gladiatorenkämpfe stattfanden, zweitens die jährliche Vereidigung der Soldaten auf den Kaiser an den römischen Altären durchgeführt wurde und in der man drittens auch die Gerichtstage abhalten konnte. Um unsere These, dass es in der Tat dort ein Theater gegeben hat, zu erhärten, wollen wir noch folgendes Zitat von Velleius anfügen:

„Quo proposito mediam ingressus Germaniam velut inter viros pacis gaudentes dulcedine iurisdictionibus agendoque pro tibunali ordine trahebat aestiva.

Nach langer Diskussion und eingehender Überprüfung des lateinischen Textes, haben wir eine andere als die übliche Übersetzung vorgezogen:

„Mit diesem Plan marschierte er (Varus) in die Mitte Germaniens,

[200] A. Demandt: *Marc Aurel* Kapitel i. Heer S.23,
[201] J. Bleicken: Augustus, S. 561
[202] Tacitus: Annalen I/61
[203] Millhoff: *Der Tod des Varus und seiner Legionen*, S. 278.

als wenn er unter Männern weilte, die sich über die Annehmlichkeiten des Friedens freuten, zum Sommerlager und verbrachte die Zeit, um auf dem Richterstuhl Recht zu sprechen und gottesdienstliche Handlungen („agendoque") vorzunehmen."[204]
Da Velleius hier von „iurisdictionibus agendoque = Rechtsprechen in Zivilsachen und gottesdienstlichen Handlungen" spricht und die römischen Altäre außerhalb des Sommerlagers in der Nähe der heiligen Haine standen, muss unseres Erachtens zumindest am letzten Gerichtstag, als die Vereidigungen der Soldaten vorgenommen wurden, das „tribunal = Richterstuhl" an einer Stelle gestanden haben, von der aus Arminius später nach der Schlacht zu seinem Heer gesprochen hat.[205]
Dies ist umso wahrscheinlicher, weil „tribunali" neben Feldherrnsitz auch Sitz des Prätors im Theater (Sueton) heißen kann.
Außerdem entspricht der Hinweis der Velleius, „Varus marschierte in die Mitte Germaniens" genau den Entfernungen von Mainz zum Sommerlager gleich 214 km (Luftlinie) und vom Sommerlager nach Bernburg/Saale gleich 212 km (Luftlinie), sodass das Sommerlager genau in der Mitte Germaniens lag.

Der 23.09.09 muss deswegen, da waren wir uns jetzt sicher, folgender Maßen verlaufen sein: Am Vormittag dieses Tages wurde der letzte Gerichtstag des Jahres abgehalten und es erschienen besonders viele Kläger und Beklagte. Nach Beendigung der Rechtsprechung wurde gegen 14.00 Uhr die Hauptmahlzeit (cena) eingenommen. Varus und seine Offiziere gingen anschließend ins Theater, wo an den römischen Altären, wie immer „alljährlich das Heer auf den Kaiser (sacramentum) an seinem Geburtstag (natalis Augusti) vereidigt" wurde.
Nach Beendigung dieser Zeremonie begannen dann die Gladiatorenkämpfe und es wurde der Geburtstag des Kaisers gefeiert. Varus und seine Offiziere ließen den Abend zusammen mit den Führern der Auxiliartruppen und der Verbündeten bei einem Festmahl ausklingen.

---

[204] Velleius Paterculus: *Historia Romana* II 118/4
[205] Tacitus: *Annalen* I/61

Irgendwann während dieses Festmahls verdichtete sich bei Varus der Verdacht, dass er von seinen „Freunden" verraten würde und eine Revolte bevorstand. Sofort ließ er Arminius und Segestes verhaften. Im gleichen Augenblick führte Inguiomerus, der Onkel von Arminius, seine Befehle aus und der germanische Überfall auf das Lager und das Theater begann.

Zu 6: Für die Übersetzung von „vacuus" gibt es im Stowasser folgende Vorschläge: 1. leer, frei, ledig; 2. unverheiratet; 3. erledigt, unbesetzt; 4. von etw. frei; 5. frei, müßig, arbeitsfrei; 6. inhaltsleer, nichtig, müßig; 7. offen, zugänglich;

Keine dieser Übersetzungsmöglichkeiten hat bisher den Kern dieses marbodschen Vorwurfs richtig getroffen. Für uns schien bis jetzt nur die Übertragung „arbeitsfrei oder dienstfrei" am besten geeignet. Wir bezweifelten allerdings, ob es in Feindesland bei den römischen Legionen überhaupt arbeitsfreie Tage gegeben hat. Auch hielten wir die einfache Änderung des lateinischen Textes von „vacuas" in „vagas" für keine Lösung. Nach weiterer Recherche stießen wir bei Höfer auf den Hinweis des Vegetius' (383 – 450) mit der folgenden Erklärung:

> „Vollkommen deutlich wird der Begriff „vacuae legiones" erklärt, wo es lautet: „der Anführer möge seinen Marsch so einrichten, dass er die Feinde bei Einnahme der Mahlzeit oder im Schlafe oder wenigstens „vacantes", d.h. „sorglos, **unbewaffnet**", ohne Schuh, abgeschirrten Pferden, nichts Verdächtiges ahnend, während er selbst gerüstet ist angreife."[206]

Im nächsten Kapitel wollen wir deswegen den letzten Gerichtstag des Jahres 9 mit dieser Erkenntnis erneut beleuchten und den gesamten Tagesablauf vom Beginn, dem Verlauf bis zum Ende des Überfalls auf das Sommerlager des Varus nochmals intensiv überprüfen.

---

[206] Vegetius: *Epitoma rei militaris* III/10: ita iter suum(dux) temperet, ut cibum capientes aut dormientes aut vacantes certe, securos inermes discalciatos, destractis equis nihil suspicantes ipse prartus invadabat. Höfer: *Die Varusschlacht* S.226

IX. Der letzte Gerichtstag
23. September 09
Szenario einer Katastrophe

Varus hatte schon mehrere Nächte schlecht geschlafen, denn die Auguren hatten bei der Vogelschau ungünstige Zeichen gesehen und die Zeremonien mehrfach wiederholt, ohne dass sich die Voraussagen besserten. Gleichzeitig kursierten unter den Soldaten Gerüchte über eine bevorstehende Revolte. Varus hatte deswegen aus Vorsicht seinem Neffen, Asprenas, befohlen, mit seinen zwei Legionen ins nahe Aliso zu marschieren, um ihm im Notfall Schutz bieten zu können. Vor allem die letzte Nacht war besonders schlimm, weil erstens Vollmond war und zweitens noch ausführliche Vorbereitungen für die Feier zum Geburtstag des Kaisers erledigt werden mussten. Schon bevor es dämmerte, wurde es laut und es herrschte Unruhe und Gedränge vor den Toren und beim Tross. Das war eigentlich nichts Ungewöhnliches am letzten Gerichtstag, bevor es in den nächsten Tagen ins Winterlager ging, denn jetzt wollten noch viele Germanen ihre zivilen Streitigkeiten durch ein schnelles Urteil beenden.

Kaum erhellte die aufgehende Sonne den Himmel, rief schon das Signalhorn zum Frühstück und das Lager erwachte. Beim Morgenapell rief Varus seinen fähigsten Offizier, den Lagerkommandeur Caedicius, zu sich. Die Kohorten standen bereits in Reih und Glied und erwarteten die Tagesbefehle. „Caedicius", sprach Varus zu seinem Kommandanten, dem er bedingungslos vertraute, weil er schon seit 15 v. Chr. zusammen mit ihm bei der Neunzehnten diente, „hast auch du Gerüchte über eine bevorstehende Revolte gehört?" Ohne erst auf eine Antwort zu warten, fuhr Varus fort,

„Caedicius, heute wird die Elite deiner Neunzehnten ganztägig die Wachmannschaften stellen. Alle anderen der Neunzehnten, wie auch die Siebzehnte und Achtzehnte haben dienstfrei. Ich befehle doppelte Besetzung der Wachen auf den Wällen und für die Wachen folgende Bewaffnung: Rüstung, Dolch und Wurfspeere. Damit alle gleich ihre Posten beziehen können, werde ich die vorgeschriebene

Vereidigung der Wachen gleich nach dem Frühstück am Fahnenheiligtum vornehmen. Du überprüfst und überwachst die Abgabe der Waffen am Zeughaus. Die Vereidigung aller anderen Soldaten wird heute Nachmittag in der Arena im Theater an den dort aufgestellten Altären durchgeführt, bevor dann die Gladiatoren mit ihrer Schau beginnen."

Da Varus wegen des großen Andrangs den Prozessbeginn sicherheitshalber schon vorverlegt hatte, frühstückte er kurz, eilte dann zum Richterstuhl, der heute auf der Bühne des Theaters aufgebaut war, und der letzte Gerichtstag begann. Wegen der vielen Termine musste heute alles schneller gehen, trotzdem konnte man erst kurz vor 14:00 Uhr die („cena") Hauptmahlzeit auftischen. Anschließend erfolgte in der Arena die Vereidigung der Soldaten auf den Kaiser an den dort aufgestellten Altären, die sich bis zum frühen Abend hinzog. Danach begann das Festmahl zur Feier des Geburtstages des Kaisers, zu dem neben den Offizieren auch die Führer der Verbündeten und der Auxiliaren geladen waren. Gleichzeitig ertönten in der Arena die Fanfaren zum Beginn der Kämpfe der Gladiatoren. Das Theater war an diesem Tag besonders voll besetzt, weil zu Ehren des Geburtstages des Kaisers spannende Kämpfe zu erwarten waren. So hatten sich zu den Angehörigen des Trosses fast alle Soldaten gesellt, die gerade ihren Eid geleistet hatten. Man beklatschte und befeuerte jeden Angriff und jede erfolgreiche Abwehr der Gladiatoren enthusiastisch mit lautem Geschrei, und weil heute die Zuschauer mit kostenlosen Getränken versorgt wurden, herrschte eine fröhliche und ausgelassene Stimmung. Trotzdem gab es keine Streitereien, da sowohl die Soldaten wie auch die Zuschauer im Theater keine Waffen bei sich trugen. Plötzlich erschien, kurz vor Ende des Festmahls, der persönliche Adjutant des Caedicius vor Varus, salutierte und machte eine Meldung, die im Lärm der Feiernden unterging. Varus sprang sofort auf und ließ Arminius, Segestes und die anwesenden Hauptleute der Germanen verhaften. Im gleichen Moment brach ein Chaos los, alle rannten zu den Ausgängen, die jedoch sofort von bewaffneten Germanen versperrt wurden. Varus, der schon leicht verwundet war, rief seine Gladiatoren, die als einzige bewaffnet waren, zu Hilfe. So gelang es ihm, sich mit Gewalt ins Lager durchzuschlagen, wo die im Lager verbliebenen Verbände der Marser, Brukterer, Chatten und Cherusker schon in heftige, ungleiche Kämpfe mit den Wachen der Neunzehnten und zahlreichen Soldaten der anderen Legionen verwickelt waren. Trotz großer Anstrengungen gelang es ihnen nicht, weitere Waffen aus den Magazinen zu holen, weil die meisten ohne Waffen nichts gegen die germanischen Krieger ausrichten konnten, die das Zeughaus und die Magazine besetzt hielten. Caedicius, der sich bereits am frühen Abend darüber gewundert hatte, dass die Truppen der Verbündeten allesamt nicht an den Feierlichkeiten teilnahmen und später dann bemerkte, wie man sich dort bewaffnete, schickte sofort eine Warnung an Varus und begann mit den Wachen und einigen zurückgebliebenen Soldaten, die sowohl unbewaffnet wie auch zahlenmäßig noch zu wenig waren, in seiner Lagerecke einen Wall aufzuschütten, um sich notfalls dahinter verschanzen zu können. Vorsichtshalber ließ er Alarm blasen, damit die restlichen Wachen von den Wällen sich umgehend in seine Richtung begeben sollten und gleichzeitig die Wachposten im Wachturm oberhalb des Theaters gewarnt wurden, um das Signalfeuer anzuzünden. In der Zwischenzeit war es den Gladiatoren gelungen, sich mit Varus durch das herrschende Chaos bis in die Lagerecke zu Caedicius durchzuschlagen und gemeinsam mit ihrer Hilfe gelang es auch zahlreichen anderen Soldaten sich ihnen anzuschließen. Ohne Pause kamen jetzt aus den heiligen Hainen immer mehr bewaffnete Germanen durch die offenen Tore ins Lager und trafen schon nach kurzer Zeit auf keine große Gegenwehr mehr. Da Eggius und seine Siebzehnte bereits in einem furchtbaren Massaker untergegangen war, da es auch im Theater immer stiller wurde, weil keiner mehr aus dieser Falle entkommen konnte und dort alle nach und nach abgeschlachtet wurden, gab Ceoinius bald auf und kapitulierte. Varus musste inzwischen schmachvoll erkennen, dass er verloren hatte, stieß sich sein Schwert in die Brust und starb. Nur Caedicius gelang es, mit Teilen seiner Neunzehnten zusammen mit anderen Soldaten, die es in die Lagerecke geschafft hatten, und mit den Gladiatoren bis zum nächsten Tag durchzuhalten. Schon früh am Morgen erschien Arminius im Lager, befahl seinen Soldaten die Lagerecke und die Magazine gut zu bewachen, ging dann ins Theater und sprach vom Richterstuhl des Varus zu den anwesenden

197

Germanen. Anschließend verkündete er das Urteil über die gefangenen Offiziere und diese wurden umgehend auf den Altären der Römer hingerichtet. Plötzlich meldeten die germanischen Wachen, dass römische Legionen im Anmarsch auf das Lager gesichtet wurden.

Groß war die Erleichterung der Belagerten, als sie bemerkten, dass die Germanen die Belagerung plötzlich abbrachen und aus dem Lager flohen, und dann sahen sie, dass Asprenas mit zwei Legionen auf dem Schlachtfeld erschien. Asprenas ließ sofort die römischen Schwerter aus den Magazinen einsammeln, bemächtigte sich der Kriegskasse und der Habseligkeiten der toten Soldaten, ließ den toten Varus verbrennen und begraben und befahl dann, allen Überlebenden sich zu beeilen, damit man zusammen in Richtung Aliso abmarschieren könne. Dort angekommen, übergab er den Oberbefehl an Caedicius mit der Maßgabe, Aliso solange wie möglich zu verteidigen, um so alle, die sich neben weiteren Soldaten und dem gesamten Tross nach Aliso durchgeschlagen hatten, zu retten.

Kaum waren die Römer abgezogen, kehrten die Germanen zurück. Arminius befahl den halbverbrannten Leichnam des Varus auszugraben und schnitt dem verhassten Toten den Kopf ab, um ihn als Trophäe an Marbod, den König der Markomannen zu schicken. Dann wurden die Waffen aus den Magazinen verteilt, Arminius nahm für die Cherusker die Wurfspeere, Segestes bekam die römischen Rüstungen und der Rest musste sich mit den Helmen, Dolchen und Schilden begnügen. Vor dem Abmarsch nahm man alles, was noch an Waffen brauchbar war, vom Schlachtfeld mit und die Germanen luden ihre Toten auf die Wagen, um sie später zuhause zu begraben. Als Dankeschön bekamen die Brukterer, Marser und Chatten für ihre Hilfe bei der Schlacht je eine Legionsstandarte und man verabredete, sich jedes Jahr am Tag der Tagundnachtgleiche an dieser Stelle zu treffen, um hier gemeinsam das Mabonfest zu feiern und ihres großen Sieges zu gedenken.

Epilog

Wenn sich alles, so wie von uns geschildert, abgespielt hätte, durfte das in Rom nicht bekannt werden, denn Augustus fürchtete bei jedem

Misserfolg nichts mehr, als wegen der immer noch mächtigen Anhänger der Republik denselben Tod wie Caesar zu erleiden. Sein Verbot über dieses Ereignis zu schreiben, seine Verfälschung der Niederlage in den Senatsberichten, die Verbannung der Überlebenden ins lebenslängliche Exil und das ehrenvolle Begräbnis des Kopfes von Varus waren aus seiner Sicht unbedingt notwendig, um sein Gesicht in Rom zu wahren. Außerdem sprechen auch folgende militärische Maßnahmen, die nach dieser Schlacht das römische Lagerleben auf Dauer veränderten, für das Szenario des geschilderten Überfalls auf das Sommerlager des Varus:

1. Die Hilfstruppen und Bundesgenossen durften seitdem in römischen Lagern keine Waffen mehr tragen.

   Tacitus schreibt dazu zum Aufstand der rheinischen Legionen Folgendes:

   „Hier wurde nun über Abhilfe beraten. […] Diese Besorgnis wurde noch durch den Umstand erhöht, dass die Feinde von dem Aufstand hören und, wenn das Rheinufer entblößt würde, einen Einfall machen könnten. Wollte man aber Hilfstruppen und Bundesgenossen gegen die abziehenden Legionen bewaffnen, so sei der Bürgerkrieg da."[207]

2. Die Zelte der Verbündeten und Hilfstruppen, die vor dieser Niederlage immer im Bereich des Intervallum standen, lagerten ab jetzt stets im Zentrum der römischen Lager und wurden zur besseren Kontrolle von den Elitesoldaten der Legionen umgeben.[208]

3. Tacitus berichtet, dass die Legionssoldaten ab jetzt während ihres Aufenthaltes im Lager ständig bewaffnet waren, was sich dann bei der Rebellion der Legionen nach dem Tod des Augustus im Jahre 14 bitter rächte.

   „Ganz von Sinnen stürzten sie sich plötzlich mit gezückten Schwertern auf die Centurionen."[209]

---

[207] Tacitus: *Annalen* I/36, Aufstand der rheinischen Legionen 14 n. Chr.
[208] Johnson A.: *Römische Kastelle*, Kapitel 2 S. 38-41
[209] Tacitus: *Annalen* I/32

„Cassius Charea [...] bahnte sich mit dem Schwert einen Weg durch die ihm entgegenstehende bewaffnete Menge."[210]
„Die Soldaten streckten ihm (Germanicus), als er weggehen wollte, die Waffen entgegen und bedrohten ihn, [...]."[211]
Folgende Aussagen bestätigen zusätzlich unsere These von einem Überfall der Germanen auf ein römisches Lager:
Marbod: „Der wahnsinnige und der Kriegsführung unkundige Arminius maße sich dagegen fremden Ruhm an, weil er drei waffenlose Legionen und ihren vertrauensseligen Führer treulos hintergangen habe."[212]
Velleius Paterculus: „Von den beiden Lagerpräfekten aber gab der eine, L. Eggius, ein heldenhaftes, der andere, Ceionius, ein erbärmliches Beispiel. Der Letztere bot, nachdem der größte Teil des Heeres schon umgekommen war, die Übergabe (des Lagers) an."[213]
Florus: „Von allen Seiten drangen sie ein und plünderten das Lager; drei Legionen wurden vernichtet.
Dr. Rudolf Aßkamp, Römerforscher und Leiter des LWL-Römermuseums Haltern: „Auf der Bleimarke (*finden sich*) weitere Einritzungen, die einen Caedicius als Centurio der 1. Kohorte der 19. Legion ausweisen. (15 v.Chr.) [...] Und wir wissen [...], dass ein Lagerkommandant namens Lucius Caedicius [...] Aliso erfolgreich verteidigt hat,"[214]

Das Erebnis unserer Untersuchung steht fest:
Varus, seine Offiziere (mit Ausnahme von Caedicius) und fast drei Legionen starben im Sommerlager. Trotzdem, es wird sich nichts ändern. Die Geschichtsschreibung und die Presse werden auch nach über 2000 Jahren den ausführlichsten Schlachtbericht der Geschichte favorisieren, obwohl der weder die aufrührerischen Völker, weder die Regionen, wo sie wohnen, noch die teilnehmenden Legaten mit ihren Namen benennt.

---

[210] wie [211]
[211] Tacitus: *Annalen* I/35
[212] Tacitus: *Annalen* II/46
[213] Velleius Paterculus: *Historia Romana* II/119,4
[214] Artikel in der Welt am Sonntag vom 23. April 2017

Schriftenverzeichnis

Augustus: *Res Gestae Divi Augusti*

Becher M.: *Karl der Große*, Beck, 1999

Bérenger D.: *Führer zu archäologischen Denkmälern in Deutschland*: *Der Kreis Lippe*, I u. II Theiss Verlag 1985

Berger Frank: *Kalkriese – Römer im Osnabrücker Land*, Landschaftsverband Osnabrück 1993

Bleicken Jochen: *Augustus*, Alexander Fest Verlag, 1998

Bökemeier R.: *Varus starb im Teutoburger Wald*, 1996

Bökemeier R.: *Varus und der Weserlimes*, 1997

BökemeierRalf: *Die Varusschlacht,* Grabert Verlag 2000,

Brepohl Wilm: *Die Varusschlacht aus anderer Sicht*, in Heimatpflege in Westfalen, 2/2000 13. Jahrgang, Aschendorff 2004

Brepohl: *Neue Überlegungen zur Varusschlacht*

Capelle Torsten: *Die Sachsen des frühen Mittelalters*, Theiss Verlag, 1998

Capelle, Busch, Laux: *Opferplatz und Heiligtum*, Wachholtz Verlag 2000

Cäsar: *De bello gallico*

Cassius Dio: *Römische Geschichte* Band III-V Artemis 1986

Christ Karl: *Geschichte der römischen Kaiserzeit*, Beck Verlag 1992

Clauss Alfred: *Die Römischen Kaiser*, Beck Verlag 1997

Copei F.: *Frühgeschichtliche Straßen der Senne*, Mannus Jg. 30 1938

Cracau Meyer A.: *Über die Lippische sogenannte Senne* in Lippische Intelligenzblätter 1800

Dahlheim Werner: *Augustus,* Beck Verlag 2010

De Bocard: *Les Legions à Rome sous le haut-empire*, Le Bohec Y. Paris 2000

Deppe August: *Der Römische Rachekrieg in Deutschland während der Jahre 14-16 n. Chr.,* Heidelberg 1881

Deppe August: *Kriegszüge des Tiberius in Deutschland 4 und 5 n.Chr.,* Bielefeld 1886

Döbler H.: *Die Germanen,* Gondrom Verlag 1992

Einhard: *Vita Karoli Magni*, E. Scherabon Firchow P. Reclam jun.1995,

Einhard: J*ahrbücher* Phaidon 1986

Eisermann Peter: *Die Varusschlacht im Egge-Gebirge*, www.extersteine.com 2009

Elbe J. von: *Die Römer in Deutschland*, Echtermünz 1984

EMFAD$^{®}$ – *Geophysikalische Umweltmesstechnologie*, Neuwied 2008

Fischer Thomas: *Die Römer in Deutschland* Theiss 1999

Florus Lucius Annaeus: *Abriss der Römischen Geschichte*, Metzler'sche Buchhandlung 1835

Florus: *Drusus in Germanien*, Phaidon: Germanen und Germanien in römischen Quellen, übersetzt v. B. Neuwald, 1991

Frontinus: *Epitome historiam*,

Gechter M.: *Die Militärgeschichte am Niederrhein von Caesar bis Trajan, Krieg und Frieden* Primus Verlag Darmstadt 2007

Gechter M.: *Die Römer in Nordrhein-Westfalen* Kapitel: Das römische Heer in der Provinz Niedergermanien, Theiss Verlag Stuttgart 1987

Germaniae historica: Poeta Latini aevi carolini III., Hannover 1978

Golther W.: *Handbuch der Germanischen Mythologie* Marixverlag 2004

Gomoll Heinz: *Geschichte eines topographischen Problems*, Leipzig

Graichen G.: *C 14 Vorstoss in die Vergangenheit*, Goldmann 1992, 172 ff.

Graichen Gisela: *Das Kultplatzbuch* 1991

Graichen Gisela: *Das Kultplatzbuch*, Bechtermünz 1999

Hägermann Dieter: *Karl der Große*, Propyläen, 2000

Harnecker Joachim: *Arminius, Varus und das Schlachtfeld von Kalkriese*, Rasch Verlag Bramsche

Hausmann Axel: *Aachen zur Zeit der Römer*, Meyer & Meyer Verlag 2000,

Höfer P.: *Die Varusschlacht. Ihr Verlauf und ihr Schauplatz*

Höfer Paul: *Die Varusschlacht*, II. Auflg. 1885

Höfer Paul: *Die Varusschlacht* Leipzig 1888

Höfer Paul: *Die Varusschlacht*, Neuauflage MV Verlag 2009

Hohenschwert F.: *Ur- und frühgeschichtliche Befestigungen in Lippe*, Aschendorffsche Buchhandlung Münster 1978

Hohenschwert F.: *Ur- und frühgeschichtliche Befestigungen*, Kreis Lippe I u. II, Theiss Verlag 1985

Hölzermann L.: *Kriege der Römer und Franken*, Regensberg Verlag 1878, *Die Kämpfe der Römer und Franken*

Höper Hermann-Josef: *Alltagsleben römischer Legionäre*, Landschaftsverband Westfalen Lippe 1985

Höper: *Römerlager an der Lippe*, Landschaftsverband WL 1988

Horn H. G.: *Die Römer in Nordrhein-Westfalen*, Theiss Verlag 1987

Hoyningen: *Langelau und Königslau in der Senne. Bodenkundliche und pollenanalytische Untersuchungen germanischer Stätten*. Im Jahrbuch der Preußischen Geologischen Landesanstalt zu Berlin 58 (1937)

Johnson A.: *Römische Kastelle des 1. und 2. Jahrhunderts n. Chr. in Britannien und den germanischen Provinzen*, Verlag Philipp von Zabern

Jung Ernst F.: *Die Germanen*, Weltbild Verlag 1993

Kehne P.: *Vermarktung contra Wissenschaft: Kalkriese und der Versuch zur Vereinnahmung der Varusschlacht*

Klabes H.: *Corvey*, Huxaria 1997

Koch: *Frühe Straßen in der ostwestfälischen Bucht* 1977

Köpp E.: *Römer in Deutschland*, Velhagen u. Klasing 1905

Köpp E.: *Varusschlacht und Aliso*, Vorträge und Nachreden aus drei Jahrzehnten, 1940

Kornemann E.: *P. Quinctilius Varus*, Neue Jbb. für das klassische Altertum 25, 1922

Köstermann F.: *Feldzüge des Germanicus 14-16 n.Chr.*, Historia 1957

Köstermann F.: *Über den pannonischen-dalmatischen Krieg*

Kühlborn J. S.: *Das Römerlager Oberaden* III Leise: *Wo Arminius die Römer schlug* Piper 1990

Lippek W.: *Die Schlacht* Osning Verlag 2008

Livius Titus: *Ab urbe condita*, Liber V Reclam 1988

Maier F. G.: *Neue Wege in die alte Welt - Methoden der modernen Archäologie*, Hoffmann und Campe 1977

Matthes W., *Corvey und die Externsteine*, Urachus 1982

Millhoff M.: *Der Tod des Varus und seiner Legionen* BOD Verlag 2021

Mommsen Th.: *Römische Geschichte*, dtv Verlag München 1976

Mommsen Th.: *Römische Geschichte*, Vollmer Verlag 1996

Mommsen Th.: *Über die Örtlichkeit der Varusschlacht*, II. Auflg. 1885

Mommsen Theodor: *Die germanische Politik des Augustus in Reden und Aufsätzen* 2. Auflage 1905

Mommsen Theodor: *Die Örtlichkeit der Varusschlacht* Berlin 1906

Mommsen Theodor: *Römische Kaisergeschichte*, Hrsg. Demandt Beck Verlag 1992: Niederschrift der Vorlesungen 1882/86 von Hensel,

Möller L.: *Lippische Mitteilungen* 37 1967

Müller-Wille M.: *Opferkulte der Germanen und Slawen*, Stuttgart 1999

Nack Emil: *Germanien*, Ueberreuter 1977

Nack/Wägner: *Rom*, Ueberreuter Wien 1976, ,

Niedhorn U.: *Vorgeschichtliche Anlagen an den Externstein-Felsen*, Haag + Herchen 1993

Nipperdey K.: *Cornelius Tacitus* S. 127 Berlin 1871 Weidmannsche Buchhandlung Berlin 5. Auflage

Norkus J.: *Die Feldzüge der Römer in Nordwestdeutschland*, Lax Verlag Hildesheim 1963

Oppitz P.: *Das Geheimnis der Varusschlacht* Zagara Verlag   2006

Orosius, 21 Weltgeschichte gegen die Heiden VI

Pabst Angela: *Kaiser Augustus*, Reclam jun. 2014

Pertz G.H.: *Annales Laurissenses minores* Hrsg. von G.H.Pertz. In: Monumenta Germaniae historica, SS I., Hannover 1826,

Pertz G.H.: *Annales Petaviani*, Hrsg. von G.H.Pertz. In: Monumenta Germaniae historica, SS I., Hannover 1626,

Pieszek U.: *Truppenübungsplatz Senne*, Bonifatius 1992

Plutarch: *Griechische und Römische Heldenleben*, VMA Verlag Wiebaden 1996

Radbertus: *Epithaphium Arsenii* Patrologia Latina, Bd.120 Übersetzt von Stentrup.

Radbertus: *Vita Adalhardi abbatis Cobeiensis,* Patrologia Latina Bd.120 S.1507 ff. Übersetzt von Stentrup

Radbertus: *Egloga duarum sanctimonialium uno favoris planctu conplosa.* Hrsg. von C. Strecker

Radbertus: *Egloga*, Monumenta Germaniae historica, Poetae Latini aevi Caroli III, 1978, übersetzt von Stentrup

Ranke L. von: *Weltgeschichte,* Band 3. u. 4

Ritter Gustav A.: *Walhalla und Olymp*, Götter- und Heldensagen der Germanen, Griechen und Römer, Herold Verlag Berlin 1900

Ritter-Schaumburg Heinz: *Der Cherusker* Herbig Verlag 1988

Schlüter W.: Lippek W.: *Die Schlacht*, Osning Verlag 2008

Schlüter W.: *Arminius, Varus und das Schlachtfeld* von Kalkriese Rasch Verlag 1999

Schlüter W.: *Kalkriese - Römer im Osnabrücker Land* Rasch Verlag 1993

Schlüter W.: *Römer im Osnabrücker Land* Rasch Verlag 1991

Schmitthenner W.: *Oktavian Caesars Testament* II Die Adoption Beck Verlag 1973

Schnurbein Siegmar von: *Untersuchungen zur Geschichte der Militärlager an der Lippe* Zabern Verlag 1981

Schreiber H.: *Auf Römerstraßen durch Europa*, Bechter Münz 1985

Schultze Erdmute: *Bestattungswesen und Totenkult in ur- und frühgeschichtlicher Zeit*, Akademie Verlag Berlin 1991

Seneca: 7 Epistulae morales ad Lucilium Reclam 2008

Siekmann R.: *Uralt Senne* Lippische Intelligenzblätter

Strabon: *Geographika*

Strahl E.: *Neue Forschungen zum germanischen »Stapelplatz« Bentumersiel*

204

an der unteren Ems, Siedlungs- und Küstenforschung

Sueton: *Cäsarenleben*, Kröner Verlag Stuttgart 1986,

Sueton: *De Vita Caesarum* Teubner Stuttgart 1993

Syme Ronald: *Die römische Revolution*, Piper München 1992

Tacitus Cornelius: *Annalen*, Goldmann 1978

Tacitus C.: *De Origine et situ Germanorum*, Artemis & Winkler Verlag 1991

Tacitus C.: Nipperdey K. Weidmannsche Buchhandlung Berlin 5. Auflage

Tacitus: *Die Annalen*, Neue Ausgabe Dr. E. Otto 1831 Reclam jun.

Tacitus P. Cornelius: Sechs erste Bücher (Annalen I-VI), Dr. F. W. Otto, Mainz Verlag Florian Kupferberg 1854

Tacitus: *Annalen* 1, II, III, IV u. ff., Goldmann, übersetzt von Hoffmann 1985

Tappe W.: *Die wahre Gegend der dreitägigen Hermannschlacht*, Essen 1820,

Terra X: *Der Super-Stahl*, Sendung vom 08.01.2006 »Ferrum Noricum« *Ein Synonym für Qualität und Härte*, Online-Zeitung Univ. Wien, B. Ralser 16.01.2007

Translatio Sancti Viti Hrsg. von F. Stentrup, In: Philippi, Abhandlungen zur Corveyer Geschichtsschreibung. Münster 1906

Velleius Paterculus: *Historia Romana* I u. II Reclam 1979

Velleius Paterculus: *Römische Geschichte* Buch I u. II, von M. Giebel

Werz U.: *Gegenstempel auf Reichs- und Provinzialprägungen der römischen Kaiserzeit* Numismatische Gesellschaft Speyer 2004

Wiegels R.: *Die Varusschlacht*, Theiss Verlag 2007

Wiegels R.: *Rom und Germanien in augusteischer und frühtiberischer Zeit*, Kalkriese 1993

Wiegels R./Woesler W.: *Arminius und die Varusschlacht*, Schöningh 1995

Wilkinson L. P.: *Rom und die Römer*, Lübbe Verlag 1979,

Wolters R.: *Die Römer in Germanien*, Beck Verlag 2000

Wolters R.: *Die Schlacht im Teutoburger Wald* Beck Verlag   2008

Yavetz Zvi: *Tiberius*, Beck 1999

Yavetz Zvi: *Kaiser Augustus,* Rowohlt Verlag 2010

Zanker P.: *Augusto,* Beck 1987

Sammelwerke

Annales Laurissenses minores Hrsg. von G.H.Pertz

Annales Petaviani, Hrsg. von G.H.Pertz

Archäologie in Deutschland: Menschen Zeiten Räume, Theiss Verlag 2002

Der große Atlas Weltgeschichte, Orbis Verlag 1990

Die Fundmünzen der römischen Zeit in Deutschland Abt. 1.6, NR   *Der Große ADAC General Atlas*, Falk Verlag Ostfildern 1996
Der Limes zwischen Rhein und Donau, Archäologische Informationen Heft 44, 2001
Die Römer in Deutschland, Elbe J. von, Echtermünz 1984
Die Römer in Deutschland, Fischer Thomas, Theiss 1999
Die Römer in Nordrhein-Westfalen, Theiss Verlag 1987
Der große Brockhaus, 15. Aufl. Band 11, 1932
Der große Brockhaus 1978 u. 1979
Die Sachsen: Franz Kurowski Türmer Verlag 1986
Handbuch der Germanischen Mythologie, Golther W. Marixverlag 2004
Knaurs: *Lexikon der Mythologie*, G. J. Bellinger 1989
Langenscheidts Großes Schulwörterbuch Lateinisch-   Deutsch 1983
Lexikon der antiken Mythen und Gestalten, 9. Auflg., Grant M. und Hasel J., dtv 1993
Meyers Konversationslexikon 1908
Stowasser Lateinisch-Deutsches Schulwörterbuch, Wien 1910

Karten und Abbildungen

Alle Karten und Bilder mit freundlicher Genehmigung: Abb.1 des Westermann Schulbuch Verlages Braunschweig, Abb.2 von Dr. Burmeister, Abb.3 des Verlages Philipp von Zabern, Abb. 6, 8, 9 des Landesvermessungsamtes NRW Bonn, Abb.10, Abb.11 von Dr. F. Hohenschwerdt Theiss Verlag , Abb.32 von Wikipedia, Abb.33 u. 34 von tim-online NRW.